A RAZÃO
NO SÉCULO XX

BERTRAND SAINT-SERNIN

A RAZÃO NO SÉCULO XX

Tradução
MARIO PONTES

EDITORA UnB
JOSÉ OLYMPIO EDITORA

Título do original
LA RAISON AU XXe SIÈCLE

Rua da Glória, 344 / 4º andar
Rio de Janeiro, RJ – República Federativa do Brasil
Printed in Brazil / Impresso no Brasil

ISBN: 85-03-00637-5

Gerência editorial: MARIA AMÉLIA MELLO
Editoria: SONIA CARDOSO
Diagramação: RIOTEXTO
Capa: ISABELLA PERROTTA
Produção: ANTONIO HERRANZ
Revisão de originais: TERESA BARROS
Revisão de provas: ALBERTO VINCENOT
FABIANO DE LACERDA

CIP-Brasil. Catalogação-na-fonte
Sindicato Nacional dos Editores de Livros, RJ

Saint-Sernin, Bertrand
S15r A razão no século XX / Bertrand Saint-Sernin; tradução de Mario Pontes. – Rio de Janeiro: José Olympio; Brasília, DF: EdUnB, 1998.

Tradução de: La raison au XXe. Siècle

1. Razão. 2. Filosofia moderna – Século XX. I. Título.

CDD – 121.3
98-1233 CDU – 162

Para
PIERRE OSTER

SUMÁRIO

A RAZÃO
NO SÉCULO XX

INTRODUÇÃO

A razão no espelho das metrópoles

Na era clássica, como nos tempos de Platão, a razão não era apenas um instrumento para se explorar o mundo, mas uma norma para julgar os pensamentos e as ações: Descartes dizia que Deus havia criado as verdades eternas e que, n'Ele, querer e conhecer são a mesma coisa. Sendo o homem semelhante a Deus, sua razão é ao mesmo tempo sistema e liberdade. A razão não se reduz a uma acumulação de saberes. Essa convicção – ou, mais exatamente, essa esperança – desapareceu.

O niilismo do século XX é, em grande parte, o resultado dessa "morte" intelectual de Deus, com a qual os homens viram a sua autonomia tornar-se completa, sem perceber, no entanto, que estavam perdendo um padrão de medida. Quando Platão afirmou "O imperfeito não poderá ser medida do que quer que seja",[1] o homem aprendeu a justificar os próprios atos não pelas suas intenções e vontades, mas pelos êxitos que alcança ou pelos fracassos que conhece.

Tanto para Platão quanto para Descartes, tratava-se de pôr à prova a razão, de avaliar sua aptidão para restituir a ordem e a forma das coisas, e verificar a compatibilidade entre o uso que se faz de suas capacidades e os fins últimos e essenciais que a humanidade persegue. Ora, essa dupla submissão à prova vem se tornando cada vez mais penosa. Sempre consideramos que os grandes descobridores, como disse Kant, são "artistas da razão"; mas agora já não vemos quem poderia assumir o lugar de instância reguladora e profética, aquele cuja voz estaríamos preparados para ouvir, ou cujos conselhos estaríamos prontos para seguir.

Não há dúvida de que a necessidade de tal jurisdição se faz sentir hoje mais do que nunca. O lugar agora ocupado pela ética é um dos sintomas mais visíveis dessa necessidade. Não há mais instância universal e absoluta; dispomos apenas de instituições locais e coletivas, de assembléias que, na ausência de uma doutrina comum, procuram formular – pelo voto, o compromisso ou o consenso – os preceitos da ação.

Por ser tão grande o vazio no âmago na razão, chega-se a duvidar de sua própria existência, no tocante à possibilidade de atuar como um tribunal, ou mesmo como um princípio que subordinasse o emprego do instrumental tecnológico do espírito aos fins essenciais da humanidade. Restam, assim, apenas duas soluções para preencher essa ausência: o retorno aos modos tradicionais e particulares de legitimar a ação, que embora supostamente caducos, são considerados preferíveis ao nada; ou um trabalho original do espírito visando conferir aos seus ideais e suas ações uma unidade e uma nova legitimidade.

Essa esperança implica esforço e espera. Portanto, nosso destino atual é, ao que tudo indica, o de aprendermos a viver no múltiplo, na incerteza, no arriscado e no precário. Não que o século XX seja mais frágil e mais fragmentado que os anteriores: ele, apenas, presenciou mais confrontos entre mundos culturais e políticos que até então se ignoravam. Em outras palavras, isso ilustra o que Cournot chamava de acaso, a colisão fortuita, imprevisível, de conjuntos estruturados, de acontecimentos e processos que antes caminhavam sem interferir entre si. Optar pela esperança em um novo estado de coisas não quer dizer que o vazio vá ser imediatamente preenchido. Ao contrário, o vazio se expandirá, se exacerbará, e é possível até que nos mate antes de desaparecer. Ver desse modo a situação do mundo é também sentir a infelicidade que nos vem da secessão, do caos ou da guerra.

Para que possamos nos prevenir da infelicidade, nada melhor do que a ação. O papel cósmico – ou popular – da filosofia consiste em dar sentido à esperança de um ser despojado e efêmero, a esperança de Jó, conforme o relato que dele nos faz a Bíblia. O naturalismo e o empirismo representam atitudes legítimas: o primeiro exprime uma confiança na virtude reparadora da natureza; o segundo vê no conhecimento uma aventura singular, cujos resultados têm alcance geral. Jó, no entanto, oferece-nos um exemplo de atitude correta da razão em tempo de exílio: ele vê desfilar diante dos seus olhos os enigmas da criação, e deve esquivar-se das capciosas vozes de seus amigos.

O cético preocupa-se em expor as contradições, as aberrações, os dramas em que a humanidade se debate. No entanto, para a preparação do terceiro milênio é preciso reatar – de um modo que certamente será inédito – o elo rompido entre aquilo que Kant chamava de razão teórica e a razão prática, entre o saber e a consciência.

Refletir sobre a razão no século XX é fazer um esforço para perceber quais os procedimentos e os desvios de um tempo que deixaremos para trás. Se nos dispusermos a seguir o curso dos acontecimentos de nossa época e captar o seu espírito, encontraremos nas ciências um bom fio condutor, pois, diretamente ou pelo viés da tecnologia, elas impregnam e moldam o nosso tempo. Essa abordagem nos levará a colocar a ênfase nos instrumentos e métodos de que o espírito se tem valido para desvendar os segredos da natureza ou da vida social. Ela nos conduz também a refletir sobre o mal. Teria a razão se acumpliciado com os empreendimentos totalitários? Teria emprestado seu gênio à opressão e ao terror? Teria se aquietado nas ocasiões em que deveria reagir? Em suma, se a razão teórica e a razão prática dissociaram-se no decorrer do século XIX, como restabelecer a aliança desfeita? Seremos capazes de alcançar esse objetivo? Para responder a tais perguntas é preciso que antes nos interroguemos sobre o caráter da ciência e da ação, cujas novas formas irão encontrar na razão seus instrumentos, suas figuras e, com freqüência, os seus fins.

Do mesmo modo que a Antigüidade se reconhecia em Atenas, Roma, Alexandria ou Bizâncio, nossa época deve, para compreender a si mesma, examinar-se no espelho das metrópoles; foi num pequeno número de lugares – na maioria situados nas cidades-mundo – que se produziu a nova substância do século e se fixaram seus contornos e bases. Daí porque voltei minha atenção para algumas cidades que resumiram o espírito do tempo e souberam concentrar suas forças criadoras: Viena, Berlim, Londres e Paris, por exemplo, desempenharam, neste século, um papel de primeira grandeza. Não deixa de ser um tanto arbitrária essa enumeração das grandes cidades seminais onde germinaram as principais inspirações do século. Mesmo que o significado de algumas capitais seja no caso indiscutível, nem por isso devemos esquecer Göttingen, Heidelberg ou Munique. O que teria sido de Londres sem Cambridge, Oxford ou mesmo Edimburgo? E do mundo sem São Petersburgo, Nova York, Tóquio e Pequim? Em suma, a idéia dessa distinção me veio de repente como um desafio provisório, como algo que eu deveria mais tarde modificar.

O papel desses grandes lugares do espírito não é imutável: a *virtú* científica e tecnológica se desloca de uma cidade para outra. De fato, nunca a geografia dos centros intelectuais e artísticos se moveu tanto quanto no decorrer do nosso século. Como interligar as permutas entre os lugares das descobertas, entre os lugares onde germinaram as idéias, os programas e as obras? Tal empreendimento ultrapassa a capacidade de um indivíduo. Contentei-me, portanto, em fazer com que sobressaia, no caso, a importância de algumas cidades; em polir o retrato de individualidades representativas; em prestar atenção a três grandes disciplinas (lógica-e-matemática, física e ciências sociais). Mesmo quando ambicionamos realizar levantamentos sistemáticos e corrigir mapas, o máximo que conseguimos fazer é traçar nosso caminho guiados por um pequenino número de estrelas. Assim, limitei-me a repor em serviço a velha idéia do *commercium spirituale*, do laço entre os espíritos.

No começo, eu duvidava muito que elementos seculares ou até milenares entrassem na constituição espiritual de nosso tempo. Inclinava-me, portanto, a lhes atribuir um papel apenas complementar. Imaginava que fazendo cortes, a cada vinte ou trinta anos, por exemplo, veria o desenvolvimento intelectual do século XX mostrar-se como um conjunto de camadas geológicas superpostas. Até as rupturas e as catástrofes poderiam ser lidas nas dobras do terreno.

Ora, os séculos são solidários. Entre as universidades mais dinâmicas da atualidade, algumas já eram célebres no século XIII ou no século XIV. Que dizer então das cidades cujo espírito inspira longas seqüências de gerações! E também das mais perfeitas teorias científicas, que foram aparecendo, uma após outra, ao longo de mais de dois milênios, da geometria de Euclides à mecânica de Dirac! Em suma, não é possível discernir a contribuição original de uma época sem inseri-la em uma temporalidade muito extensa.

De fato, o tempo da ciência não é o mesmo da cronologia política: seu ritmo não é gradual nem descontínuo; tem seus pontos de convergência ou de acumulação; seus pontos de retrocesso e de retomada; seus instantes de audácia e de avanço; e, por fim, é constantemente habitado de reminiscências. Esse tempo, escandido em revelações e retornos, no qual os encontros contingentes alimentam os projetos da razão, não tem o passo uniforme e simples do tempo newtoniano, nem se apresenta com todas aquelas sensíveis modulações do tempo de Proust. Parece mais com o tempo agostiniano, o dos "vastos depósitos da memória";[2] e com o tempo daquele acontecimento destinado a ocorrer sob uma luz tanto imanente quanto externa: o tempo das origens e da destinação.

Assim, o método a seguir me parece claro: partir de algumas cidades-mundo; escolher as disciplinas mais importantes; distinguir os homens que as ilustraram; registrar as datas características; não ter medo de entrelaçar o mais antigo ao mais recente.

Não obstante, o próprio objeto da pesquisa continuava a ocultar-se: o que vinha a ser essa "razão do século XX"? Em que data deu-se seu nascimento? Levei algum tempo para perceber que a razão moderna havia nascido com Goethe e Kant. Quis ver, então, em que havia se transformado, dois séculos depois da *Crítica da razão pura*, a idéia de *arquitetônica* ou "arte dos sistemas"[3] da razão pura. No final de sua obra, Kant distingue os sistemas articulados dos aglomerados. Os primeiros crescem de dentro, os outros, de fora.[4] Meu projeto seria bem-sucedido, eu pensava, se conseguisse evidenciar e descrever a *arquitetônica* da razão no final do século XX.

Mas logo em seguida tive dúvidas sobre a viabilidade de tal projeto, uma vez que desde o final do século XIX já havia se tornado claro que a razão deixara de pensar o mundo com a ajuda de um sistema unificado de categorias. Do ponto de vista científico, hoje não há mais *articulação* entre as disciplinas, mas apenas *justaposição*; o crescimento não vem mais de dentro, e sim de fora. Ou melhor, o que se tornou regra foi a mistura dos dois modos de desenvolvimento.

De uma só vez a razão perdeu a faculdade de autojustificar seus conhecimentos e suas ações. Trocou sua função legislativa por um papel instrumental. Para Kant, mesmo que a razão não se encarne inteiramente em nenhum indivíduo, "ainda há, no ideal, um senhor que a todos emprega [os artistas da razão – o matemático, o físico, o lógico] e serve-se deles como instrumentos para alcançar [seus] fins essenciais".[5] Em outras palavras, embora a figura do filósofo "não se encontre em parte alguma, a idéia de sua legislação se encontra em toda a da razão humana".[6] Essa afirmação da onipresença necessária das exigências universais da razão na consciência humana choca-se com a dúvida dentro de nós.

Assim, quando o século XX termina e se vai fazer o balanço dos seus avanços e dos seus descaminhos, seus triunfos e suas derrotas, convém reunir algumas peças ao processo[7] que sem dúvida se instruirá a seu respeito. Não se deve deixar, por exemplo, de perguntar: "É a mesma a razão que descobre, na serena animação dos laboatórios, as propriedades dos objetos matemáticos ou da matéria, e a que, nas guerras ou na concorrência econômica, fixa os objetivos e define as estratégias? Não estaremos empregando abusivamente um mesmo nome para designar duas faculdades distintas?" A resposta deve ser, sem hesitação: "É uma só e mesma razão que procura, descobre, engana, hesita e decide." Instância de decisão e de escolha, ela produz também o indecidível. Este século viu-se minado por um mal, cujo nome foi sendo aos poucos banido, mas de cujos efeitos continuamos a sofrer. Uma espécie de dúvida, de "lassidão", como diria Husserl, de niilismo crônico poderá ter afetado nosso modo de pensar e agir. Como pôr fim a tal desamparo? Esse é o desafio que até agora deixamos sem resposta.

Herdamos uma razão dividida, bipartida. De onde vem essa ruptura interna, essa duplicidade de que mal tomamos consciência? Tendemos a nos tranqüilizar, fingindo acreditar que a duplicidade provém de uma oposição entre nossos interesses e nossas obrigações. Kant é mais sombrio a respeito: alojava essa cisão interna em uma região desinteressada do espírito, como se houvesse no homem uma espécie de gosto pela mentira, uma dificuldade quase intransponível para professar o heroísmo da unidade. A razão não é vocacionada para ficar pesando os prós e os contras, argumentando interminavelmente, vacilando. A razão pesa e decide. Mediante suas construções sistemáticas, ela invoca, espera e proclama uma unidade que está nela tanto quanto está no universo. Seu drama reside no fato de serem fragmentárias as avaliações que os homens fazem das coisas. O Um parece ficção. Procurando-o, a razão parece presa de algo ilusório. Nessa situação crítica, é inevitável que ela sinta a tentação de se afastar, de renunciar à sua autonomia, para se pôr a serviço de qualquer poder econômico, político ou guerreiro. Basta-lhe esquecer aquilo para que existe: o dever da razão é mais do que o conhecer; inclui, também, o julgar, segundo procedimentos que ela mesma fixa e aperfeiçoa, seus pensamentos e suas ações, assumindo a responsabilidade própria daquele que não tem um senhor. A razão deixa de ser ela mesma quando se alivia de sua carga. Nada é mais natural no homem do que obedecer. Dê-lhe, porém, um comando, e ele esquecerá sua servidão. A razão também está tão solitária no mundo quanto Jó, embora essa solidão seja apenas aparente.

Pois, tanto quanto se sabe, ser visitado por verdades até então desconhecidas é sempre motivo de grandes perturbações e tormentos difíceis de suportar: Georg Cantor confessa que não pôde crer de imediato nas verdades que acabava de demonstrar a propósito do infinito; Max Planck foi tomado pelo desespero quando compreendeu que havia posto fim a uma era da física. Há uma espécie de distorção entre os nossos velhos hábitos e as verdades que, vindo de fora, instalam em nós a sua morada.

Poderão objetar: "Mas não é a razão que produz a verdade? Não a rebaixamos ao limitá-la a um papel de concessionária ou de receptadora?" Aí está um enigma por demais discutido em nosso tempo: os partidários da razão produtora atribuem-no a esse engendramento do verdadeiro, visto como representação da realidade; os defensores de uma razão visitada identificam a verdade com o real. A escolha entre as duas concepções da razão nada tem de neutra. Implica uma antropologia e uma ética. Os que pleiteiam uma razão artista, capaz de conceber as idéias e fabricar as representações, inclinam-se a ver no homem o "senhor e proprietário" da natureza; aqueles que consideram a razão só autêntica quando fiel ao universo abandonam os sonhos de uma ficção todo-poderosa e passam a professar o realismo. No entanto, ao tornar o homem capaz de modificar não apenas o mundo físico mas também os seres vivos, a revolução biológica muda a significação do realismo: já não estamos diante apenas de uma teoria do conhecimento, mas de uma doutrina da ação, e torna-se necessário saber até que ponto conhecer é o mesmo que fazer.

Assim, quase apesar de si mesma, a humanidade se vê levada a inventar a nova face da razão, a preparar o terceiro milênio. Da mesma forma que intelectualmente o século XX começou pela metade da década de 1870, é altamente provável que o século XXI já esteja se gestando neste final de século. Está se formando diante dos nossos olhos fechados. Para saber como serão os seus primeiros traços não necessitamos de nenhuma espécie de dom da profecia, mas apenas de atenção, pois ela sempre nos revela o que existe.

CAPÍTULO 1

A razão moderna: Kant e Goethe

Introdução

Publicada em 1781, a *Crítica da razão pura* está dividida em duas partes bastante desiguais na extensão: de um lado, a teoria transcendental dos elementos, que inclui a estética, a analítica e a dialética transcendental; de outro, a teoria transcendental do método. A obra passou por uma revisão antes de ser reeditada em 1787, quando apareceu com um novo prefácio merecidamente célebre. Há semelhanças entre o prefácio da segunda edição da *Crítica*, que parece um programa, e a teoria transcendental do método, que se assemelha a um plano e uma abertura. Tentaremos, a seguir, esclarecer a *Crítica da razão pura*, considerando os dois textos que acompanham a parte central, ou teoria transcendental dos elementos, que é também a mais e melhor conhecida.

Esperamos, desse modo, ter uma visão central das Luzes e da maior filosofia de sua época, e talvez, juntamente com a de Platão, a maior de todos os tempos. Kant é o pintor da razão; mas, como resultado de um esquecimento sombrio e voluntário, cuja teoria ele próprio elaborou, hoje não sabemos mais o que essa palavra contém de audácia, de esperança, de obscuridade combatida e aceita. Tentemos, por um momento, acertar o nosso passado com o dela; e saibamos dela o que foi – há dois séculos e será para sempre – a arte de elevar à unidade do sistema as produções do conhecimento.

Dispomos, de fato, de duas chaves para abordar Kant: tomar com ele a medida desse grande ato de imaginação que vem a ser a busca do verdadeiro nome dos seres e das coisas; praticar a disciplina inteiramente negativa da razão pura, que, mediante exercícios espirituais que Santo Inácio não rejeitaria, inicia o indivíduo em uma privação comparável à de Jó, e lhe revela como ele resiste mal à sua inclinação para a duplicidade. A razão só conhece seu estado real, ou "arquitetônico", quando previamente se submete à prova da crítica e do despojamento. A necessidade dessa dupla ascese, teórica e prática, é um atestado de que a moral se acha no coração mesmo da razão;

sua presença explica-se facilmente, desde que se compreenda que seus verdadeiros interesses, sua vocação última, são no sentido de permitir aos homens permanecer fiéis à Terra, edificando sobre ela um mundo finalmente humano.

O que descobrimos através de Kant é a razão revolucionária, romântica e imperial da Europa dos dois últimos séculos; essa razão da qual, no fim do século XIX restava apenas uma imagem crepuscular. Talvez seja necessário sondar o seu começo a fim de que possamos discernir o que fazer para possibilitar hoje um novo começo, o nosso.

O final do século XVIII viu abrir-se um debate sobre os poderes da razão: seria ela capaz, quando comparada à natureza, de decifrar as estruturas e o dinamismo? Ou deveria contentar-se em esboçar um quadro talvez fiel mas incompleto? Essa interrogação, que nos dois séculos seguintes seria a marca das reflexões sobre a razão, personalizou-se em duas grandes figuras, as de Kant e Goethe.

A *Naturphilosophie*: Kant e Goethe

Sobre a questão dos poderes intuitivos do espírito, Kant afasta-se da filosofia da natureza e do primeiro romantismo. Nesse ponto, ele diverge de Goethe, a quem é instrutivo comparar. Para Goethe, o entendimento (*Verstand*) percebe, tanto quanto em Kant, as relações formais, redutíveis a leis, que se estabelecem entre fenômenos. Mas a razão (*Vernunft*) é para ele – o que não é para Kant – a intelecção do devir, o conhecimento das metamorfoses. Já para Kant a razão apenas pressente as operações que a natureza ou a arte realizam, sem a preocupação de torná-las inteligíveis ou transparentes. "O próprio gênio não se mede pela capacidade de descrever cientificamente como criou sua produção e [...] ao contrário, é na qualidade de natureza que estabelece regras para as suas criações; conseqüentemente, o criador de um produto devido ao seu próprio gênio ignora ele mesmo como e de onde vieram as idéias que entraram na sua criação."[1] Tanto quanto Aristóteles ou Goethe, Kant estabelece uma identidade entre o gênio da natureza e o do artista, e se ele é parte dessa identidade é possível que ela lhe seja parcialmente restituída. Kant, no entanto, faz uma restrição: "Através do gênio, a natureza prescreve as regras, não para a ciência, mas para a arte, e tão-somente quando se trata das belas-artes."[2] Se as coisas são assim, é porque a natureza age seguindo caminhos que desconhecemos.

Depois de ter mostrado que as ciências psicoquímicas nos ajudam a explicar aquilo que tem vida, Kant observa: "Mas é também indubitavelmente certo que, em relação à nossa faculdade de conhecer, o simples mecanismo da natureza não pode fornecer qualquer princípio explicativo da geração de seres organizados."[3] Para descobrir na vida algo mais do que mecanismos, a faculdade de julgar ou o juízo, segundo Kant, não dispõe de um fio condutor racional, de princípios que lhe permitam formar leis universais aplicáveis aos organismos vivos. Aqui, o espírito limita-se a testemunhar o espetáculo da diversidade dos seres, cuja existência, no entanto, permanece obscura para ele. Ora, "se apenas o particular é dado, e se a faculdade de julgar deve encontrar o universal [que lhe corresponde], ela é simplesmente *refletidora*".[4]

Para Goethe, as coisas são diferentes: "O objeto da razão é o que está no devir, o entendimento é aquilo cujo devir acabou; aquela não se inquieta com o destino, nem este com a origem. Aquela encontra sua alegria no desdobramento das coisas, este quer que as coisas fiquem como estão para poder utilizá-las."[5] O espírito humano pode encontrar em si mesmo uma produtividade graças à qual "eleva-se à participação espiritual nas produções da natureza".[6] Para reencontrar as "afinidades eletivas" com ela, "e se queremos chegar a uma certa visão viva da natureza, teremos de nos manter tão móveis, tão plásticos quanto o exemplo pelo qual ela nos precede".[7] No entender de Goethe, essa idéia da metamorfose é, ainda, "um dom que vem de cima, venerável na mais alta medida, mas ao mesmo tempo, na mais alta medida, perigoso". Com efeito, aquilo que quer ter a inteligência da geração, deve aceitar também o "domínio do informe", o da dissolução e da destruição. Aceita riscos, portanto. Kant, como veremos, também vai encontrar no cerne da razão a presença ativa e poderosa da negação.

A imaginação não abjura o real; ao contrário, intensifica a nossa relação com ele. Se a razão não se extravia na natureza tanto quanto a imaginação – como se fosse um sentido espiritual do tato –, leva esta última a descobrir que a própria natureza, nas suas produções e invenções, obedece aos princípios da simplicidade: que procede por variações ordenadas sobre um número reduzido de temas e tipos. Em uma carta a Charlotte von Stein, Goethe escreve: "A espécie primordial está em vias de se tornar a criatura mais estranha do mundo, e assim a própria natureza me invejará. Com esse modelo, e com a chave que lhe dá acesso, será possível daqui por diante inventar uma infinidade de espécies, que serão necessariamente coerentes: quero dizer que se elas não existem, poderiam existir, e não seriam nem sombras nem aparências poéticas ou pitorescas, mas possuiriam uma verdade e uma coerência internas."[8] Em outras palavras, o estudo dos seres vivos, e em particular de sua forma, entendida esta no duplo sentido da aparência visível e da constituição interior, poderia se tornar objeto de uma ciência; e, para designá-la, Goethe cunhava, em 1817, a palavra *morfologia*.[9] Essa ciência tornou-se possível graças à existência de padrões pouco numerosos sobre os quais é talhada a diversidade dos seres vivos.[10] Mais ainda: "Estaremos, pois, em condições de afirmar sem receio que todos os seres orgânicos que já alcançaram certa perfeição, ou seja, os peixes, os anfíbios, os pássaros, os mamíferos e o homem à frente de todos eles, são formados a partir de uma só e única imagem primordial (*Urbild*); e esta limita-se apenas a variar mais ou menos em suas partes, muito constantes, e cada dia se desenvolve e se transforma graças à reprodução."[11] Foi a essa "aventura da razão", como o próprio Goethe a qualifica, que Kant tratou de estabelecer os limites. Ele não pensava, de fato, que a fusão da razão e da imaginação pudesse realizar-se, de maneira que o espírito se metamorfoseasse em *intellectus archetypus*, capaz de compreender intuitivamente a raiz, o desenvolvimento e o fim das coisas. Kant, ao contrário, pensa que a razão, de um modo tanto mais irresistível quanto mais lhe permaneça oculto, é compelida a misturar suas ilusões com as idéias que ela própria concebe.

Ao contrário de Goethe ou de Novalis, Kant não acredita que o espírito seja capaz de reconstituir as leis universais que regem a natureza, valendo-se para tanto daquilo que a arte consegue apreender das operações que esta realiza. De que tais leis existem, Kant não duvida; no entanto, elas não são captadas pelo entendimento, mas apenas pressentidas pelo juízo. Dos seres vivos temos apenas um conhecimento particular, insuficiente para nos elevar à percepção de suas leis universais. Daí a existência de uma antinomia do julgamento teleológico, no qual se enuncia que a vida pode se explicar mediante mecanismos, acrescentando-se porém que a explicação psicoquímica não desvenda todos os segredos. Essa antinomia é comum aos julgamentos dos primeiros românticos, em particular o de Novalis: "É possível que todo o movimento mecânico não seja mais do que uma linguagem da natureza", o poeta observa. Mas, em meio a uma reflexão sobre Shakespeare, ele mesmo se corrige: "Shakespeare não tinha nada de calculista, nem de erudito; era uma alma poderosa, de um colorido intenso, cujas invenções e obras, como as próprias produções da natureza, trazem impressa a marca do espírito pensante – o que não incapacita o menos sutil dos observadores de nela encontrar alguma nova concordância com a imensa arquitetura do universo." E, insistindo na identidade dos gênios do artista e da natureza, Novalis concluía a propósito das criações de Shakespeare: "Nada seria mais absurdo do que pretender que se trata de obras de arte, no sentido estreito e mecânico da palavra."[12]

Em uma análise da imaginação poética de Goethe, Dilthey interrogava-se: "Que relação existe pois entre a experiência guardada no celeiro e a livre imaginação, entre a reprodução e a criação de símbolos, situações e destinos?"[13] A dificuldade de alcançar a verdade pertence à parte necessária da invenção que se incorpora à percepção: "Em resumo, assim como não existe imaginação que possa abdicar da memória, a memória não pode existir sem incorporar elementos da imaginação."[14] Nessas condições, a alma necessita de uma espécie de ascese e de purgação para que, em seu esforço de intelecção, torne-se ao mesmo tempo ativa e ausente.

As iluminações

Enquanto o prefácio de 1781 da *Crítica da razão pura* estava centrado na idéia de uma tarefa da razão – "instituir um tribunal que lhe dê segurança em suas justas pretensões, porém capaz, por sua vez, de acabar com as presunções sem fundamento"[15] –, o prefácio da segunda edição descreve uma série de *iluminações*. O primeiro texto identifica o tribunal com a própria *Crítica da razão pura*; o segundo, sem excluir a figura do juiz – que ao operar produz as leis pelas quais seu julgamento se rege –, nomeia uma seqüência de acontecimentos fundadores, aqueles que põem a razão humana no caminho da ciência e aos quais Kant chama de revoluções.

Após mencionar de passagem a lógica, em que o entendimento prescinde dos conteúdos do conhecimento, Kant evoca três iluminações, uma de natureza matemática, outra física, e a terceira metafísica, a elas associando simbolicamente vários nomes: o de Tales para a primeira, os de Galileu, Torricelli[16] e Stahl para a segunda, e finalmente o seu para a terceira, que ele compara à revolução realizada na astronomia por Copérnico.

O motivo pelo qual o autor não fala de iluminação no tocante à lógica é o seguinte: se o entendimento só diz respeito a si próprio, nenhum encontro com ele é possível. De fato, a lógica moderna ou matemática só nasceu no século XIX, quando Boole, e principalmente Frege, fizeram das operações do pensamento, denotadas por sinais, objetos próprios, destinados a garantir que as entidades matemáticas se tornassem bem evidentes sob a luz da verdade. Foi assim que, também elas, as leis lógicas tornaram-se objetos de uma iluminação.

Em matemática, Kant atribui o ato fundador, ou "revolução", "à feliz idéia de um único homem". Trata-se, pois, de um acontecimento possível de ser situado e datado, e cujo autor tem um nome, mesmo que a lembrança dele apresente lacunas. Em que consiste esse acontecimento? Kant o descreve assim: "O primeiro que demonstrou o *triângulo isóscele* (quer se chamasse Tales ou qualquer outro nome) teve uma iluminação (*dem ging ein Licht auf*); pois percebeu que não devia ater-se ao que via na figura, ou mesmo à simples conceituação que dela já fazia, [...] e sim que devia produzir essa figura mediante aquilo que pensava e (por construção)* apresentava *a priori*..." E Kant acrescenta que, "para conhecer com segurança uma coisa *a priori*, [o espírito] só deve atribuir a essa coisa aquilo que resulte necessariamente do que ele mesmo apresentou, conforme o seu conceito".

A que aludia Kant ao evocar, seguindo Diógenes de Laerte, a "demonstração do triângulo isóscele" realizada por Tales? Trata-se dessa passagem da vida de Tales: "Hierônimo declara que ele mediu as pirâmides a partir de sua sombra, no momento em que a extensão de nossa sombra é igual à nossa altura." Se quando estamos corretamente de pé o comprimento de nossa sombra é igual ao de nossa altura, nosso corpo e sua sombra formam, de fato, os dois lados iguais de um triângulo retângulo isóscele. Como os raios do Sol, ao tocar a Terra, são supostamente paralelos, poder-se-á dizer também que naquele momento a sombra de uma pirâmide é igual à sua altura. Assim, a sombra de um homem é também a sua medida, e aquele que perder sua sombra será privado de conhecer e avaliar a si mesmo (atribui-se a Tales a máxima "conhece-te a ti mesmo"), como no conto de Chamisso de Boncourt,[18] *A história maravilhosa de Peter Schlemihl*, que descreve as atribulações de um homem privado de sua sombra. Tudo é simbólico nesse conto. Mesmo em matemática, a iluminação nasce de um encontro: não se trata, de modo algum, de substituir por ficções a sombra e a pirâmide, mas de encontrar os meios de pensar o real. É necessário ver a própria sombra e comparar seu comprimento à sua altura para conceber que a altura da pirâmide também é igual à sombra que ela projeta no solo. A iluminação que Kant descreve não anula a consistência do mundo; ela a estabelece, pois o espírito só compreende o mundo na medida em que, submergindo nele, escuta-o e o entende. Entre os autores, aliás poucos, que trataram da sensação e da percepção, o maior e o mais incômodo é sem dúvida Montaigne. A "Apologia de Raimond de Sebond", nos *Ensaios*, descreve a errância do indivíduo entregue às sensações e privado de qualquer ponto fixo: "Eu que me espio bem de perto, que tenho os olhos constantemente postos em mim, como se não tivesse outra coisa a fazer, [...] só ousarei falar da futilidade e da fraqueza que vejo em mim mesmo."[19] E o autor conclui: "Pois querer que o punhado seja maior do que a mão, a braçada maior do que o braço, e esperar que o passo seja maior do que a perna, é impossível e absurdo. E não conseguirá o homem elevar-se acima de si mesmo e da humanidade: pois ele só pode ver com os seus próprios olhos e só pode contar com suas próprias forças. Só se elevará se, de modo extraordinário, Deus lhe der a mão [...]."[20] Kant se propõe a sair do ceticismo (não o ceticismo extremado de Montaigne, mas o ceticismo temperado de Hume), sem apelar para um milagre, como

*Na linguagem de Kant, "construir" equivale a "intuir". (N. da T.)

Montaigne, nem para a veracidade divina, como Descartes, mas mediante um ato fundador, uma revolução capaz de iluminar e garantir a razão.

A segunda dessas iluminações, a física ou química, comporta os mesmos atributos da primeira, mas possui propriedades suplementares: torna inteligíveis não apenas formas ou relações entre formas, mas também movimentos e processos. O exemplo do plano inclinado de Galileu denota, ao mesmo tempo, uma experiência real e uma experiência do pensamento, já que o princípio da inércia repousa sobre a idéia de que, tornando horizontal um plano inclinado sobre o qual rola uma bola, esta, na ausência de uma força exterior, conservará seu movimento retilíneo e uniforme; não é necessário realizar a experiência para formular o resultado esperado – ou postulado.

A lista das iluminações fecha-se com a química, em que o nome de Stahl, hoje relegado ao plano da ciência caduca, é homenageado como o de um fundador. Entre outras coisas, deve-se a Stahl uma teoria do flogístico, em virtude da qual a corrosão dos metais e a combustão da madeira ou do carvão foram consideradas idênticas. Mas, enquanto o carvão, ao queimar, cede seu flogístico de modo irreversível, os metais corroídos ("transformados em cal", disse Kant) podem reencontrar seu estado anterior e recuperar o flogístico.[21] Em resumo, a razão pode penetrar nos processos físicos ou químicos e "forçar a natureza a responder às suas perguntas, ao invés de deixar-se conduzir passivamente por ela". Ora, Kant observa, "a razão só percebe aquilo que ela própria produz conforme o seu projeto". Isso significa que as proposições matemáticas e físicas podem exprimir uma afinidade entre o espírito e o real. Não que a razão, antes da experiência, esteja em condições de dizer quais são as leis efetivas da física. Essas leis são descobertas, não inventadas; o que o espírito não extrai da experiência, mas de si próprio, é a percepção de que a experiência, apesar de sua profusão e das surpresas que reserva ao observador, possui uma coerência interna, aquela que as leis científicas exprimem.

A ciência da natureza não seria possível se "todo nosso conhecimento tivesse de ser ordenado a partir dos objetos". E daí o projeto de outra "revolução", esta agora não matemática ou física, mas metafísica: "Se a intuição tivesse de se reger pela natureza dos objetos, não vejo como seria possível saber qualquer coisa *a priori*; mas, ao contrário, se o objeto (como objeto dos sentidos) se ordena conforme a natureza da nossa faculdade de intuir, posso muito bem configurar tal possibilidade." Essa revolução vem legitimar as certezas do espírito, cujo princípio explicitaria: "Só conhecemos *a priori* as coisas que nós mesmos empreendemos." Pode-se objetar: que necessidade temos de um elemento *a priori* nos nossos conhecimentos? Pensar do modo mais simples o universo equivale a lhe atribuir a unidade como propriedade fundamental. Esta unidade não pode vir da diversidade das impressões, mas do sujeito. O *a priori* é a marca dessa unidade, do "eu penso" que devo poder acompanhar todas as nossas representações; uma vez abandonada essa exigência de unidade, é o próprio "eu" que se dissolve. A lista das iluminações científicas, como já dissemos, encerra-se com a química; a Lineu, Buffon e Aristóteles não são creditadas descobertas comparáveis às de Tales, Galileu, Torricelli ou Stahl. Por que uma enumeração assim tão parcimoniosa? Porque a iluminação kantiana é a designação de um ato instaurador, pelo qual a razão, fundindo os poderes do entendimento e da imaginação, efetua em si mesma, reproduzindo-as fielmente, as operações que presidem o surgimento ou a constituição dos objetos encontrados na experiência. Ela se produz quando a imaginação, amalgamando-se ao entendimento e transfigurando-se, legitimada e como que autenticada pela razão, repatria os objetos exteriores na esfera transcendental, que é indissoluvelmente objetiva e subjetiva. Essa legitimação da liga com que a razão une o entendimento e a imaginação, só se dá quando a razão está em condições de pronunciar seus juízos determinantes, isto é, de subsumir os fatos nas leis universais. É o caso daquilo que se distingue na física newtoniana; e o contrário do que ocorre no domínio da vida, cuja pujança formadora (*Bildungskraft*) opera segundo modalidades que ainda desconhecemos. Haveria iluminação se a *Bildungskaft* da natureza se deixasse penetrar pela *Einbildung*, ou seja, pela capacidade de imaginação do sujeito. Mas as coisas não são assim: a geração, a reprodução e o crescimento dos seres vivos não são objeto de uma intuição; e mesmo pressentindo que a ordem biológica está submetida às leis universais, a razão as ignora ao organizar as operações da vida.

É possível que se fosse reescrever hoje o prefácio da *Crítica da razão pura*, Kant não beneficiasse a razão com um aumento do poder de iluminar a existência e a constituição dos seres que lhe atribuiu em sua época. Kant não negaria inteiramente o conhecimento intuitivo do devir, que torna inteligíveis as operações da vida – e cuja reprodução, transcrição e interiorização na alma são asseguradas pela imaginação –, mas na esfera da história natural e humana creditaria ao espírito apenas uma espécie de tato, desprovido de um verdadeiro poder de construir mediante conceitos.

Ilusões e dissimulação: o poder do negativo

Kant quer elucidar um paradoxo: a razão tende irresistivelmente a sair do território em que pode exercer com legitimidade a sua função, escondendo de si mesma as suas transgressões. Assim, a razão é induzida à auto-imposição de uma "disciplina", entendendo-se por isso não um ensinamento ou uma instrução, mas uma "correção", uma ascese. "Gostaria, pois, que jamais se permitisse empregar essa palavra [disciplina] em outro sentido que não fosse o sentido negativo."[22] Pode sem dúvida parecer estranho, Kant observa, "que a razão, a quem cabe apropriadamente prescrever sua disciplina a todas as outras tendências, também necessite de uma disciplina para si própria".[23] De fato, acrescenta Kant, "até o presente ela escapou de semelhante humilhação". Para evitar a prova da sinceridade, a razão ostenta uma seriedade destinada a dissimular seu "jogo frívolo". Kant não está aludindo aqui a um interesse empírico ou ocasional pela mentira, mas a uma duplicidade que afeta o homem como um todo, e cujo objetivo é tornar a realidade suportável, embelezando-a ou alterando-a.

Esse "jogo" tem uma regra: "Imaginações substituem conceitos, e palavras tomam o lugar de coisas." Não seria possível jogar esse jogo se tais substituições fossem impossíveis. Ora, a Dialética Transcendental (terceira parte da teoria dos elementos) mostrou não apenas que elas eram possíveis, mas inelutáveis, o que levou Kant a evocar a "utilidade negativa" de "toda a filosofia da razão pura".[25] Não é a pequenez do homem que o expõe à ilusão ou mesmo à dissimulação; é a sua grandeza mutilada que o impede de pensar sem sonhar, de pensar sem sonhar com um mundo e um estado de coisas bem diferentes do que são.

Onde a experiência controla o pensamento, o risco de erro é limitado: "Não há necessidade de nenhuma crítica da razão no uso empírico, porque aí os seus princípios são submetidos a uma prova contínua."[26] Em matemática opera uma regulamentação igualmente eficaz, pois "os conceitos da razão devem ser imediatamente apresentados *in concreto* na intuição pura".[27] Em compensação, "onde nem a intuição empírica, nem a intuição pura mantêm a razão em um caminho bem visível",[28] são maiores a tentação de duplicidade e os riscos de erro. É nela mesma que a razão deve encontrar a vontade de exercer o seu poder de negação, de construir para si mesma um crivo ou uma peneira que para ela seja algo "como um sistema de precaução e de exame de si própria, diante do qual não possa subsistir qualquer aparência de falsidade ou sofisma".[29] Kant decerto sublinhou o papel moralizador, e mesmo civilizador, da "inclinação que leva os homens a dissimular".[30] Mas aqui a causa é por ele diagnosticada: "A razão é impelida por certa tendência a deixar para trás o uso da experiência, a fim de aventurar-se, pelo uso puro e simples das idéias, até os limites extremos de todo o conhecimento."[31] Como poder de triagem e rejeição, a negação desempenha o papel de um juiz que pesasse as idéias como se fossem moedas, descartando as demasiado leves, as que não são resultantes de uma liga de experiência e conceito. Ora, é com esperanças e sonhos que o espírito deseja cunhar sua moeda. Além disso, como Joseph Conrad tão bem mostrou em sua ficção, o homem não sabe agir se ao mesmo tempo não for capaz de secretar ilusões, que são consubstanciais à sua capacidade de agir. "A ação consola. Ela é inimiga do pensamento e amiga das ilusões agradáveis. Só quando entramos em ação podemos nos sentir donos do nosso destino."[32] Daí a necessidade de uma espécie de polícia da imaginação, que não se destinaria a frear-lhe as audácias, mas a verificar se os pensamentos lançados pelo espírito, como agentes secretos pelo mundo afora, têm os meios de lidar com elas.

Para Kant, a razão passa pelo crivo e marca com seu carimbo aqueles encontros entre o espírito humano e o mundo que merecem autenticação. Pois a imaginação transcendental só se exerce no universo; ela constitui um modo de celebrar, não pelo que diz de si mesma ao indivíduo através da sensação, mas explorando as figuras possíveis, ainda adormecidas e ocultas. A razão produz esse despertar mediante a arrumação das idéias em cima das sensações apreendidas como eixos e molas. De fato, a imaginação imprime suas formas no interior das coisas, transformando as interioridades opacas em contornos passíveis de descrição. Operações e esquemas são por ela estabelecidos naqueles pontos em que a mobilidade das coisas reduziria o espírito ao silêncio. E naquelas áreas em que o simples olhar revelaria apenas a superfície muda e plana daquilo que se apresenta, ali ela instila ou inspira as formas do devir.

O maior risco a que a razão se expõe, nesse caso, é o de tomar as imagens pelos conceitos e as palavras pelas coisas. Nosso poder de imaginar, cuja missão consiste em estreitar os nossos laços com o real, é habitado por um demônio negativo, que o impele a fazer o inverso, a "desrealizar" o real para se refugiar no imaginário. Há nisso algo de infernal. É esse inferno que a política instala na Terra quando se torna teológica, seja ao inebriar-se de filosofia da história, seja ao elaborar "religiões seculares".

Tal como Kant a concebe, a disciplina da razão situa esse poder de negar não na esfera dos juízos empíricos, como no exemplo precedente, mas no coração mesmo da razão. É ela que confere validade ou que rejeita as idéias pelas quais o espírito estabelece os seus laços com o mundo. Essa disciplina não é criada para contrariar as audácias da imaginação, mas para presidir sua fusão bem-sucedida com a razão, a fim de introduzir no espírito uma certa mobilidade inteligente, adequada à captação das espécies de devir e à vigília exigida pelo princípio e pela ação. Trata-se de definir um uso legítimo da produção de idéias, de precisar as condições de uma fusão válida da imaginação com a razão.

O poder do negativo é consubstancial ao próprio exercício da razão, ao uso adequado das faculdades do conhecimento. Nessa esfera, o negativo é onipresente, não como uma privação, mas como uma força. Nesse caso, portanto, a razão tem um estatuto lógico; e o *nada*, tal como Kant o analisa e situa no quadro que encerra a Analítica Transcendental, lá se encontra como o cerra-fileira que, num exército em guerra, mantém-se vigilante para que os os elementos confiáveis não se deixem infiltrar ou flanquear pelos elementos duvidosos, semelhantes aos que a Dialética Transcendental submeterá ao seu exame. Mas a negação também tem uma função dinâmica, que Kant trouxe à luz em 1763, no *Ensaio para introduzir na filosofia o conceito de grandeza negativa*. Rememoração e esquecimento são forças reais e de sinais contrários. O esquecimento é também a mola da ilusão transcendental, a causa dos seus "jogos fúteis" e de suas transgressões, pois, como já vimos, ele poupa a razão de humilhar-se ao reconhecer seus próprios limites e sua própria vulnerabilidade. Não é nada agradável receber esse ensinamento de Kant: a razão só tem certeza mesmo de sua fragilidade. Se essa "correção" for aceita, o negativo tornar-se-á então um princípio útil. Irá transformar-se no incitador da razão, no empurrão capaz de levá-la ao despojamento voluntário, a um desprendimento tanto mais necessário na medida em que o *cogito* kantiano não pode contar, ao contrário do *cogito* cartesiano, com a veracidade divina. A negação é como a sombra do espírito. E, como vimos antes, o homem que perdeu sua sombra perdeu também sua medida. Em suma, a negação desempenha uma função lógica e cosmológica: encarrega-se da coerência das nossas representações e da validade das relações de nossas idéias com o universo.

Commercium spirituale

A noção de "transcendental" exprime uma esperança da razão, que, em seu esforço de apropriação do mundo sensível através da construção de conceitos, tenta não ser infiel ao universo, não trair seu apego ao sensível. Nesse caso, o racionalismo de Kant legitima inteiramente o juramento lírico que Hölderlin iria pronunciar alguns anos mais tarde, e que Camus inscreveria em *O homem revoltado*.[33] A crença do racionalismo de que entre o espírito e o real existe um acordo, uma *Übereinstimmung*, e até mesmo "afinidades eletivas" – *Wahlverwandtschaften* –, que provêm de fontes longínquas, platônicas, estóicas, alquímicas, teosóficas e cristãs. Ao mesmo tempo, Kant não cede à embriaguez dos românticos, nem sequer à de Goethe. Ele não crê tampouco em um comércio entre os espíritos sem a mediatização do conhecimento empírico numa intuição direta do devir e das metamorfoses. Seu cristianismo o aproximaria mais de Novalis, quando este afirma: "Existe apenas um templo no mundo, o corpo humano. Nada é mais sagrado do que essa augusta forma. A reverência diante do homem é uma homenagem prestada a essa revelação na carne [*eine Huldigung dieser Offenbarung im Fleisch*]."[34]

Também a teoria transcendental dos elementos, na *Crítica da razão pura*, começa pela estética, que trata da nossa condição corporal, e nossa abertura para o mundo das sensações. A *Crítica do juízo* confirma essa escolha, pois a analítica do juízo estético estabelece o papel essencial desempenhado por todas as impressões que, sem passar pelo conceito, regem constantemente nosso modo de nos mover no mundo. Com efeito, não poderíamos agir, nem mesmo viver, se não interpretássemos ininterruptamente as inumeráveis mensagens sensíveis que nos são enviadas pelos seres e pelas coisas. Deciframos esses signos com aquilo que Madame de Staël chama de "tato das circunstâncias", sem construir conceitos a partir deles, mas deixando que essas "pequenas percepções",[35] como as chamava Leibniz, nos transmitam seus conselhos e juízos. Inscritos na língua natural da alma, ou seja, nas impressões e nas imagens, esses signos são necessários à ação. Os juízos que os habitam se parecem com os juízos estéticos, aqueles que a beleza nos inspira. Eles se incorporam aos juízos teleológicos, que presidem os projetos e as ações, e que são estudados na segunda parte da *Crítica do juízo*. E dão à terceira parte sua unidade. Compreende-se, portanto, que aos olhos de Kant, como aos de Novalis, o corpo de cada indivíduo seja para ele um "templo" e o lugar único de uma "revelação". Nem a sensação, nem a memória, nem a imaginação, nem o entendimento, nem a razão seriam capazes de desempenhar seu papel na ausência do corpo. Sem este, seríamos espíritos, ou seja, espectros (como a palavra francesa *esprit*, a alemã *Geist* significa ao mesmo tempo espírito e fantasma).

No entanto, segundo Kant, há uma "república dos espíritos", réplica laica da "comunhão dos santos" cristã. O *commercium spirituale* situa-se para lá do círculo estreito das nossas relações sensíveis, mediatizadas pelo corpo. Kant observa, ainda, que teríamos o direito de crer, por razões de simetria, que há interações de natureza moral entre os seres espirituais, do mesmo modo que se dá entre os corpos, como nos ensina Newton. "Ele não hesitava [...] em tratar essa gravitação como efeito verdadeiro de uma ação universal da matéria sobre si mesma, motivo por que lhe deu também o nome de *atração*. Essa manifestação de estímulos morais nas naturezas pensantes e suas relações recíprocas, não poderia ser igualmente representada como a conseqüência de uma força verdadeiramente ativa, capaz de levar as naturezas espirituais a influir umas sobre as outras...?[36] Nesse texto, Kant distinguia os "sonhadores da razão" e os "sonhadores da sensação".[37] Ainda excessivamente leibziniano (ou excessivamente cristão) para negar a existência de uma espécie de *vinculum substantiale*, de laço substancial entre os seres, Kant assim enuncia sua posição acerca da "teoria filosófica dos seres espirituais": "Ela pode ser acabada, mas no sentido *negativo*, estabelecendo com certeza os limites de nosso conhecimento e nos persuadindo de que os diversos fenômenos da *vida* na natureza e suas leis são tudo que nos é dado conhecer; quanto ao princípio dessa vida, isto é, a natureza espiritual, que não se conhece mas apenas se supõe, não poderá jamais ser positivamente concebido, pois em todas as nossas sensações não existe qualquer dado que o permita..."[38] Esta atitude teria provocado apenas alguns comentários, caso a segunda parte do livro, "que é histórica", não fosse aberta com um "relato em que se deixa ao leitor o empenho de procurar a verdade".[39] Kant narra então três histórias relacionadas com as "visões" de Swedenborg (que ele chama de sr. Schwedenberg): este conta a uma princesa muito esperta um segredo que só ela e um morto possuiriam; ajuda a viúva de um diplomata a reencontrar um documento comercial escondido em uma gaveta secreta; e, jantando na casa de um comerciante de Gotemburgo, "anuncia aos assistentes, com um perfeito ar de consternação, que naquele mesmo momento, em Estocolmo, no bairro de Södermalm, um terrível incêndio provocava grande destruição".[40] Dois dias mais tarde, "informação chegada de Estocolmo a Gotemburgo confirmava plenamente, é o que dizem, as visões de Schwedenberg". Kant, em vez de ignorar solenemente esse "estranho relato", conclui deixando ao leitor "o trabalho de decompor a seu gosto, em seus elementos, essa equívoca mistura de razão e credulidade, e de calcular a proporção desses dois ingredientes na [sua] maneira de pensar".[41] O problema é que essa "equívoca mistura" se refaz constantemente na razão, sob duas formas distintas e, no entanto, semelhantes: de um lado, o espiritismo; de outro, a filosofia da história.

A primeira vai mais longe do que a história: não apenas pretende ressuscitar o passado, mas negar que ele haja desaparecido e dar-lhe uma espécie de presença, imaginando que a vida espiritual não está sujeita às limitações temporais da vida biológica; a segunda, confere a essa crença uma aparência racional: não se preocupa menos com o passado do que com o futuro, e reifica o devir, atribuindo-lhe uma existência comparável àquela que o espiritismo pretende dar aos mortos. De uma só vez, todos os homens, de todos os tempos, quer já tenham vivido, quer ainda não existam, são parte de uma só comunidade. Por onde se vê que a filosofia da história tem essência religiosa.

Kant não nega a grandeza de uma tal perspectiva, mas recusa-se a aceitar que a razão teórica, responsável pela faculdade de conhecer, torne-se responsável por ela. O *Bund der Geister*, a comunidade dos espíritos, dispensa a razão prática. Ela exprime um dever de respeito de cada um de nós para com todos os homens, quer estejam mortos, vivos, ou à espera do nascimento. Considerar indevidamente a razão teórica como um poder de conhecer o que escapa da razão prática e da moralidade constitui para Kant um erro teórico e um engano prático, no qual se exprimiria a nossa duplicidade e a nossa vontade de poder. Em *Les Rêves d'un visionnaire*, ele cita o livro IV da *Eneida*, em que se descreve a descida de Enéias aos infernos para procurar seu pai e o libertar. A filosofia da história pretende dar ao devir uma forma de consistência e de ser da qual a liberdade humana a proíbe de munir-se. Nesse ponto maior, que é o próprio núcleo do idealismo alemão, Kant afasta-se, por antecipação, de Hegel e ao mesmo tempo de Marx.

Como observou Michel Alexandre (em um extraordinário curso sobre Kant, que tive a oportunidade única de assistir, durante o ano letivo de 1950-51): "O materialismo dialético é um idealismo: suposição não confessa de uma imanência, naturalismo no sentido aristotélico. Ordem secreta imanente ao universo humano e que pouco a pouco se estabelece. É uma filosofia da história, e toda filosofia da história é um idealismo."[42]

Outro motivo justifica a aproximação entre Hegel e Marx: a matéria que serve de arquétipo ao materialismo dialético, tal como foi formada na primeira metade do século XIX, não era a da física de Newton nem a da química de Lavoisier, mas a substância de Spinoza, dinamizada por Leibniz e dramatizada por Hegel. N'*A sagrada família*, escrevendo com a finalidade de caracterizá-la, Marx refere-se estranhamente a Jacob Böhme: "Entre as propriedades inerentes à matéria, a primeira e também a mais importante é o movimento, não apenas como movimento mecânico e matemático, mas principalmente como impulso [*Trieb*], espírito vital [*Lebensgeist*], força de tensão [*Spannkraft*] e tormento [*Qual*], para empregar a expressão de Jacob Böhme." Para Kant, esses qualificativos (impulso, espírito vital, força de tensão e tormento) não se relacionariam ao o juízo determinante, mas apenas ao sentimento, ou talvez ao juízo estético. Ele teria pensado que reificar tais qualidades para transformá-las em suporte de uma ontologia tinha a ver com a ilusão transcendental, algo a que a razão devia se proibir, embora estivesse irresistivelmente possuída por ela.

Categorias

De igual forma, também o homem não deve ceder à inclinação que o leva a atribuir à matéria qualidades que descobre em si. A substância de que é feito o universo não é a mesma do espírito. A "revolução copernicana", descrita no prefácio da segunda edição da *Crítica da razão pura*, parece no entanto afirmar que os fenômenos se regem pela nossa capacidade de conhecer. Como pode a razão ordenar o universo sensível em função de suas próprias leis, sem ao mesmo tempo introduzir o arbitrário na intelecção do mundo?

A noção de "transcendental" incorpora a esperança da razão; e esta descobre que, em sua busca de apropriação do mundo sensível pela construção de conceitos, não rompe o seu juramento de apego ao mundo. Trata-se pois de uma "revolução", no sentido de que o espírito não gravita mais em torno dos objetos, como ocorre no conhecimento comum, mas essa "revolução" não lesa os direitos dos seres e das coisas que devem ser *ouvidos* pelas nossas faculdades de conhecer. Os fenômenos aparecem, comparecem, são ouvidos, de modo que se lhes possa fazer justiça.

Kant rejeita a tese segundo a qual o espírito e o real seriam feitos de um mesmo estofo – quer este seja considerado material ou espiritual –, mas em compensação professa a fé do racionalismo, em cujos termos é possível um acordo entre o espírito e o real. Um tal acordo vem sancionar, de fato, a possibilidade de uma pesquisa da verdade, já que esta é *adaequatio rei et intellectus*. Mas, ao mesmo tempo, Kant recusa-se a cair na embriaguez romântica de uma intuição intelectual que nos permitiria penetrar na fábrica das coisas. A oficina onde se forja o universo permanece eternamente fechada para nós: podemos ver as coisas, mas não podemos circular por entre as forças que as produzem. Esse o sentido da distinção entre "fenômeno" e "coisa em si": não são duas realidades distintas, mas a mesma coisa, considerada na medida em que é ou não acessível a um entendimento finito. Todavia, iluminar o universo graças as leis da mecânica não é tudo. De fato, Kant concede às leis de Newton uma eficiência comparável à de Deus no *Timeu*:[43] "Em minha teoria, vejo a matéria ligada a certas leis necessárias. Vejo, no interior e a partir de sua completa dissolução e dispersão, desenvolver-se de modo inteiramente natural um todo de ordem e de beleza."[44]

Não em seu conteúdo empírico, mas em sua forma, essas leis não derivam inteiramente da experiência: possuem suas determinações concretas, mas têm também outra origem, no interior do espírito. Os julgamentos sintéticos constituem, *a priori*, atos pelos quais o espírito decide em que condições reconhecerá um parentesco ou uma identidade entre a ordem dos seus pensamentos e a ordem do mundo. Mas um tal parentesco entre a *ordo et connexio idearum* e a *ordo et connexio rerum* não é, em si, de direito: necessita ainda que o estabeleçam, atestem-no, provem-no. A teoria transcendental dos elementos tem por finalidade definir com rigor as condições que nossas percepções, conceitos e juízos devem satisfazer para que possam nos instruir sobre o real.

Kant, porém, foi mais longe: acreditou na possibilidade de provar que onde for possível um conhecimento através da construção de conceitos – e, portanto, uma iluminação –, ou seja, nas matemáticas e parcialmente na física, haverá apenas um modo de pensar o mundo *secundum veritatem*. Claro, as leis físicas são contingentes – no sentido da impossibilidade de se apreender sua forma a não ser pela experiência –, mas a rede de categorias em meio a qual balizamos e construímos nossa intelecção do universo constitui um sistema único. E mais ainda, a expressão matemática das leis da gravitação ou da propagação da luz nos instruem sobre o espaço (antropológico) da estética e autenticam a escolha de uma geometria euclidiana de três dimensões como teoria de referência.[45] Somente em relação àquilo que está sob o reino da mecânica de Newton, Kant se mostra tão afirmativo: "A razão está no fato de que Newton podia tornar perfeitamente claros e determinados não apenas para si mesmo, mas também para qualquer outro, e finalmente para os seus sucessores, todos os passos que teve de percorrer, dos primeiros elementos da geometria até as suas descobertas mais importantes e mais profundas."[46] A experiência possível só se escoa para o molde das categorias, de maneira única e necessária, quando o gênio de um homem, exprimindo-se "em uma obra imortal", a exemplo dos *Princípios matemáticos da filosofia natural* de Newton, se mostra capaz de elevar suas operações a um alto nível de transparência e universalidade lógica e matemática, de modo que outros homens possam acertar por ela acertar o seu passo. "Em troca, nenhum Homero ou Wieland pode mostrar como, no espírito de cada um deles, surgem e se reúnem suas idéias plenas de poesia e, não obstante, igualmente ricas de reflexão; porque eles ignoram a si próprios, e por isso não podem ensinar a ninguém."[47] Mesmo que o físico, tanto quanto o poeta, seja um "artista" e não um "legislador" da razão, tem sobre este a vantagem de poder explicitar inteiramente os atos que produzem e legitimam as operações de seu entendimento e de sua razão. O poeta, em compensação, deve enfrentar um duplo enigma: ignora não somente tudo aquilo que se produz em si próprio, mas também o que se passa na natureza ou nos seres cujo poder ele celebra. Há na arte, como na natureza, algo de incomunicável. Daí porque as produções de ambas não podem ser objeto de juízos determinantes, mas apenas de juízos reflexionantes, nos quais o universal é pressentido, mas nunca explicitamente nomeado. É por isso que nem os seres vivos em geral, nem os homens em particular, podem ser objeto de uma ciência calcada no padrão da física: para conhecê-los, o espírito deve conjugar o juízo determinante e o juízo reflexionante.

No fundo, foi tirando conclusões dessa impossibilidade de encerrar o estudo do homem nas malhas de um conjunto único de determinações que Dilthey chegou à conclusão de que as *Geisteswissenschaften* (as "ciências do espírito" ou "ciências humanas") não estão sujeitas à ação julgadora de um sistema único de categorias. Seria possível interpretar o "compreender" (*Verstehen*) diltheyano como o equivalente do juízo reflexionante: os acontecimentos e os processos históricos, os indivíduos e as coletividades são realidades cujo modo de ser é ao mesmo tempo inteligível e irredutível apenas aos juízos determinantes, pois não se pode subsumir sua existência sob leis universais, mesmo quando for possível discernir o que a sua compreensão tem de universal enquanto realidades singulares. De igual maneira, as redes de categorias nas quais se tenta reter as determinações concretas do histórico e do social, têm necessariamente um lado parcial e unilateral. Ademais, nesse empreendimento o espírito deve eximir-se de projetar sobre o mundo exterior, mesmo que se trate do social, seus modos de funcionamento. Assim como Kant sublinhava na *Crítica do juízo* que o *modus operandi* dos vivos e seu poder formador (*Bildungskraft*) permanecem desconhecidos para nós, Dilthey afirma que não podemos projetar nem sobre o mundo social nem sobre o mundo material as leis de funcionamento do nosso ser.

Não misturar à história do mundo as peripécias da subjetividade individual é algo que exige uma "disciplina" da razão, cuja alçada não é intelectual, e sim ética. De fato, como o próprio Dilthey testemunha em sua obra,[48] nada se compreende nem da arte, nem da política, nem da cultura, se não se aceita, pela imaginação e o sentimento, o gênio dos criadores; sem discernir desse modo os acontecimentos e os seres, não haverá nem compreensão nem história. O juízo estético, que vê, avalia e põe à prova, sem no entanto construir conceitos, é pois indispensável à correta apreciação das ações humanas.

Ética da razão pura

Levada irresistivelmente a ultrapassar os limites da experiência, a razão não tem esperança de disciplinar-se pelos meios estritamente especulativos. Daí Kant haver proposto um caminho ético e negativo na metodologia transcendental. Para ele, não existe nenhum outro caminho: e de fato, onde há iluminação há também fabricação; mas o homem não conhece nem as fórmulas constitutivas, nem as últimas instâncias daquilo que é. Das coisas, ele só vê a face exposta, sensível, mortal. Essa face, que Kleist entreviu em uma revelação pungente,[49] não é o rosto do mundo que um entendimento originário ou divino contemplaria. Kant estabelece, portanto, que só estamos em condições de definir os objetos matemáticos; o que é empírico pode ser explicitado, em parte esclarecido, mas não definido. Pois uma coisa real não pode ser reproduzida, corretamente reestabelecida no mundo mediante um simples gesto que, tão logo se efetuasse, se desfaria sem nada haver alterado. O entendimento, como o médico de ouvido colado nas costas de seu paciente, escuta o sopro das coisas vivas. Não tem a respeito delas um juízo determinante, pois não conhece as leis universais que as regem. Tem sobre elas um juízo reflexionante, ou seja, singular, existencial, único. Ele está diante dos seres como os seres estão diante dele: desconhecidos que se entreolham, na afinidade violenta de uma presença compartilhada, de uma necessidade mútua.

Pode-se imaginar próximo de Kant, mas não demasiado perto, a figura silenciosa de Jó. Deus revela a Jó os esplendores terríveis da criação, mas, à medida que o instrui, o vai submetendo à prova e o despojando. Como Jó, Kant descobre que nenhuma ascese intelectual é capaz de impedir que a razão pura venha a errar. A razão pura não chegará a descobrir de que se constitui, nem a esboçar sua própria arquitetônica, a menos que tome de empréstimo um caminho ético e negativo; a menos que consinta, mediante exercícios espirituais e concretos, em renunciar às miragens irresitíveis que a exaltam e a enganam.

A mais forte tentação especulativa a que se expõe a razão pura consiste – esquecendo-se de que ela perde contato com a verdade quando abandona o território da experiência – em "se aventurar, valendo-se pura e simplesmente de idéias, até os limites extremos de todo o conhecimento, e a só encontrar repouso fechando-se em seu próprio círculo, em um todo sistemático que subsiste por si mesmo".[50] A razão tem uma tendência dupla: para livrar-se da experiência e para cristalizar-se em sistema. A experiência, de fato, é lacunar; procede de ações particulares e assim os homens se vêem obrigados, como acontece aos que pescam em rios gelados, a abrir buracos no gelo. Mas, ao mesmo tempo, o espírito obtém provas de que é feito para a unidade. Daí a irresistível necessidade de isentar-se dos limites da experiência, que são os da existência.

Para sair dessa crise, a razão pode contar apenas consigo mesma: será nela que encontrará os recursos e a força para resolver seu paradoxo. Foi esta a solução sugerida por Kant: "psicanalisar" a razão pura, a fim de levá-la a descobrir que seu "fim último" não é alargar indevidamente o próprio saber, mas encarregar-se da liberdade e do destino de cada um dos seres nos quais ela reside, una e individuada. Esta batalha é sempre a mesma em seus objetivos e meios, porém travá-la ou abandoná-la é decisão de cada homem. Em seu percurso pela "Teoria dos elementos", a estética, a análise e a dialética transcendentais, o indivíduo se exercitou gradualmente no reconhecimento dos limites da experiência possível e na resposta à questão dos limites do conhecimento. Hoje, ele está convidado a descobrir qual é a vocação, ou seja, a destinação efetiva da razão. Como já nos foi dito, "o ponto extremo e definitivo das especulações da razão é constituído por três objetos: a natureza livre da vontade, a imortalidade da alma e a existência de Deus".[51] A razão pressiona para que indaguemos se a vontade é livre, se é a alma mortal e se Deus existe; em compensação, do ponto de vista teórico, "essas três proposições cardeais"[52] são também questões indetermináveis. A solução do paradoxo está no fato de que "sua importância terá a ver unicamente com o *prático*".[53]

"É prático", Kant acrescenta, "tudo o que é possível pela liberdade."[54] Mas a liberdade de que se trata aqui não é a de um puro espírito, e sim a de um ser de carne, para quem "as condições do exercício do [seu] livre-arbítrio são empíricas".[55] Todo ato de conhecimento é uma ação: Kant, como se sabe, tinha uma profunda admiração por Hume, e se deixou impregnar pelo empirismo inglês. E o empirismo, mais do que simples teoria do conhecimento, é uma atitude espiritual, uma filosofia completa. A riqueza do mundo supera infinitamente a parcimônia das nossas posses, e mesmo para salvar uns pequenos fragmentos daquilo que adquirimos temos que pagar o preço da aventura. É impossível conhecer sem se arriscar, sem viajar, sem assumir um posto na vanguarda. O essencial é decidido, de imediato, nos encontros, incursões, avanços, recuos, impulsos e acasos. Para enfrentar o real é necessário estar moralmente armado e solidamente treinado. O homem só conseguirá desfazer-se dos preconceitos e dos medos caso se disponha a ver o mundo tal como ele se apresenta, fazendo justiça, assim, "ao universo visível".[56] Foi provavelmente na grande tradição moral do empirismo inglês que Kant bebeu, pelo menos em parte, a sua convicção de que a razão só chegará a descobrir de que se constitui, e a que fim se destina, sujeitando-se a provas espirituais.

Antes de tratar da arquitetônica da razão pura, Kant convida o homem a fazer três perguntas a si mesmo:

1. *O que posso saber?*
2. *O que devo fazer?*
3. *O que me é permitido esperar?*

As leis morais tem uma face dupla: são mandamentos, mas também portadoras de promessas. Daí a existência de uma conexão entre a segunda e a terceira perguntas. Situando-se na perspectiva de Leibniz, Kant pensa que pertencemos, simultaneamente, a dois *reinos*: o da *graça* e o da *natureza*.[57] Mas, ao contrário de Leibniz, ele considera que estamos completamente imersos no reino da natureza, único domicílio que nos foi concedido: de fato, "a fé puramente doutrinal tem em si algo de vacilante".[58] "Ela é o contrário da *fé moral*", Kant assegura logo em seguida. Não importa: a razão só pode empreender a tarefa de se constituir mediante um ato contraditoriamente livre e necessário, ao término de uma espécie de ofício de trevas, para o qual é imperiosa mas delicadamente convidada. Apesar dos "penosos esforços da crítica, o resultado deverá ser puramente negativo",[59] Kant advertia honestamente que o acesso a qualquer terra prometida não nos foi anunciado. "No que diz respeito aos homens, em sua totalidade e sem nenhuma distinção, a natureza não pode ser acusada de distribuir os seus dons de maneira parcial."[60] De fato, mesmo "a mais alta filosofia [...] não pode levar mais além do que já levou o limite do entendimento comum".[61] Neste caso, Kant vai mais longe do que Montaigne, ou mesmo Pascal, em termos de desprendimento. Não imagina, como o autor dos *Ensaios*, que pela ação poderosa de Deus o homem se transformará; ao contrário, o que faz é excluir de seu pensamento "essa divina e miraculosa metamorfose".[62] A fé consiste em tomar consciência do afastamento de Deus, e de que esse afastamento faz dos homens senhores de sua razão desarmada.

Arquitetônica

O Capítulo II da Teoria transcendental do método, que precede a "Arquitetônica da razão pura", intitula-se "Cânon da razão pura". Kant precisa: "Entendo por cânon o conjunto de princípios *a priori* do uso legítimo de certos poderes de conhecer em geral."[63] Trata-se, como vimos, de um exercício espiritual, de uma renúncia lúcida e desejada, de aceitar a conclusão da experiência possível. Mas, no registro de ocorrências desse plano modesto de que se pode valer "a mais alta filosofia",[64] testemunhamos uma reviravolta singular, representada pela presença de um texto ousado, brilhante, superior, no qual, em poucas páginas, Kant desvenda, como se do topo de uma montanha[65] avistasse o panorama inteiro da razão pura. Enquanto no prefácio da segunda edição da *Crítica da razão pura* as iluminações da razão eram expostas em sua ordem cronológica, no final da obra a exposição *ex datis* aparece transfigurada, e retomada em uma exposição *ex principiis*. Poderá ela, como uma seqüência de eventos históricos, ser desfeita e recriada de modo a aparecer como atemporal? Em que água benta os fatos empíricos (*data*) foram mergulhados para que renascessem como começos (*principia*) livres? Esse poder "batismal" do espírito, que se exerce na "arte dos sistemas"[66] (ou arquitetônica) age repatriando na razão, graças à virtude mensageira da imaginação, o conjunto de acontecimentos e seres que animam e povoam a experiência possível. Cada realidade produz na alma um eco que desperta o entendimento, que não é apenas a "faculdade das regras": é, antes de tudo, o poder de imaginar, isto é, de perceber e de nomear, de elevar à unidade. A "imaginação produtiva"[67] realiza uma tarefa mais elevada: não separa o espírito da realidade; ajuda-a a discernir secretos parentescos entre os objetos. É por intermédio "da imaginação que se torna possível a própria afinidade dos fenômenos; e com ela a associação; e por esta, finalmente, a reprodução conforme as leis; e, conseqüentemente, a própria experiência, sem a qual os conceitos dos objetos jamais confluiriam em uma experiência".[68] Ao invés de "desrealizar" os fenômenos, o que ela faz é surpreender o movimento, o sentido, fixando assim o "monograma".[69] Não opera de fora para dentro, nem tampouco arbitrariamente, mas abraçando as conexões cósmicas: nessa condição, "o todo é um sistema articulado [*articulatio*] e não apenas um amontoado [*coacervatio*]".[70]

Assim, embora limite de modo estrito o domínio em que o entendimento (a faculdade das regras) age com legitimidade, Kant sugere que a razão tem consigo o poder de transformar em um todo sistemático – ou arquitetônico – aquilo que estava aglomerado de modo rapsódico e encadeado de maneira técnica. Contudo, tão logo se afirme, o poder será devidamente afastado. Certo, Kant declara, "o filósofo não é um artista da razão, e sim o legislador da razão humana".[71] Logo, porém, ele faz uma correção nessa nuance: "Até lá não se pode aprender nenhuma filosofia; pois, onde está ela? Quem a possui? E quem a reconhece? Aprende-se apenas a filosofar."[72]

Nietzsche, como vimos, perguntava, retomando a seu modo a expressão de Kleist: "Quando os homens aprenderão de novo a avaliar o sentido de uma filosofia em relação ao seu 'santuário interior' [*heiligsten Innern*]"? A leitura de Kant não nos deixa dúvida de que, entre todos os filósofos, ele foi o que melhor mostrou ao homem como se instalar nesse foro íntimo. Pois o *cogito* kantiano nada mais é do que o depositário das santas espécies da realidade. E, contudo, não é Deus quem o habita. Ao contrário, deve-se ter a ousadia de dizer. Ele é o próprio lugar em que o homem experimenta da maneira mais intensa e mais dolorosa a ausência de Deus. A razão não se destina a tirar os homens da Terra, levando-os a uma fuga extasiada; o que ela faz é lembrar-lhes a sua condição; é ensiná-los a levar em conta o enigma de seu destino.

Conclusão

A *Crítica da razão pura* assemelha-se ao gabinete de Fausto, na medida em que a obra trata da fabricação dos fenômenos. Mas para Kant o espírito é incapaz de descobrir as regras universais da gênese e da consciência dos seres; ele se mostra mais capacitado a discernir a forma das coisas iluminadas pela geometria. O entendimento é fonte de inspirações fulgurantes e fragmentárias; ao mesmo tempo, através da imaginação "produtiva", ele mede e percorre inteiramente o círculo da experiência possível. Para Kant, imaginação e razão formam uma dupla inseparável. À primeira foi confiada a exploração e a celebração cosmológicas, regida por um duplo segredo: o indivíduo ignora como age em si próprio a imaginação; e também não sabe como agem externamente as forças que a razão revela e acelera.

Como as do gênio, as produções da natureza são envolvidas pela sombra, e Kant foi o filósofo que melhor percebeu a opacidade consentida do gênio.73 A razão fica se incumbe de dizer o certo, de medir a sombra, de fazer justiça à realidade.

Foi dessa dupla barreira do segredo, interna e externa, que o idealismo e o materialismo quiseram se desviar, proclamando, cada um à sua maneira, que as leis do espírito e as do real são idênticas. Kant rejeitou este postulado, originário da *Naturphilosophie*. Para ele, o homem não consegue penetrar na oficina da natureza, seja como agente ou observador. A ontologia, ao contrário, postula que é possível compreender como as coisas são engendradas. Kant acha que nesse ponto estamos diante de um equívoco da razão.

Kant não assume, porém, a atitude contrária, que mais tarde será chamada de "positivista": ele não acredita que os problemas de origem, substrato, interação e fim careçam de objeto. Ele jamais reduz os fenômenos à aparência; ao contrário, estabelece que o *cogito* sustenta o mundo, que tem a tarefa de confirmar a aparência, de prestar atenção ao que ela contém de real: "A consciência de si, desde que empiricamente determinada, é suficiente para provar a existência do mundo exterior." Trata-se, contudo, de um mundo visto pelo olho do homem.

Temos acesso à verdade, e portanto à realidade, mas unicamente em nossa qualidade de seres corporais. O corpo é co-signatário de todos os nossos pensamentos verdadeiros; sem a rubrica da experiência, sem a têmpera da sensação, as idéias se desfazem ou se evaporam. Também não há entre os seres um comércio puramente espiritual, pois a verdade não diz respeito às idéias abstratas, mas à realidade concreta. Cada um dos nossos pensamentos traz consigo uma dupla insígnia: a de que procede da espontaneidade de um espírito livre; e a de que possui o selo frágil do sensível.

Graças à sua humildade soberana, a posição de Kant tornou-se heróica e desconfortável o bastante para desencorajar os imitadores. É claro que alguns reclamaram-lhe a herança; mas o fato é que sua posteridade não se distingue pelo aumento, e sim, pela redução do número de seguidores. O idealismo deixou que o espírito subjugasse o entendimento e, amalgamando-o com a razão, legitimou a apropriação, por esta, da terra da história e dos sonhos. Decidindo sobre a identidade das idéias e do real, o materialismo acreditou ter confirmado que o espírito e a matéria tinham a mesma natureza. E isso possibilitou um novo tipo de intelecção: a do mundo por si mesmo.[74] Idealismo e materialismo partilhavam uma ambição: acabar com a interdição kantiana em matéria de ontologia. Se a razão é capaz de penetrar na essência das coisas, e se existe um parentesco efetivo entre o espírito e o universo, então podemos captar não apenas um aspecto das coisas (o fenômeno), mas a realidade última das coisas (a coisa em si).

Se o espírito aceitar com todas as letras a impossibilidade kantiana de um retorno às próprias coisas, se chegar ao ponto de abolir a idéia da coisa em si, só lhe restará como possibilidade o fenomenismo ou o positivismo, este empenhado na dupla crítica do sujeito e do objeto. A intensidade com que os homens se apegam à sua identidade pessoal, pensa Ernst Mach, é o reflexo da angústia que experimentam. Se tal medo se atenuasse ou desaparecesse, eles deixariam de atribuir ao "eu" um valor supremo, deixariam de considerá-lo essencial. O que resultaria daí seria uma nova atitude diante da vida, uma nova moral igualmente distanciada do ascetismo e da exaltação do super-homem nietzschiano. A minimização do eu encoraja determinada forma de desapego e distanciamento. A propósito, Mach cita uma observação de Lichtenberg: "Dizer *cogito* é dizer demais, uma vez que *cogito* é logo traduzido por *eu penso*. Admitir o *Eu*, pressupô-lo, é uma necessidade prática." Para ele, o mundo não é composto de seres enigmáticos, cujas vidas se entrecruzam: "As cores, os sons, os espaços, os tempos, são para nós os elementos últimos."[75] Em uma das notas de *Observações antimetafísicas*, Ernst Mach relembra como, aos quinze anos de idade, chegou-lhe às mãos o livro de Kant *Prolegômenos a toda metafísica futura*. Para ele foi uma revelação: "A obra deixou em mim uma impressão poderosa e indelével, o que não havia me acontecido antes com nenhum livro de filosofia, nem voltaria a acontecer com igual intensidade. Dois ou três anos mais tarde, compreendi o papel supérfluo da 'coisa em si'. Ao passear numa tarde de verão muito límpida, de repente percebi o mundo como *uma* massa de impressões ligadas entre si; eu fazia parte dessa massa e era em *mim* que as impressões estavam mais fortemente ligadas. Embora só mais tarde a reflexão propriamente dita tenha vindo juntar-se às impressões, aquele momento iria se tornar determinante na minha visão total das coisas."[76]

É compreensível que de Kant também fosse possível nascer o niilismo: não por acaso a *Crítica da razão pura* lembra que o espírito deve estar preparado para avaliar, mediante uma ascese ética e negativa, os limites das suas próprias forças. De fato, é indispensável que ele seja capaz de se munir de uma certa intrepidez para aceitar que tudo quanto neste mundo lhe parece absoluto seja ao mesmo tempo efêmero e frágil. A negação nos habita e é em nós que realiza o seu trabalho. Desde que o homem rompeu sua antiga aliança com o universo, o pessimismo instalou-se nele: tendo perdido o apoio daquele universo que se acumpliciava com seus planos e esperanças, o homem tentou, então, prosseguir apoiado apenas nas próprias forças do seu saber e fazer. No século XX, niilismo e ativismo demiúrgico têm a mesma origem. Já que a razão deixou de nos guiar na escolha do nosso destino, passemos a nos servir dela como um instrumento para alcançar os nossos sonhos; e se a justa medida dos nossos limites tornou-se insuportável, mergulhemos no ilimitado.

No final do século XVIII, Kant conseguiu tomar com perfeição a complexa medida das esperanças e poderes do homem. Hoje, quem quer que tente esboçar um painel desses dois séculos que nos separam dele, irá deparar-se com o seu gênio, "medida perfeita e reinventada, razão maravilhosa e imprevista".[77] Mas, como o anjo rilkiano, Kant é "terrível".[78] Pois para ele, como para o poeta, o destino consiste apenas em estar diante de, nada mais do que estar diante de.

CAPÍTULO II

Movimentação e diversificação das categorias no século XIX

Introdução

Para os antigos, as categorias marcavam os pontos sobre os quais a lógica do espírito se conjugava à constituição das coisas. Não eram moldes abstratos e arbitrários, mas formas que convinham simultaneamente ao mundo e ao espírito. Instrumentos de *adaequatio rei et intellectus*, elas tornavam possíveis a verdade ou a falsidade das proposições isoladas ou dos sistemas unificados. Sob esse aspecto, dependiam ao mesmo tempo da lógica e da ontologia. Refletiam a sintaxe do espírito como a da experiência possível. E ao mesmo tempo testemunhavam o parentesco fundamental entre a razão e a natureza.

Essa aliança adquiriu formas. Na primeira metade do século XIX, culminou com a *Naturphilosophie* que, em sua construção, foi tanto idealista quanto materialista. Hegel pensava que o espírito, com suas operações, podia reproduzir, e por assim dizer mimetizar, aquilo que Deus e a natureza fabricavam na "oficina secreta" do universo. Na condição de ateu, Feuerbach deu a respeito um precioso testemunho: fez-nos perceber que as categorias são como réplicas da encarnação de Cristo. À imagem do verbo que se fez carne, do homem perfeito que desceu à Terra e nela se fixou, as categorias, que inicialmente eram entidades lógicas, passaram a endossar os duros atributos do real. Quanto mais o século avançava, mais claro se podia ver que esse pacto de analogias e afinidades entre o espírito e a natureza ia se afrouxando, chegando mesmo a desfazer-se. As categorias eram os símbolos de uma união – cada vez mais deteriorada – de que a ciência se valia para descrever fenômenos e hipóteses que em nada se assemelham aos processos do espírito.

No decorrer do século XIX, as categorias, tal como tinham sido concebidas por Aristóteles e recriadas por Kant, foram levadas, sob a tríplice influência da filosofia, das ciências da natureza e do estudo das sociedades, ao movimento e à diversificação. Ao sistema que a *Crítica da razão pura* imaginava ter unificado, sucederam-se, graças à ação de complexos mecanismos de dissociação e de invenção, sistemas múltiplos e fragmentários. Foi provavelmente o progresso das ciências e da tecnologia o que mais contribuiu para a diversificação das categorias a que chegamos no final do século XIX.

De modo esquemático, pode-se dizer que Kant se distinguiu dos seus grandes continuadores, idealistas ou materialistas, pelo fato de não crer na possibilidade da intuição intelectual, que segundo Goethe introduziria o espírito no próprio devir da natureza, ao passo que Schelling, Hegel e Marx, inspirando-se nas esperanças cósmicas da *Naturphilosophie*, e cada um à sua maneira, consideravam possível o empreendimento. Em outras palavras: enquanto, como vimos, a lista das iluminações se fechava cedo em Kant, os "filósofos da natureza" achavam que ela devia ser estendida à ordem biológica e histórica. O próprio Kant deixou-se fascinar por Stahl, que, comparando a oxidação dos metais a uma combustão, indicou como tornar esse processo reversível, com a reintrodução do flogístico nos metais oxidados. Pensar a vida, e além dela a história, seria ir mais longe e tornar inteligíveis os processos sem reversão, fossem eles de alteração ou de crescimento, de nascimento ou de morte.

Essa grande e obscura esperança da "física reflexiva" da década de 1820, ou do materialismo genésico e profético da primeira metade do século XIX, na qual os atributos da matéria assemelhavam-se ainda aos atributos de Deus, desfez-se por volta de 1840. Como data e lugar simbólicos desse fato, pode-se trazer de volta a noite de 15 de outubro de 1841, aquela em que Schelling pronunciou sua aula inaugural na Universidade de Berlim. "Diante da cátedra", relatou Xavier Tilliette, "[...] estavam amigos e inimigos, homens ilustres e futuras celebridades."[1] Lá se encontravam, lado a lado, Savigny, Trendelenburg, Strauss, Michelet, Ranke, Burkhardt, Friedrich Engels, Kierkegaard e Bakunin. Um apogeu e ao mesmo tempo um declínio: "No início, um entusiasmo desmesurado, mas a partir de 14 de dezembro começou a manifestar-se uma certa decepção." Inicialmente assíduo, Kierkegaard[2] logo assumiria uma atitude irônica, e em fevereiro deixaria de assistir às conferências.[3]

À medida que a física progredia no decorrer do século XIX, ia se confirmando, embora a cegueira ou a ingenuidade dos cientistas tentassem ocultar, que a ciência produz dois efeitos antagônicos: aumenta o poder do homem e da natureza graças ao acerto de suas previsões; e em razão de suas abstrações afrouxa os laços do homem com a natureza. Quanto melhor domina a natureza, mais o homem se distancia dela, ou então passa a encontrar em si mesmo, cada vez mais, traços de inumanidade e de impessoalidade. Como observou Simmel,[4] quando os homens, nos seus empreendimentos, deixam de esperar pela cumplicidade da natureza, caem na decepção e na tristeza.[5] Aí estariam as fontes do niilismo. Entre os filósofos contemporâneos relacionados com essa ruptura, dois, um francês e outro alemão, Cournot e Dilthey, são particularmente importantes, devido à acuidade e à amplitude de suas visões.

Cournot

As questões apresentadas por Kant traziam consigo dois dilemas: um relativo ao objeto das ciências, e o outro ao sujeito que as funda e as desenvolve. O primeiro poderia ser formulado assim: são as teorias científicas destinadas a descrever o mundo ou a explicá-lo? Caso tenham um valor explicativo, vão as teorias até a raiz das coisas, ou se limitam a captar delas apenas um aspecto limitado? O segundo recai sobre o sujeito que produz o saber: constitui ele um "eu" transcendental a que todos os conhecimentos devem referir-se como sendo sua fonte? Ou devem as descobertas científicas ser atribuídas a múltiplos agentes? Na primeira hipótese, as obras, apesar de sua diversidade empírica, procedem diretamente de um único sujeito, um fundador, embora com o correr do tempo ele possa encarnar-se em numerosos indivíduos. Na segunda, a multiplicidade dos agentes permanece irredutível, e neste caso o que importa são as obras e seus conteúdos, não os artesãos que as produzem com escassa competência.

Enquanto para Kant a revolução em ciência é uma fundação, e essa fundação é por direito definitiva, Cournot afirma que a revolução, enquanto fundação, não exclui a revolução como algo que também refunde. Isso ocorre porque em toda teoria científica subsiste um descompasso residual entre aquela parte da configuração das coisas que ela permite ver, e aquilo que, em seu interior, é a ordem das coisas. "Pois, conforme as áureas palavras de Bossuet,[6] 'é extraordinária a relação entre a razão e a ordem. A ordem não pode voltar às coisas a não ser pela razão, nem ser entendida a não ser por ela: a ordem é amiga da razão e do seu próprio objeto."[7] Entre as produções do espírito e a ordem das coisas há um descompasso, uma distância que pode ser reduzida, mas não eliminada. Cournot é sensível ao papel dos espíritos criadores; ele chama a atenção para o fato de que, em ciência, como em história, a novidade é individualizada. Ao mesmo tempo, acredita que há no desenvolvimento das ciências uma espécie de necessidade, ou de dinâmica conceitual, que trata seu devir histórico como se fosse um poder e um modelo, quase à revelia dos sábios que as fazem avançar. O que impulsiona internamente esse movimento é a constatação, em dado momento, de que as teorias existentes deixam certos problemas sem solução; o impulso é, pois, de natureza negativa e crítica. Não foi, portanto, o fato de ater-se aos preconceitos dos sentidos ou aos escrúpulos religiosos, o que levou os antigos a rejeitar a hipótese do movimento da Terra: "Arquimedes ofereceu-nos a prova no texto do *Arénaire* [...]: pois nem mesmo se digna a aludir às impressões dos sentidos, aos preconceitos populares, e com certeza não são as crenças religiosas que o paralisam; o que ele fez foi aferrar-se à objeção teórica[8] que, por sua vez, o impediu de seguir os pitagóricos em seus sentimentos."[9] A evolução da ciência, portanto, não se dá especialmente de fora para dentro; a ciência passa por crises quando as hipóteses, até então admitidas, se chocam com a sanção dos fatos. O progresso ocorre, então, mediante uma revolução teórica, ou seja, graças à invenção de hipóteses e de novas noções fundamentais. Comparando a astronomia de Ptolomeu àquela que iria nascer com Copérnico, escrevia Cournot: "Chegará um dia, ainda bem distante, em que o progresso científico exigirá postulados imensos, excessivos, tanto em relação ao tempo quanto ao espaço, e em que a razão irá necessitar de um novo suprimento de coragem."[10]

A historicidade básica das ciências torna a razão incapaz de reunir em uma configuração única de conceitos (isto é, com a ajuda de um único sistema de categorias) a constituição e a ordem das coisas. Mas essa impossibilidade de realmente unificar o saber tem outra causa, não metodológica, e sim ontológica: a própria essência das coisas é radicalmente diversa e segmentada; a realidade se compõe de conjuntos, alguns dos quais fortemente interligados, ao passo que entre outros os elos são fracos ou nem chegam a existir. "Não seria dado a uma inteligência como a nossa, ou mesmo a qualquer inteligência finita, agrupar em um único sistema os fenômenos e as leis da natureza inteira; e mesmo que fossemos capazes, ainda distinguiríamos nesse conjunto partes que se destacariam e que seriam objeto de teorias independentes entre si, mesmo que sua origem fosse comum." E Cournot acrescenta: "Decorre daí mais uma causa da insuficiência do conhecimento teórico, e uma outra parte necessariamente reservada ao elemento histórico do conhecimento."[11] Trinta anos mais tarde, veremos Dilthey chegar a um resultado igual ao de Cournot: não há uma ordem de coisas, um campo unificável da experiência possível, à qual um sistema único de categorias possa fornecer sua inteligibilidade e seu sentido.

Tanto na história quanto na filosofia das ciências, pode-se creditar a Cournot duas contribuições maiores, com efeito direto sobre a nossa concepção das categorias: foi ele quem imaginou a primeira teoria das revoluções científicas; e foi também ele quem viu o papel que o acaso seria chamado a desempenhar nas ciências.

Ao escrever *Princípios da filosofia*, Descartes estava convencido de ter encontrado a chave que permitiria resolver todos os enigmas da natureza. Claro, ele não excluía a hipótese de ter deixado de encontrar o verdadeiro código[12] da teoria física, embora não acreditasse muito nisso. O epitáfio que o embaixador da França mandou gravar na sepultura provisória do filósofo, na Suécia, revela bem essa sólida esperança: *Mysteria naturae cum legibus matheseos componens, eadem clavi utriusque arcana reserari posse ausus est sperare*. Ou seja: "Lendo os mistérios da natureza e as leis da matemática, ele teve a audácia de imaginar que poderia entrar em seus respectivos enigmas contando com uma única chave." Compreenderemos melhor o uso de uma única chave se levarmos em conta que, como se sabe, Descartes afirmava ter reduzido a física "às leis da Matemática".[13]

Para Cournot, revolução seria uma troca de chave na interpretação da natureza. Lembrando o nascimento da Dinâmica, no século XVII, observava: "As ciências abstratas [...] oferecem, de repente, a chave daquilo que há de mais fundamental, de mais simples, de mais grandioso e, por conseqüência, de mais importante na ordem do universo."[14] Em outras palavras, os instrumentos da razão se modificam de maneira repentina: "As leis gerais do movimento, a ação do peso, enfim, a teoria da figura e dos movimentos dos corpos celestes, ou (como já se disse, com a ênfase permitida em casos assim) o 'sistema do mundo', é isso o que estabelece e explica, na medida em que é possível ao homem explicar alguma coisa, a maravilhosa aliança entre as especulações abstratas e as observações judiciosamente discutidas."[15] As bases da intelecção teórica e da experiência mudam ao mesmo tempo: resulta daí uma aproximação entre a idéia que, mediante nossas teorias, fazemos da configuração das coisas e a constituição real do universo. Em compensação, de Ptolomeu a Copérnico, não houve "revolução científica". Depois de ter reconhecido a importância da mudança operada por essa revolução, ele diferenciava: "Apesar das outras considerações e de pontos ainda mais intimamente relacionados com o organismo da ciência, pode-se dizer que Copérnico e Tycho aperfeiçoaram, não inovaram; pois para eles, como para os seus antecessores, o único objeto da astronomia era a teoria geométrica ou a substituição de uma hipótese geométrica por outra."[16] A "revolução" consistiria em substituir a explicação geométrica dos movimentos celestes (ou suas aparências) por uma explicação mecânica, em que deveria intervir a "teoria das forças".

Mas Cournot foi também um dos primeiros a perceber, e isso já no ano de 1870, que não caberia à mecânica clássica nos dar a última palavra sobre a constituição do mundo. Antes da instituição da mecânica estatística por Gibbs e Boltzmann, ele já pressentia a importância de uma nova abordagem da natureza, a de tipo probabilístico: "Com efeito, embora a mecânica racional seja um dos grandes caminhos pelos quais a matemática nos permite penetrar na economia do mundo, é outro o caminho indicado pela teoria das combinações para nos entregar a chave; trata-se de um caminho menos acidentado e, à primeira vista, mais estreito; mas é essa via, cuja descoberta, ou pelo menos a condição para tanto, remonta ao século XVII, que nos permite tomar direções bem mais variadas."[17]

Assim, graças ao seu "destemor", dizia Cournot, a razão se forja a partir dos conceitos, das hipóteses, das maneiras de observar e de experimentar, que são tanto invenções teóricas quanto concretas; mas essas invenções de nada valeriam se não revelassem ao espírito um outro rosto das coisas. Tudo seria muito simples se, ao fim de algumas revoluções científicas, nossas teorias conseguissem refletir fielmente "a constituição do mundo exterior".[18] Infelizmente, as coisas não são assim. Voltando a Kant, ele observava: "O próprio do espírito humano é ter o que necessita para captar claramente aquilo que é da alçada da mecânica, e deixar de lado aquilo de que necessitaria para captar tanto a natureza quanto o modo de agir desse princípio superior que põe em movimento as funções da vida."[19] Em história, como iremos ver, o espírito é ainda mais desprovido de recursos: pode dispor de pontos de vista filosóficos, mas não de um saber científico. As categorias, na medida em que são instrumentos lógicos, pontes que a razão lança em direção às coisas, são, portanto, destinadas à provisoriedade e ao aperfeiçoamento, pois têm uma dupla natureza: destacam-se na estrutura de nosso espírito, e são modeladas pelas línguas em que nos expressamos; e, simultaneamente, estão a serviço de uma intencionalidade inscrita em todos os atos do pensamento e tendo sempre objetos em vista. Daí porque "não se deve confundir a ordem racional com a ordem lógica [...]. A ordem racional diz respeito às coisas, consideradas em si; a ordem lógica tem a ver com a construção das proposições, as formas e a ordem da linguagem, que para nós é o instrumento de trabalho do pensamento e o meio de manifestá-lo".[20] A tarefa da "lógica superior", da "crítica filosófica", é, portanto, ocupar-se daquilo que concerne à "constituição do mundo exterior e da configuração do espelho que o reflete".[21] Nesse aspecto, as categorias são resultado de um ato de juízo, de uma decisão pela qual determinamos as modalidades de uma descrição e de um ensaio de intelecção sistemática do real, nos apoiando em um conjunto de meios teóricos e empíricos.

Cournot inscreve-se em uma tradição francesa, cujos princípios foram claramente apresentados por Bossuet no *Discours sur l'histoire universelle*.[22] Segundo essa concepção, a estrutura da história é semelhante à dos jogos estratégicos. Tratando da história das ciências, Cournot comparou-a a "uma partida de gamão ou de xadrez, em que os lances se encadeiam, em que cada lance exerce influência sobre os lances posteriores, conforme seu grau de proximidade, sem contudo determiná-los de modo absoluto, seja por causa do dado que continuará a intervir nos lances vindouros, seja pela intervenção espontânea de cada jogador". E, concluindo, Cournot afirmava que havia "todas as condições para uma verdadeira história, com seus momentos críticos, suas peripécias e desfecho".[23] O autor, aliás, não se limitava a sugerir uma analogia entre as ações dos homens e seus jogos. Ele mesmo já havia proposto, em 1838, nas suas *Recherches sur les principes mathématiques de la théorie des richesses*, uma teoria matemática do duopólio [oligopólio de dois vendedores], que fez dele um dos pais da economia matemática. "Tenho a intenção", declarava, "de aplicar às minhas pesquisas as formas e os símbolos da análise matemática, e esse, confesso, é um plano a que pretendo me dedicar, a despeito da reprovação de teóricos de notória credibilidade." Cournot destacava o fato de o emprego da matemática não ter por objetivo principal a precisão numérica, mas a compreensão da estrutura das situações e a percepção dos problemas: "As pessoas versadas em análise matemática sabem que seu objeto não consiste apenas em calcular números, mas que ela também é empregada na descoberta das relações entre grandezas que não podem ser avaliadas numericamente, entre funções cuja lei não pode ser expressa por meio de símbolos algébricos."[24] Em outras palavras, optar por um tratamento matemático é fazer uma escolha radical, tendo em vista não apenas alcançar o rigor numérico, mas estruturar e representar o real de um modo particular. Em suma, escolher um sistema de categorias e postulados.

Em Cournot, portanto, o paradigma do conhecimento é, em última instância, matemático (embora ele tenha ressaltado que a "a história é um teatro em que os jogos da fortuna, por freqüentes e surpreendentes que sejam, não se repetem o bastante – ou podem repetir-se mas em condições excessivamente diferentes – e que impossibilitam, com certeza ou mesmo como probabilidade, extrair das perturbações do acaso leis constantes e regulares. Uma tal história também pode ter a sua filosofia, mas não a sua fórmula científica".[25] Já em Dilthey, como veremos, o paradigma é hermenêutico.[26] Não que Cournot negligencie a importância das linguagens científicas, que desde Pascal são na França uma constante preocupação da filosofia das ciências. É dele, por exemplo, esta observação: "Não há uma álgebra como a dessas notações químicas, capazes de exprimir apenas aquilo que nelas foi premeditadamente introduzido. Ao contrário, nada há de mais espinhoso para o algebrista do que aceitar, depois compreender, depois explicar aos outros as conseqüências às quais a linguagem da álgebra o conduz à força, de surpresa em surpresa: essa linguagem que ele não modela a seu gosto, que se organiza e se desenvolve por si mesma, ainda é mais um campo de descobertas do que um instrumento de descobertas."[27] O filósofo e matemático francês percebe muito bem que o processo de geração da álgebra não se dá apenas no espírito do matemático, mas também na linguagem a que ele se entrega confiante, cujo gênio o orienta e inspira. Essa linguagem, contudo, não traz em si os objetos matemáticos, que subsistem exteriores a ela; os sinais e os cálculos desempenham para o matemático um papel semelhante ao da luneta para o astrônomo, permitindo-lhe ver os objetos: "O sinal nos é indispensável na fixação e contemplação da verdade inteligível, que subsiste independentemente do telescópio pelo qual se tornou visível para nós."[28] Trinta anos mais tarde, em 1882, Frege iria dizer, com um espírito bem próximo ao de Cournot: "Os sinais têm para o pensamento a mesma importância que teve para a navegação a idéia de utilizar o vento para navegar contra o vento."[29] Cournot, porém, não extrai de sua reflexão sobre os signos a conclusão de que as linguagens naturais, por mais apropriadas que sejam à descrição e necessárias à interrogação e à descoberta, devam constituir o instrumento privilegiado da explicação.

Dilthey

Para Dilthey, a impossibilidade de congruência entre um sistema de categorias e a ordem das coisas não decorre exatamente das razões apontadas por Cournot. Como Kant, ambos pensam que o poder formador (*Bildungskraft*) dos seres vivos obedece a leis que ignoramos; ambos crêem que uma "configuração" – ou um "sistema" – de conceitos pode constituir a base de uma representação coerente, embora incompleta. Ambos consideram inelutável essa incompletude. Em compensação, divergem quanto à forma que se deveria dar à história como saber, quanto ao seu *paradigma* enquanto conhecimento: Dilthey inscreve-se em uma tradição que remonta à Antigüidade, mas que iria extrair da Reforma seus princípios e uma parte dos seus métodos. Essa tradição compara a história não a um jogo, cujas regras deveriam ser compreendidas juntamente com o desenrolar das partidas, mas a um texto, cujo código seria necessário decifrar a fim de tornar possível a interpretação de suas mensagens.

Dilthey começou pela reflexão sobre a literatura, a teologia e a filosofia: nessas áreas, a função essencial do espírito não seria a de explicar o mundo por meio de leis, mas a de compreender as mensagens cifradas que são as ações ou as obras dos homens. Trata-se de reduzir – ou mesmo de abolir – a distância que inicialmente separa o observador do objeto que ele observa. *Das Erlebnis und die Dichtung*,[30] que reúne alguns dos seus primeiros ensaios, prefigura bem o espírito de suas pesquisas posteriores: uma capacidade singular de esboçar afrescos e pintar individualidades poderosas, captando, ao mesmo tempo, o que elas têm de mais íntimo e de mais representativo.

Quando, por exemplo, avalia a imaginação (*Phantasie*) de Goethe, descreve o seu caráter e o seu funcionamento inimitáveis, mas também se encarrega de mostrar, adotando a tese do próprio modelo, que a imaginação obedece a leis ocultas porém universais e, por conseguinte, atuantes em cada ser humano. Durante meio século, de 1860 a 1910, toda a obra de Diethey será marcada pela apresentação, histórica e conceitual, de retratos surpreendentes. Para ele, de fato, "a cultura intelectual de cada época se forma a partir da interação de diferentes manifestações da vida espiritual. Até certo ponto, essas interações são consonantes. [...] O *Nathan* de Lessing não é de todo independente dos escritos religiosos de um Spalding e dos trabalhos filosóficos de um Mendelssohn; isso não quer dizer que vejam da mesma forma como aquela época apossou-se de Deus, do mundo e de si própria".[31] As grandes individualidades assumem funções variadas: contribuem para a produção da substância espiritual de sua época, do mesmo modo que a refletem; fazem o balanço de seu tempo e procuram antever o futuro; resumem os problemas e desvendam profeticamente o sentido deles.

Se essa constante for verdadeira, várias serão as conseqüências que daí decorrerão para a doutrina e o método das *Geisteswissenchaften*, as ciências do espírito. Assim como ninguém resume em si o gênio de uma época, nenhum ponto de vista sobre uma sociedade ou um momento histórico é capaz de fornecer dela ou dele uma imagem (*Bild*) completa e isenta de falhas. Em segundo lugar, o método das ciências do espírito não é causal, mas interpretativo ou hermenêutico. A história proporciona testemunhos, documentos, indícios. Portanto, nessa matéria não se pode, como na física, agir por composição. No caso, o método que se impõe é comparativo: "As verdades universais constituem, segundo esse ponto de vista, não o fundamento das ciências do espírito, mas o seu resultado."[32] Trata-se, então, de instituir "uma análise morfológica, [...] que conduza a conceitos de profundidade renovada".[33] Com uma arte soberana, Dilthey entrelaça vidas exemplares e perspectivas gerais, destinadas a apresentar e interpretar a história do mundo. Pode-se julgar essa arte pelas fórmulas, cunhadas como efígies de medalhas, nas quais ele resume o sentido da obra de um Kant ou de um Hegel: "A análise kantiana descobriu, nas profundezas da consciência, formas de inteligência como a intuição sensível, as categorias, os esquemas de conceitos de entendimento puro, os conceitos da reflexão, as idéias da razão teórica, a lei moral, o juízo; e Kant determinou, também, as suas estruturas." Dithey mostra, em seguida, como Fichte dinamizou essas formas, antes que Hegel se incumbisse de "apresentar de modo conceitual as figuras da consciência e [de] através delas captar a evolução do Espírito como um sistema de relações conceituais".[34] Para Dilthey, Kant é o inventor da razão moderna: "O fio condutor para a sistematização das categorias ele [Hegel] toma emprestado a Kant, o grande descobridor das diversas ordens de relação, ou melhor, das formas estruturais do saber."[35] Nessa perspectiva, as categorias são formas últimas, porém móveis, do conhecimento.

O gênio de Dilthey consistia em aplicar às ciências do espírito as esperanças goethianas em relação à filosofia da natureza: por meio da imaginação e da empatia, e mediante o uso de traços e sinais, ele pretendia reencontrar o rosto dos homens e o espírito das épocas; queria, também, entrar nas fábricas da natureza e sobretudo nas da história; achava possível a reconstrução das imagens do mundo que os homens criaram para não se sentirem perdidos no universo.

Poder-se-ia imaginar que tal projeto o levaria a ratificar o empreendimento de Hegel. Mas não. Ele reconhecia, decerto, que as ciências do espírito não podiam se constituir sem os grandes "artistas da razão", conforme a já mencionada expressão de Kant. Mas, para nos limitarmos a Hegel, que segundo ele "foi um dos maiores gênios históricos de todos os tempos",[36] segui-lo ao pé da letra nos desviaria. Pois a dialética é imprópria à compreensão da história. A dialética baseia-se em um postulado errôneo: a afirmação da "identidade da ordem lógica e a natureza das coisas".[37] Dilthey atribui a si próprio a missão de afrouxar, ou mesmo desfazer, os laços que então ainda atavam o estudo da sociedade à metafísica. Para ele, o efeito resultante dessa ligação era incapaz de proporcionar às ciências do espírito os seus princípios e métodos. Evocando o idealismo alemão, ele constatava: "Essa derradeira e grandiosa tentativa do espírito humano fracassou."[38]

Em tais condições, como fundar um novo conjunto de disciplinas, cujo objetivo fosse o estudo do homem? Para Dilthey, a primeira exigência seria encontrar um ponto de partida e um modelo; e ele os descobriu em Schleiermacher que, tendo adquirido uma visão clara "da idéia de forma interna, de composição", havia "reconstruído o conjunto das obras de Platão e, depois, se antecipado a todos na compreensão da forma interna das epístolas de São Paulo".[39] Na realização desse trabalho, em particular, Schleiermacher punha em evidência um instrumento poderoso: "Nessa rigorosa análise formal residia também um novo instrumento da crítica histórica. E foi precisamente a partir dessa análise formal que Schleiermacher passou a ocupar-se, em sua *Hermenêutica*, dos processos da produção literária e da compreensão..."[40] Dilthey via na hermenêutica – ou seja, nos métodos que visam investigar a validade dos documentos e dos signos, estabelecer os textos e aproximar ou mesmo restituir seu sentido autêntico – a própria base das ciências do espírito, que tendo sempre em vista o universal só o descobrem na singularidade dos eventos e dos homens.

Balanço: os dois paradigmas

A história das categorias é tão antiga quanto a da filosofia e da ciência, pois a lista das categorias reflete a dos predicados que o espírito humano considera-se no dever de enumerar por inteiro, como forma de apegar-se a alguma realidade. Há um laço necessário entre as categorias e a forma tomada pela experiência possível. Além do mais, como Hegel notou, é muito diferente conceber as categorias como separadas, ou pensar que são ligadas e ajudam a enlaçar o devir dos seres, ou até do real por inteiro. Enfim, como Aristóteles sugeriu, as categorias têm uma estreita relação com os instrumentos do intelecto. A fragmentação das categorias dá à unidade da experiência algo de inacessível; cobre-a de sombras, torna opaca a sua visão. Daí porque, na virada do século XIX para o século XX, a avaliação das coisas pelo entendimento mudou radicalmente, e as categorias também se modificaram profundamente, levando os homens a lançar sobre o mundo um olhar sombrio e novo.

Ao fazermos a aproximação de Cournot e Dilthey, constatamos que no fim do século XIX dois *paradigmas* estavam disponíveis para se conceituar a história: o dos jogos estratégicos, que pediam o conhecimento das regras e o acompanhamento dos lances; e o das mensagens, que exigiam a decifração dos códigos e a descoberta dos significados. De um lado, esperava-se desvendar os ardis dos jogadores mediante o cálculo matemático; de outro, pretendia-se interpretar sinais para recuperar vozes. Uma das perspectivas parecia introduzir nas ciências sociais os métodos que haviam alcançado sucesso nas ciências da natureza; a outra estendia às ações – por analogia ou pela metáfora – os procedimentos exegéticos que inicialmente se aplicavam apenas aos textos sagrados e profanos. Atrás da escolha epistemológica escondia-se uma opção ontológica: comparar os indivíduos a jogadores ou estrategistas era apostar na razão e na liberdade; comparar as existências a mensagens ou sinais, era dar a entender que, ao lado de sinais voluntariamente emitidos, as existências são, às vezes, para aqueles que as vivem, como cartas fechadas, cujo lacre o destinatário não chega a quebrar. Através desse exemplo, vê-se que – como o próprio Dilthey afirmou – nossas idéias fazem escolhas elementares e pouco numerosas, que decidem nossa visão de mundo, nossos valores e nossa conduta.

CAPÍTULO III

Os novos instrumentos da razão nas ciências no início do século XX

Introdução: a lógica "na muda"

No início do prefácio da segunda edição da *Crítica da razão pura*, Kant, passando em revista os conhecimentos que "seguem ou não o caminho seguro de uma ciência", retomava a seu modo a tradicional idéia segundo a qual "a lógica percorreu, desde os tempos mais antigos, esse caminho seguro". E, constatando que os seus progressos, após Aristóteles, haviam se limitado à "eliminação de algumas sutilezas supérfluas", fez o seguinte prognóstico: "Assim, ao que tudo indica, ela deve estar fechada e concluída." Contudo, menos de cem anos depois, essa lógica que se supunha intangível, punha-se de novo em movimento; e, neste final de século, vamos encontrá-la misturada tanto aos nossos gestos mais familiares, quanto às decisões da mais alta gravidade. A distante realeza da lógica transformou-se em minucioso imperialismo.

Se a lógica conseguiu, com tanta facilidade, tornar-se ciência, "deve essa vantagem", conforme Kant, unicamente à sua obrigação de fazer abstração de todo conteúdo, de modo tal que "nela o entendimento só tem a ver consigo mesmo e com a sua forma"; a razão, ao contrário, vê sua liberdade restringir-se "na medida em que tem a ver não apenas consigo mesma, mas com os objetos". Kant estava assim apontando para a causa principal da reinvenção da lógica: o fato de os fundadores da lógica matemática terem atribuído a essa nova disciplina a missão de determinar as leis do pensamento, não seguindo um caminho interno e reflexivo, mas tomando as próprias matemáticas como seu campo de investigação. Desse modo, a lógica, como as outras ciências, adquiriu um objeto, embora ela leve em conta exclusivamente as características mais abstratas e mais formais.

"A lógica matemática", observava Kurt Gödel, "se apresenta sob dois aspectos diferentes. De um lado, ela é uma parte das matemáticas, destinada a tratar de classes, relações, combinações, símbolos etc., em vez de números, funções, figuras geométricas etc. De outro, é uma ciência que precede as demais, contendo em si as idéias e os princípios que sustentam todas elas. Foi levando em conta esse segundo aspecto que Leibniz, em *Characteristica universalis*, concebeu a lógica matemática como o seu nódulo central. Mas foi necessário esperar quase dois séculos depois da morte de Leibniz para que sua idéia de um cálculo lógico, capaz de levar efetivamente em conta os raciocínios das ciências exatas, fosse posto em ação... por Frege e Peano."[1] Depois de ter mostrado o respectivo papel de cada um deles, o primeiro na "difícil tarefa de análise das demonstrações, mas sem ir além dos teoremas mais elementares da aritmética", o segundo "na expressão auxiliar do novo simbolismo [que ele havia criado] de uma vasta coleção de teoremas matemáticos, sem, no entanto, proporcionar a demonstração", Gödel concluía: "Somente em *Principia mathematica* o novo método seria realmente aplicado à derivação de áreas inteiras da matemática, a partir de um pequeno número de conceitos e axiomas lógicos."[2]

Após mostrar que "a jovem ciência enriquecia-se com um novo instrumento, a teoria abstrata das relações", anteriormente desenvolvida por Pierce e Schröder, mas de forma limitada, Gödel chamou a atenção para a amplitude do campo coberto pela nova disciplina: "Nos *Principia*, não apenas a teoria dos conjuntos, de Cantor, mas também a aritmética comum e a teoria da medida são tratadas desse ponto de vista, o das relações abstratas."[3]

Assim, na passagem da lógica formal tradicional à lógica matemática, embora vigorassem as mesmas exigências de rigor, a mudança de ótica era considerável: ainda que, como sempre, o objetivo fosse atualizar as leis do pensamento e tornar transparente o funcionamento do espírito, a nova ciência abandonava o pensamento comum como seu campo de experiência, substituindo-o pelas matemáticas. A esperança dos fundadores da lógica matemática era uma só: levar o rigor além do ponto alcançado por Euclides. Bertrand Russell confessou em sua *Autobiografia intelectual*: "Depois de ter conhecido Euclides, aos nove anos, os fundamentos da matemática começaram a me inquietar."[4] Frege, por sua vez, observou: "Euclides prova freqüentemente aquilo que a ele se ajusta. Mas quando o rigor euclidiano deixou de parecer suficiente, começaram as pesquisas que se concentraram no axioma das paralelas."[5] No entender de Frege, o que desencadeou a necessidade de um maior rigor lógico foi o avanço das matemáticas em certas áreas, nas quais, para provar a verdade de um teorema, já não se dispunha, como na aritmética e na geometria elementar, das confirmações oferecidas por um grande número de casos concretos. "Mas está inscrito na própria essência das matemáticas que a possibilidade de se oferecer uma prova sempre será preferível a uma confirmação indutiva."[6] Não obstante, ao longo de mais de dois mil anos, as matemáticas se comportaram como se as leis lógicas, que elas respeitavam em suas demonstrações, não tivessem necessidade de ser explicitadas ou reduzidas às regras do silogismo. Comportaram-se como se houvesse um direito universal e consuetudinário da razão. O que veio alterar essa confiança inabalável foi, no século XIX, o aparecimento da geometria não-euclidiana, mas, principalmente, a partir de 1880, as descobertas de Cantor sobre os conjuntos infinitos. O grande matemático, depois de estupefato ante a possibilidade de "estabelecer uma bijeção entre o contínuo em uma dimensão e o contínuo em *n* dimensões",[7] ou seja, entre os planos de um segmento de reta e os pontos de um plano ou de um volume etc., escreveu a Dedekind: "Vejo, mas não creio."[8] O objetivo que Cantor fixava para si mesmo era unificar as matemáticas, alcançar "a unidade superior, que permita considerar do mesmo ponto de vista o contínuo e o descontínuo, de medi-los com uma só medida".[9] Nas áreas em que a "visão" achava-se dissociada da evidência e da crença, a razão necessitava de novos instrumentos e de uma nova escritura para registrar as suas tentativas e ser capaz de reproduzi-las, testá-las e validá-las.

Neste aspecto, o final do século XIX presenciou o nascimento daquilo que Frege chamou *die Beggriffsschrift*, a "escritura dos conceitos", mediante a qual é possível reciclar as leis lógicas que uma demonstração rigorosa desencadeia. Os signos estabelecem uma ponte entre as nossas representações e o universo. Inventados pelo homem, eles o ajudam a libertar-se de sua própria subjetividade, e do caráter relativo de suas experiências e conquistas. No entender de Frege, os signos que "estabilizam nossas representações" levam o espírito, através de uma espécie de ardil, do sensível para o inteligível, da representação para o conceito: eles nos permitem "evoluir à nossa maneira" no mundo das nossas representações, "usando o próprio eu sensível para nos libertar da sua limitação".[10] Inventar uma escritura de conceitos não era, para Frege, curvar-se à linguagem. Ele via na lógica a forma do elo que mantém juntos os seres, a figura abstrata de um *vinculum substantiale*. Tal como Cournot, ele pensava que os instrumentos da razão são feitos para apontar na direção de uma realidade que, assim, ajudam a ver quando a intuição desfalece. A propósito do conceito, ele notava: "Não podendo ser objeto da intuição, ele necessita de um representante intuitivo pelo qual se manifeste. Desse modo, o sensível nos mostra o mundo que escapa aos sentidos."[11]

Bertrand Russell contou certa vez o que foi para ele a revelação, durante o Congresso Internacional de Filosofia, em Paris, em 1900, da escritura simbólica de Peano:[12] "Tão logo dominei sua notação, percebi que ele trazia o território da precisão matemática de volta a regiões que tinham sido abandonadas à imprecisão filosófica." Whitehead e Russell lançaram-se imediatamente ao trabalho, formalizando uma série de teorias. E então, em junho de 1901, explode uma crise: "Escrevi a Frege", conta Russell, "que respondeu com a maior seriedade: *'Die Arithmetik ist ins Schwanken geraten'* [a aritmética começa a vacilar]."[13]

Essa concepção realista da lógica, observou Gödel, pode ser percebida também nas primeiras obras de Russell: "A lógica", ele escreveu, "ocupa-se do mundo real, tão verdadeiramente real quanto a zoologia, não obstante as suas características serem as mais abstratas e as mais gerais".[14] Mais tarde, essa exigência seria atenuada, e as correntes da filosofia analítica concordariam em reduzir a lógica ao discurso.

O antagonismo entre a lógica moderna e a dialética

No final do século XIX, o termo "lógica" adquiriu dois significados rigorosamente incompatíveis: passou a designar a disciplina praticada por Frege, Russell e, logo em seguida, por Hilbert; e também a denotar aquilo que o idealismo alemão chama de "Lógica". Essa confusão seria inócua se a "dialética" não tivesse entrado em cena como uma ciência destinada a destronar e desqualificar a lógica matemática. Quem poderia imaginar que, nos anos 20, matemáticos soviéticos cometessem a imprudência de defender a programação e acreditar que seu país lucraria com a modelização dos quadros econômicos inventados no Século das Luzes pelos fisiocratas! Depois de alguns êxitos espetaculares, no final daquela década eles foram dispersados, encarcerados, mortos. Quem vai hoje a São Petersburgo, onde se deram aquelas descobertas, não encontra nem traços de sua memória. Em nome da razão dialética, não mais analítica e ciosa de sua identidade, porém sintética e deslumbrada pelas metamorfoses, ela seria levada a conduzir uma reconstrução do mundo e uma transformação do homem pela força.

Russell já observava na *Autobiografia intelectual*: "Em 1898, várias razões me levaram a abandonar ao mesmo tempo Kant e Hegel. Li a *Grande lógica* de Hegel, e pensei o que até hoje penso, ou seja, tudo o que ele diz sobre as matemáticas não passa de uma trapalhada [*muddle-headed nonsense*]."[15] Não se tratava, porém, de uma simples querela de especialistas: ao conferir à Matéria os principais atributos do Espírito, o marxismo faria da *Grande lógica* de Hegel a armadura do materialismo histórico. E na medida em que o século avançava, essa "lógica" iria tornar-se o braço abstrato e secular tanto da esperança quanto da violência.

No século XX, portanto, a lógica – nas formas analítica e dialética, antagônicas e sem laços entre si – foi mais do que um instrumento de intelecção e ação. Durante séculos ela havia desempenhado um papel de árbitro, que às vezes era consultado, mas raramente obedecido; agora, ela se tornava um poder cuja voz era ouvida, um poder exigente, insidioso, apto a ser usado para o pior e o melhor. É possível que, para ter passado por essa mudança de finalidade, ela de fato já houvesse mudado de essência, e que já se tivesse deixado de ver nela a guardiã da razão, para daí em diante considerá-la um elemento de poder. Assim se explicaria um paradoxo que hoje é lembrado com freqüência: nunca uma civilização, antes da nossa, usou tão extensivamente os formalismos e a lógica; e nunca, antes da nossa, uma civilização se sentiu tão desnorteada, tão desarmada frente a seu destino.

Em resumo, durante grande parte deste século, foram entendidas por "lógica" duas formas de pensar e duas disciplinas sem nenhuma relação entre si: de um lado, o esforço para se ultrapassar Euclides em termos de rigor; de outro, a tentativa, gerada pelo Idealismo alemão, de aplicar-se à realidade inteira os modos do espírito. Dilthey escreveu a propósito: "Em uma dialética sem repouso, foi-se da intuição intelectual de Fichte e de Schelling até o método dialético de Hegel na vã procura de um procedimento para se estabelecer a identidade entre a conexão lógica e a natureza das coisas; entre a relação interna da consciência e aquela que existe no universo."[16] Mas "é inutilmente que esse método procura um caminho que o leve a reconhecer nas conexões inerentes à consciência as ligações internas da própria realidade."[17] Para Dilthey, esse fracasso significa que as ciências da natureza, como as ciências do espírito, não podem tomar emprestado os métodos da metafísica: "É impossível alcançar uma compreensão mais profunda do mundo que se oferece à experiência, cujo conhecimento constitui a tarefa das ciências particulares, recorrendo-se a um método metafísico, cujos procedimentos são diferentes do método das ciências."[18] A lógica matemática se impôs, é fato; mas, a certa altura de nosso século, iriam fazer-lhe cobranças, e ela seria criticada por não ter a amplitude nem a plasticidade da dialética.

Os instrumentos da razão

Por *instrumentos da razão* entendemos as noções, as conjecturas que as entrelaçam, os tipos de experiência que, em determinada cultura e determinada época, constituem o instrumental do espírito. Os instrumentos não constituem o coração, mas determinam-lhe a eficiência. Esse termo, instrumento, designa mais do que os métodos de uma disciplina; abarca as hipóteses básicas e, até mesmo, as crenças e os hábitos de trabalho que exprimem essas hipóteses: trata-se de saber se a conformação dos instrumentos do conhecer respeita a natureza e as formas daquilo que ajudam a captar; ou se, ao contrário, só dão acesso a uma realidade inelutavelmente alterada. Desde o início do século XX, esse debate iria dominar a microfísica. E não demoraria a se estender às outras ciências. Simplificando, pode-se dizer que Frege, Planck ou Einstein pensavam, como o Husserl das *Pesquisas lógicas*, que é possível ao homem, ainda que determinados por sua natureza, seus conceitos e seus modos de observação e experimentação, reencontrar a constituição das coisas em si, ou, como afirmava Planck, de esperar o absoluto, isto é, o universal, o invariável, o objetivo. Planck via "no desespero" a perda dos antigos instrumentos da razão e sua substituição por técnicas e idéias novas, embora ele próprio fosse um dos artífices dessa revolução.

Esse sonho de absoluto não alcançou a unanimidade: Ernst Mach, hoje muito mal conhecido, mas de quem William James deixou-nos um vívido retrato, conferia a máxima extensão ao estatuto do *instrumento*: proibindo-se de dissociar fisiologia, tecnologia, sociologia e história, o que ele fez foi recensear as condições de constituição e de evolução das ciências. Mach pensava que somos singulares, instáveis, variáveis tanto em nosso ser quanto em nossas crenças e idéias, mesmo que a busca do absoluto seja para nós apenas uma ilusão vital. Mas, como físico, Mach era também aquele que proclamava a impossibilidade de estudar um fragmento do universo, sem levar em conta a repartição da matéria no todo que a forma.

O século XX intelectual começou a formar-se a partir de 1871. Parecia possível então, considerando-se quatro cidades – Berlim, Viena, Londres e Paris –, fazer uma avaliação do estado das idéias no mundo. Pela primeira vez, de fato, o mundo era resumido pelas cidades. Viena, que durante sete séculos havia dominado a cena alemã, cedia o lugar a Berlim. Londres e Paris, a primeira triunfante, a segunda abalada pela derrota diante da Prússia, eram as capitais dos impérios que se estendiam além-mares.

Na física, o século XIX estava prestes a terminar de maneira triunfal: Lorde Kelvin lamentava que os físicos dos anos vindouros nada teriam a fazer, exceto fechar um programa de pesquisas já quase terminado. Para ele, restavam apenas algumas sombras, e elas estavam justamente na teoria da luz. Foi então que várias descobertas de peso vieram alterar a face das coisas: no dia 14 de dezembro, em Berlim, Max Planck leu na Physikalische Gesellschaft um trabalho que hoje pode ser considerado a certidão de nascimento da mecânica quântica; e, pouco depois, em um pequeno artigo de três páginas, Einstein introduzia uma nova concepção do espaço e do tempo. A física das partículas e a física celeste viam-se renovadas quase simultaneamente. Sem simplificar, pode-se associar quatro nomes a essa mutação da ciência: os de Mach, Boltzmann, Planck e Einstein. Os dois primeiros pertenciam ao século XIX; os outros dois, ao século XX. No que diz respeito a Poincaré,[19] foi ele quem lançou os fundamentos, em *Méthodes nouvelles de la mécanique celeste*, da teoria determinista do caos, recentemente desenvolvida.[20]

De saída, a razão levava adiante explorações no terreno da física: reconhecimento (por Boltzmann e Planck) de uma distinção crucial entre fenômenos reversíveis e fenômenos irreversíveis; aplicação sistemática das probabilidades ao estudo da natureza; mudança dos conceitos de espaço, de tempo e de massa,[21] exploração dos constituintes últimos tanto da matéria como do universo em seu conjunto. Ela conheceu, porém, um grande fracasso: a impossibilidade de reconciliar, no seio de uma teoria física unitária, a mecânica quântica e a relatividade geral.[22] Nosso século termina, portanto, em meio a uma caçada contrastante, movimentada, fecunda e indecisa. O quadro seria incompleto se deixássemos de sublinhar dois caracteres essenciais da física do século XX: com a ajuda da tecnologia, ela assegura a posse daquilo que conquistou à natureza e ao mundo; e se encontra estreitamente ligada à economia e à guerra.

Para apresentar, a quase um século de distância, a situação da física em 1900, e para compreender como essa disciplina em apenas alguns anos foi simultaneamente carregada de novos problemas e dotada de novos objetos e instrumentos, evocaremos algumas figuras representativas, pois a verdade é que as dores universais são também as mais individuais.

Duhem (1861-1916)

Entre os grandes físicos da virada do século XIX para o século atual, Pierre Duhem ocupa um posto singular: além de suas notáveis e originais contribuições à termodinâmica, ele foi também um grande historiador da ciência, um agudo e interessado observador da física de seu tempo, e autor de uma doutrina da teoria física que até hoje desperta o mesmo grau de interesse especulativo. Publicada em 1906, *La Théorie physique* expõe, com uma força e uma sutileza que raramente voltaremos a encontrar, o problema maior que nos apresentam as ciências da natureza: se nossos instrumentos, nossas leis empíricas e nossas teorias são obras humanas, e portanto imperfeitas, o que nos ensinam elas sobre a realidade? Estamos fadados ao provisório, ao relativo, ao artificial, ou poderemos nos aproximar da realidade?

"Pela metade do século XIX", Duhem observava, "as teorias hipotéticas, aquelas que se apresentavam como explicações mais ou menos prováveis dos fenômenos, multiplicaram-se de modo extraordinário; o rumor de suas lutas e o estrondo de suas quedas acabaram por cansar os físicos, que pouco a pouco voltaram às saudáveis doutrinas apresentadas tão vigorosamente por Newton; reatando a tradição interrompida, o sr. Ernst Mach definiu a física como uma representação condensada e abstrata dos fenômenos naturais; G. Kirchhoff deu como objeto à mecânica 'descrever o mais completa e o mais simplesmente possível os movimentos que ocorrem na natureza'."[23]

Aos olhos de Duhem, os físicos alinhavam-se em dois campos: o dos que haviam chegado a "acreditar que suas teorias descobririam a natureza metafísica das coisas"; e o dos "mais modestos e clarividentes", que por serem capazes de reconhecer "que a teoria física não é uma explicação", puderam ver nela "uma representação simplificada e ordenada, agrupando as leis segundo uma classificação crescentemente natural".[24]

A busca de uma "explicação" só faria sentido em física se dispuséssemos de um meio de traspassar as aparências, ou, mais exatamente, os dados sensíveis da observação ou da experiência, para, ultrapassando-as, ter acesso a uma outra ordem de coisas. Mas essa passagem do visível ao oculto é impraticável; e quando pensamos tê-la efetuado, o que nos vem à imaginação é uma certa matéria oculta, certas entidades invisíveis, causas deduzidas de aparências. Compreende-se que Duhem haja seduzido positivistas e empiristas. Pois, do ponto de vista epistemológico, ele lhes deu tudo que pediam. Além disso, deixou claro que relacionar as aparências a processos invisíveis jamais teve qualquer utilidade para a descoberta científica.

E, no entanto, a teoria física não é nem uma coleção de fatos bem estabelecidos, nem uma coleção de leis empíricas bem confirmadas. Em que, então, ela consiste? Como a razão não tem acesso aos segredos da natureza, só resta um caminho ao sábio: conceber relações inteligíveis entre as leis empíricas; privá-las de sua independência lógica ou de sua fragmentação; agir de maneira que todas as leis relacionadas com uma só área venham a se tornar um sistema. Será duplo o benefício de tal operação: dará uma apresentação mais econômica às leis empíricas; fornecerá uma classificação lógica e artificial, na medida em que essas leis empíricas figurarem tanto como teoremas ou postulados em um sistema hipotético-dedutivo. Então, Duhem pensava – e isso era para ele uma convicção metafísica mas irresistível –, se tal classificação abarca todos os fenômenos conhecidos, e se, no seu uso, mostra-se capaz de distinguir o novo, não será arbitrária nem artificial; tenderá, pelo contrário, a ser "natural". A configuração lógica da teoria física pode, pois, legitimamente, surgir como um reflexo da ordem real ou ontológica das coisas, embora ele não esperasse da teoria física qualquer ontologia positiva.

A operação que transforma uma classificação artificial em uma classificação natural assenta-se sobre duas bases: leis empíricas bem estabelecidas;

e uma intuição de geômetra. Isolada, a primeira condição é de todo insuficiente, pois de um mesmo conjunto de fatos empíricos pode-se extrair uma infinidade de interpretações teóricas e simbólicas distintas. Entre todas as interpretações possíveis, é preciso descobrir aquela que tenha uma propriedade ausente nas demais, algo capaz de constituir o esboço de uma classificação natural. Convém, pois, que a razão se comporte como uma força tripla. O instrumento de sua decisão é a intuição geométrica, que age à maneira da luz natural conforme Pascal concebia. Ou seja, não tem por objetivo fabricar entidades imaginárias, mas iniciar o espírito na ordem das coisas.

Esse modo de conceber a imaginação, isto é, como capacidade de visão, contemplação, decisão e, portanto, de recusa, torna-se claro quando a relacionamos com o papel da imaginação na ciência e na ação. Duhem cita uma passagem de Taine a propósito de Napoleão: "Antes de agir, ele escolhia o seu plano, um entre muitos, depois de examiná-los, compará-los e estabelecer uma hierarquia de preferências; conhecia, portanto, todos os demais. Por trás de cada combinação adotada pode-se entrever a massa das que ele descartou; são dezenas para cada decisão tomada, cada manobra levada a cabo, cada tratado assinado, decreto promulgado, ordem expedida, e, atrevo-me a dizer, atrás de qualquer ação ou discurso improvisado, pois havia cálculo em tudo que fazia, em suas efusões aparentes e até nas suas explosões de sinceridade."[25] "Certamente", acrescentava Taine, "entre as suas diversas qualidades, por grandes que fossem, a *imaginação construtiva* era a mais forte." Duhem ficou impressionado com a semelhança entre o modo de agir de Napoleão e o dos físicos. Exaltou seu olhar escrutinador, "sua inimaginável memória",[26] e identificou o espírito de sutileza pascaliana com a própria "largueza do espírito"[27] do homem de ação. Ao esboçar uma psicologia das formas do espírito científico, Duhem opôs os espíritos largos aos espíritos profundos: os primeiros seriam muitas vezes "fracos", isto é, incapazes de conceber abstrações; já os segundos seriam "estreitos", isto é, incapazes de perceber situações complexas apenas com um olhar abrangente. Para o grande físico teórico, ideal no caso seria ter o espírito ao mesmo tempo amplo e profundo. "Essa amplitude de espírito", Duhem sublinhava, "é a que encontramos no cronista, que em suas obras fixa os detalhes dos fatos e as atitudes dos homens... É o órgão essencial do grande romancista: graças a ela, Balzac pôde criar a multidão de personagens que povoam *A comédia humana*."[28] A imaginação tem por função aumentar a força e a precisão da visão e até mesmo da concepção: "Espírito amplo tem o especulador que, com um simples olhar para um montão de telegramas, descobre qual a situação dos grãos ou da lã em todos os mercados do mundo, e num piscar de olhos decide se se deve apostar na alta ou na baixa."[29] Esse especulador parece com o físico, que na massa dos fatos particulares discerne a presença de uma lei. Com uma "olhadela" por sobre a multiplicidade dos fatos, ele distingue a "situação" de um mercado; e, por fim, julga e decide. A imaginação de um homem de ação, ou de um romancista, é uma imaginação dramática. Ela sabe "vestir seus corpos, dar-lhes atitudes e gestos, cuidar das coisas que farão o seu meio; em uma palavra, faz homens que vivem em um mundo que se agita".[30]

Duhem construía tipos ideais à maneira de Max Weber. Depois de ter desenhado as silhuetas do cronista, do romancista e do especulador tratou de fazer o chefe de estado-maior: "Espírito largo [...], capaz de conceber o plano de mobilização mediante o qual milhões de homens irão chegar no dia certo, sem tropeços nem confusões, aos lugares que deverão ocupar em combate."[31] Interessou-se, finalmente, pelo "jogador de xadrez que, mesmo sem ver os tabuleiros, disputa simultaneamente com cinco adversários".[32] E, sem nenhuma transição – o que é notável –, Duhem prossegue: "É também na amplitude de espírito que está o talento inventivo próprio de muitos geômetras e algebristas. Não poucos leitores de Pascal talvez tenham se surpreendido com o fato de ele haver incluído os geômetras entre os espíritos largos, porém fracos; tal observação é uma das maiores provas de sua perspicácia."[33] Essa breve passagem nos proporciona duas informações sobre as idéias de Duhem: a imaginação dos geômetras se aproxima da imaginação dos artistas, dos estrategistas e dos políticos; para o autor de *La Théorie physique* Pascal era um fonte maior de inspiração.

A imaginação pode ter dois usos diferentes: um uso material e outro geométrico. No primeiro caso, operando como um poder de representação e de simulação, ela produz, indevidamente, modelos mecanicistas; no segundo, a intuição geométrica, inspirada pela razão, é capaz de perceber o "reflexo de uma ordem ontológica".

Fiel à sua psicologia científica, Duhem via como opostas duas formas de vitória da imaginação sobre a razão, de um lado a de Descartes e Malebranche, e de outro a dos físicos ingleses: "Se Descartes e os filósofos seus seguidores recusaram-se a atribuir à matéria qualquer qualidade que não fosse puramente geométrica ou cinética, assim o fizeram porque essa outra qualidade estava oculta";[34] em troca, "os corpos com os quais o físico inglês constrói seus modelos não são concepções abstratas elaboradas pela metafísica; são corpos concretos, semelhantes aos que nos rodeiam, sólidos ou líquidos, rígidos ou flexíveis, fluidos ou viscosos; e por solidez, fluidez, rigidez, flexibilidade e viscosidade não se deve entender propriedades abstratas, cuja definição seria extraída de uma certa cosmologia; tais propriedades não são de modo nenhum definidas, mas imaginadas em relação a exemplos sensíveis: rigidez evoca a imagem de um bloco de aço; flexibilidade, a de um fio de seda; viscosidade, a da glicerina".[35] Há, portanto, duas propensões; duas inclinações ontológicas; dois usos operacionais da imaginação, um insular, o outro continental. Em poucas palavras, Duhem apresenta com clareza o traçado programático das epistemologias empiristas do século XX: conferir razão aos termos abstratos referenciando-os a atributos concretos; esclarecer mediante a experiência os termos de disposição (flexibilidade, duração etc.); confiar à lógica a responsabilidade de estruturar os dados empíricos.

Ao chamar a atenção para o contraste entre a escola inglesa e a francesa, Duhem queria provocar um debate antropológico fundamental sobre as relações da razão com a imaginação, debate que ilustra "a discussão na qual se empenharam Gassendi e Descartes":[36] "Com que ardor Gassendi insistia no sentido de 'que realmente não se distinguisse o espírito da faculdade imaginativa';[37] com que força ele afirma que 'a imaginação não se distingue da intelecção', que 'há em nós uma só faculdade pela qual geralmente conhecemos todas as coisas'! Com que altivez Descartes responde[38] a Gassendi: 'O que eu disse sobre a imaginação é bastante claro para quem observa com cuidado, mas não é de admirar que pareça obscuro aos que nunca pensam, e nunca refletem sobre aquilo que pensam' [...] O *anima!* O *mens!*, clama Gassendi, interpelando o campeão da abstração. O *caro!*, responde Descartes, humilhando com seu altaneiro desdém a imaginação circunscrita aos objetos concretos."[39]

A crítica que Duhem faz ao modo de exposição da física dos ingleses não o impede de observar, com lucidez, a difusão dos seus métodos. Por um lado, ele explica esse fenômeno pela moda, pelo desenvolvimento da indústria e a necessidade de uma rápida formação científica dos engenheiros, embora não deixe de apontar, de passagem, os riscos de uma instrução demasiado superficial: "Aos industriais que se descuidam em relação ao acerto de uma fórmula, desde que esta lhes seja útil, lembraremos que a equação simples, mas falsa, cedo ou tarde – graças a uma inesperada vingança da lógica – será o empreendimento fracassado, o dique rompido, a ponte levada pelas águas; será a ruína financeira, quando não é a catástrofe que ceifa vidas humanas."[40]

Duhem reconhecia que, mesmo no plano da lógica, o uso de modelos incompatíveis entre si não é necessariamente errôneo. O próprio Poincaré reconhecia a utilidade desse procedimento. E, para Duhem, foi Poincaré quem legitimou na França o método dos físicos ingleses. Historicamente, a filiação seria a seguinte: Maxwell impressionou Hertz; e é por seu intermédio que a prática dos modelos ingleses será justificada e quase adotada: "Ainda mais formalmente do que Hertz, M. Poincaré proclamou o direito, para a física matemática, de libertar-se do jugo de uma lógica por demais rigorosa, e de romper o laço que mantém presas entre si as suas diversas teorias." Duhem volta a citar Poincaré: "Não devemos nos vangloriar", escreveu, "de evitar todas as contradições; mas é indispensável assumir uma posição. Desde que não se misturem e que não se leve a procura até o cerne das coisas, o fato é que duas teorias contraditórias podem tornar-se – ambas – instrumentos úteis à pesquisa, e talvez a leitura de Maxwell fosse menos sugestiva se ele não nos houvesse aberto tantos caminhos novos e divergentes."[41] Duhem conclui: "Essas palavras, que dão livre curso na França aos métodos da Física inglesa, às idéias professadas com tanto fulgor por Lorde Kelvin, não deixarão de ecoar. Há boas razões para que tenham uma ressonância forte e prolongada."[42]

O próprio Duhem propôs o problema: "*Será permitido simbolizar vários grupos distintos de leis experimentais, ou um grupo único de leis, por meio de várias teorias, cada uma das quais repouse sobre hipóteses inconciliáveis com as hipóteses conduzidas pelas outras?* A essa pergunta não hesitamos em responder assim: *Se nos restringimos a invocar somente razões da lógica pura, não podemos impedir um físico de, mediante várias teorias inconciliáveis, representar conjuntos diversos de leis ou um grupo único de leis; não se pode condenar a incoerência na teoria física.*"[43]

Apesar dessa concessão, Duhem chegou a uma distinção, que Cournot já fizera, entre ordem lógica e ordem racional. As classificações ou as teorias físicas podem ser artificiais ou naturais; mas, nos dois casos, elas devem satisfazer certas exigências lógicas. Duhem acrescenta, no entanto, e aí está para ele o essencial daquilo que se tem direito de esperar da física teórica: "Todo físico aspira, naturalmente, a unidade da ciência."[44] Esse desejo de unidade se apresenta com dupla face: "No sentido da unidade lógica da teoria física [...]; no sentido de uma teoria que seja uma classificação natural das leis físicas."[45]

Para que o primeiro propósito do espírito se cumpra, é necessário, evidentemente, que a física saia de seu estado de ciência dividida entre modelizações independentes ou até incompatíveis. Para ser alcançado o segundo propósito – que vem a ser também o mais fundamental – é necessário que o físico teórico seja capaz de perceber *analogias* entre diferentes ordens de fenômenos materiais regidos por leis empíricas independentes. Duhem mostrou que há uma diferença profunda entre a fabricação de modelos mecânicos e a percepção das analogias. Quando constrói um modelo mecânico para "simular" um conjunto de fenômenos concretos, o objetivo do físico é representar, através de mecanismos e na medida do possível, as propriedades da matéria. Desse modo, ele se submete a uma ontologia feita de mecanismos imaginados. Aos nossos olhos, sem dúvida, a parte mais nítida da natureza é aquela que se assemelha às máquinas e aos mecanismos. "Ao observar os fenômenos naturais, disse o sr. Boussinesq,[46] o espírito humano reconhece, ao lado de muitos elementos confusos, um elemento claro, suscetível, pela sua presença, de ser objeto de conhecimentos verdadeiramente científicos. É o elemento geométrico."[47] De resto, notava ainda Duhem, há somente modelos mecânicos; os "modelos algébricos", cuja utilização, tão bem-sucedida entre os ingleses, testemunha os notáveis dons de sua imaginação combinatória, são responsáveis pela existência de excelentes probabilistas. Contudo, o que a física teórica tem em vista não é a construção de modelos, mas a descoberta de analogias entre distintas classes de fenômenos.

O capítulo intitulado "A teoria física e a experiência" é o coração de *La Théorie physique*. Aquele que exprime a intenção profunda e o alcance "ontológico". Aquele em que se estabelece que "o *Experimentum crucis* é impossível na física", mas que também traz para a física celeste visões que estavam destinadas a ter o maior alcance. De fato, alguns anos antes, em *Les Méthodes nouvelles de la mécanique céleste*, Poincaré[48] havia levado o foco da atenção para os sistemas dinâmicos instáveis. O próprio Duhem lembra[49] as pesquisas de Jacques Hadamard sobre problemas da mesma ordem, em que as variantes ínfimas do estado inicial levam a variações consideráveis no desenvolvimento do fenômeno. Após haver analisado situações em que as posições e os movimentos são rigorosamente determinados, ele prossegue: "Será completamente diferente se as condições iniciais não forem dadas matematicamente, mas praticamente; a posição inicial de nosso ponto material não será mais um ponto determinado na superfície, mas um ponto qualquer, tomado no interior de uma pequena mancha; a direção da velocidade inicial não será mais uma reta definida, sem ambigüidade, mas uma certa quantidade de retas que formam um feixe estreito, tendo como vínculo o contorno da pequena mancha; aos nossos dados iniciais, determinados praticamente, corresponderá para o geômetra uma infinita multiplicidade de dados iniciais diferentes."[50]

Como iria mostrar a evolução posterior da cosmologia, essas considerações, segundo o próprio Duhem desprovidas de importância física, eram fundamentais: traziam à luz o fato de que, ao contrário do até então admitido, a estabilidade do sistema do mundo não era uma evidência. Uma força de gravitação sempre atrativa seria incompatível com a estabilidade do Universo, desde que este fosse infinito.[51] Como observa Stephen Hawking, a idéia de que o universo – na medida de sua submissão à lei da gravitação universal – não é estático poderia estar em germinação desde o final do século XVII.

Qual era o ponto de partida da reflexão de Duhem sobre a teoria física? Para ele, o que estava em causa era a capacidade do teórico de provar que sua teoria proporcionaria uma classificação natural dos fenômenos, escapando do milenar debate sobre uma astronomia destinada unicamente a "salvar os fenômenos". Como Planck, Duhem insistia no papel dos instrumentos, no fato de que todas as leis da física são convocadas para o grande encontro da teoria física e a experiência: "Uma comparação de tal ordem não se relacionará com esta ou aquela parte do princípio newtoniano; invocará, também, todos os princípios da dinâmica; além disso, pedirá ajuda a todas as proposições da ótica, da estática do gás, da teoria do calor, necessárias quando se trata de explicar as propriedades dos telescópios, a fim de construí-los, regulá-los, corrigi-los, eliminar suas falhas causadas pela aberração diurna ou anual, e pela refração atmosférica."[52] A comparação entre a teoria física e a experiência é, portanto, global: "Não se trata de considerar uma a uma as leis justificadas pela observação e de elevar cada uma delas, pela indução e a generalização, ao nível de princípio; trata-se de comparar os corolários de todo um conjunto de hipóteses a todo um conjunto de fatos."[53]

Mach (1838-1916)

Mach foi, ao mesmo tempo, físico, fisiologista, psicólogo, historiador e filósofo. Sua cultura era imensa, sua conversa cativante, seu interesse inesgotável. William James descreveu-o como um dos poucos que lhe deram a impressão de estar diante do gênio.[54] Inteiramente de acordo com as concepções de Mach sobre a teoria física, Duhem pensava que o físico, partindo de construções artificiais, pode tender para uma classificação natural dos fenômenos. Segundo Duhem, essa conversão do espírito – do artificial para o natural – se efetua mediante a intuição geométrica.

Mach via de modo bem diferente a conversão que o espírito deve realizar com o objetivo de penetrar, através de sua história, no essencial de uma ciência, da mecânica, por exemplo, que fundamentalmente não difere da essência da natureza, de que todos somos fragmentos. Geração após geração, as práticas vão se refinando e se aperfeiçoando, ao mesmo tempo negativamente – pela eliminação dos elementos supérfluos – e positivamente –, pela melhoria das operações básicas. Se os fenômenos naturais não tivessem estabilidade, nem as técnicas nem as ciências teriam podido se constituir. De fato, "a classificação instintiva das experiências precedeu sua classificação científica".[55] O aparecimento de profissões especializadas, com seus modos de aprendizagem e de transmissão das habilidades, contribuiu para a codificação e a renovação das técnicas. Mas essa escolha das práticas mais criteriosas não resulta de um processo reflexivo: "Para satisfação de suas necessidades, o homem faz experiências nas quais age de modo inconsciente, sem pensar."[56] É sobre esse solo frouxo que se edifica a ciência.

Mach não imagina Tales ou Galileu tendo a súbita revelação de uma idéia transcendental, nem uma visão iluminadora das suas próprias construções conceituais: ele nos convida – desse modo acertando o passo com o de Arquimedes, Galileu ou Stevin (1548-1620)[57] – a descobrir que a massa das ações realizadas pelos homens e a imensidade de fenômenos naturais que vêm observando há milhares de anos podem ser retomadas, revistas e reexplicadas. Não se trata de aprender, mecanicamente, as técnicas ou de refazer passivamente as observações, mas de distinguir, nos arquivos da humanidade ou nos fenômenos da natureza, nódulos, gemas, atos que tenham valor de arquétipos. Os fundadores da mecânica são guias insubstituíveis, pois tiveram o dom de "perceber o simples no complexo ou vice-versa".[58] A *Mecânica* de Mach é abundante na exemplificação dessas descobertas do "simples", que desempenham um papel idêntico ao das iluminações de Kant, embora não tenham o mesmo sentido nem a mesma origem. Enquanto na *Crítica da razão pura* Tales ou Galileu aparecem como heróis solitários, experimentando o poder construtivo de seu entendimento, na *Mecânica* de Mach eles são testemunhas excepcionais de uma ação comum que somente em seus espíritos se libertam da primitiva opacidade. Em termos práticos, Kant não teria como deixar de ser um admirador das descrições de Mach, das quais Husserl se impregnou e tirou partido.[59] É claro que para Mach, como para Kant, "a alavanca e o plano são objetos ideais em mecânica, assim como os triângulos o são para a geometria".[60] "Ideal", porém, não é o mesmo que fictício. Galileu não imaginou, mas "percebeu". E o que ele viu? "Galileu comparou vários movimentos uniformemente *desacelerados* e, imediatamente, distinguiu entre eles um movimento *uniforme*, *sem fim*, tão estranho, que pareceria de outra espécie, caso tivesse observado aquilo produzir-se isoladamente. Mas uma pequeníssima variação de inclinação o transformava em um movimento uniformemente desacelerado e acabado, tal como Galileu o havia observado muitas vezes."[61] Esse movimento uniforme, limite singular dos movimentos uniformemente desacelerados vai servir de experiência *princeps*: Galileu optou por uma experiência ideal e simples, a partir da qual o princípio da inércia se liberta e todos os planos inclinados que se possa imaginar entregam seus segredos. De fato, "a característica evidente dos grandes pesquisadores é, precisamente, essa união de um instinto muito forte com um grande poder de abstração".[62] O gênio de Galileu, ou o de Arquimedes, consiste em isolar, na profusão do sensível, situações que possam servir de arquétipos e, a partir das quais a diversidade da experiência se ordena, se desenrola e se unifica. A ciência é feita de escolhas, ou seja, de aceitações e rejeições. Assim como Taine nas suas observações sobre Napoleão em *Les Origines de la France contemporaine*, Mach assinalou que uma das características desse instinto de escolha – marcante na história das técnicas antes da história das ciências – "é ser puramente negativo".

Vinda, em última análise, de Deus, a idéia platônica é, por direito, universal. Como se explica que experiências enraizadas em práticas sociais antigas e diferentes possam ter a mesma pretensão ao universal? A resposta de Mach é tão forte quanto singular. Ele acha que todo fenômeno "local" nos ensina algo sobre o universo. Assim, basta que nos livremos da forma e das raízes para experimentarmos o alcance cosmológico. Esse o sentido do *princípio* de Mach.[63]

Ele possuía o dom de reconstituir com fidelidade o pensamento dos outros, e de levá-lo às últimas conseqüências. Tinha a intuição dos seres e das obras. Daí o caráter tão vivaz de sua "exposição histórica e crítica" do desenvolvimento da mecânica; permanecendo fiel aos acontecimentos e à documentação, o autor, mediante uma espécie de anamnese, de reconstituição induzida, reproduz para seu leitor os atos fundadores de uma ciência. Quando, por exemplo, examina os trabalhos de Stevin sobre o plano inclinado e a impossibilidade do movimento perpétuo, evoca os pensamentos e as experiências de seu herói de modo tão luminoso, tão surpreendente, que o leitor se sentia participando das descobertas do sábio: "Stevin teve o imediato sentimento – que com ele partilhamos – de jamais haver observado nem visto nada que se assemelhasse a um movimento daquela espécie [perpétuo]."[64] Ao refazer as experiências de Stevin, Mach era guiado por uma intenção mais geral, queria reencontrar os processos graças aos quais os homens passam do saber instintivo à ciência: "A dedução de Stevin é um dos mais preciosos documentos que possuímos sobre a história primitiva da mecânica. Ela esclarece bem o processo de formação da ciência e sua libertação do conhecimento instintivo."[65] Por sua vez, esses "conhecimentos instintivos" resultam de experiências acumuladas pelos homens e "para nós constituem um tesouro sempre à mão e do qual apenas uma ínfima parte está contida na seqüência das nossas idéias claras".[66] Na própria elaboração desses "conhecimentos instintivos", o estudo histórico e crítico da mecânica descobre processos comuns a todos os homens, mas realizados, por alguns sábios, de maneira mais límpida e mais bem acabada. Há uma espécie de equivalência entre experiências mentais e experiências afetivas. Mach observa, a propósito da seqüência fechada que permite a Stevin declarar absurdo o movimento perpétuo: "Não importa que a experiência seja ou não efetivamente realizada, pois não há dúvida sobre o resultado. Stevin chegou a fazer experiências mentalmente, e os resultados obtidos poderiam ser deduzidos de experiências correspondentes, realizadas por meios físicos..."[67] Isso porque, repetindo-o, "a alavanca e o plano inclinado são objetos ideais em mecânica, do mesmo modo que os triângulos são objetos ideais na geometria".[68] Essa afirmação não implica qualquer platonismo: procedimentos e objetos-padrão se libertam mediante a experiência acumulada, mas "o observador da natureza se esforça para *adaptar* seu *ideal* à realidade".

Segundo Mach, para se produzir uma teoria física não é necessário relacionar sua construção a um sujeito transcendental. Tanto nos comportamentos mais comuns (perceber, desejar, experimentar), quanto nas atividades mais elevadas (a criação artística, a pesquisa científica, a participação política), só renunciando às miragens do *eu* o homem se torna verdadeiro e alcança a sua própria medida.[69] O *eu* não chega a constituir uma entidade individuada: são as sensações, as emoções e as recordações que o formam. Mas sem a unidade do "eu" transcendental, que Mach acreditava ser fictícia, *das Ich ist unrettbar* [o eu não é salvável].[70] Pois não tem limites precisos, nem permanência através dos tempos, nem diferença categórica em relação aos outros. Os elementos que constituem o nosso *eu* simplesmente se ligam fortemente entre si para nos dar um sentimento de continuidade, ao passo que as impressões relativas aos outros nos tocam de modo bem menos denso. No entanto, é esse conteúdo de impressões elementares, e não o *eu*, que constitui o essencial: "Dieser *Inhalt* und nicht das *Ich* ist die Hauptsache."[71] Esses conteúdos não estão aprisionados no *eu*: romperam suas fronteiras. "Os conteúdos de consciência de alcance comum abrem fendas nos limites do indivíduo e, ainda que naturalmente ligados ao homem, continuam, independente da pessoa cujo corpo habitam, uma vida mais ampla, *impessoal* ou *suprapessoal*."[72] E Mach acrescenta que "participar [dessa transmissão] constitui a forma mais elevada da alegria,[73] a do artista, do pesquisador, do descobridor, do reformador etc."

Boltzmann (1844-1906)

Enquanto Mach, em seu estudo do desenvolvimento da mecânica, apoiava-se nas "estimativas" de Arquimedes, Galileu ou Stevin, isto é, nas experiências ao mesmo tempo ideais e concretas, realizadas por sábios geniais mas extraídas do tesouro adormecido da experiência comum abertas à reformulação por simples mortais, Boltzmann enfrentou problemas que, sendo eles também extraídos da experiência mais simples, exigiam, para ser solucionados, a invenção de modelos que se afastassem dos caminhos habituais. Embora a curiosidade de Boltzmann tenha sido imensa, ela se voltou, particularmente, para a solução de dois enigmas: Como – ele se perguntava – conceber cientificamente que o tempo tenha uma direção, da mesma forma que temos a sensação instantânea, se as equações da mecânica são reversíveis em relação a ele? Se os movimentos que agitam as moléculas de gás em um ambiente fechado são determinadas pelas leis da mecânica, por que devemos formular essas leis estatisticamente?

Para tratar desses problemas, Boltzmann sentia que era necessário retornar ao atomismo, ou então conceber uma nova representação descontínua da matéria. No último terço do século XIX, o atomismo era uma doutrina violentamente controvertida: nem Mach, nem Oswald, nem Duhem, por exemplo, acreditavam nos átomos; somente em 1908, Jean Perrin pôde oferecer a prova direta de sua existência.[74] Também Boltzmann se viu constrangido a realizar uma tentativa paradoxal, com a finalidade de apertar o cerco à estrutura da matéria: valer-se de entidades imaginárias para esquadrinhar rigorosamente o comportamento dos corpos. Além disso, ele percebeu, com clareza, que o "atomismo" do século XX em nada parecia com o da Antigüidade e nem mesmo com o da mecânica clássica: "Se por explicação mecânica da natureza entendemos uma explicação que repousa sobre as leis da mecânica ordinária, devemos dizer que não há certeza de que o atomismo do futuro venha a ser uma explicação mecânica da natureza."[75] Boltzmann notou, com efeito: "Certos fenômenos recentemente observados nos raios catódicos e na eletrólise levaram à hipótese de que a própria eletricidade tem uma estrutura atômica, constituída de elementos distintos ou elétrons."[76]

Como os fenômenos últimos não são diretamente acessíveis aos nossos sentidos, nem tampouco aos nossos meios, elaborar uma teoria é construir uma imagem do mundo: "A meu ver", ele observava, "uma teoria tem por finalidade construir uma imagem do mundo exterior cuja existência é puramente subjetiva; a teoria nos orienta como uma estrela em todos os nossos pensamentos e experiências."[77] A teoria não é para Boltzmann, como para Mach ou Duhem, uma descrição econômica: é mais um instrumento de exploração; uma ficção reguladora e racional: "Chamo teoria uma imagem mental puramente interna."[78] Contudo, mesmo que seja uma "imagem mental" ou uma ficção, a hipótese atomista não tem um caráter arbitrário: ela condensa e unifica todo um feixe de experiências; exprime a estrutura descontínua da matéria; enfim, é imposta pelas próprias bases da física matemática ou da mecânica clássica. Boltzmann percebe que a utilização das equações diferenciais, tanto na mecânica quanto na teoria analítica do calor desenvolvida por Fourier,[79] postula a introdução de fenômenos elementares descontínuos: uma necessidade tanto matemática quanto física. "Não imagine que ao usar a palavra 'contínuo' ou escrever uma equação diferencial você adquira um conceito claro do contínuo. Ao vê-la mais de perto, a equação diferencial é apenas a expressão da porção que se deve imaginar antes de um número infinito [de elementos]."[80] Assim, "os que pensam em se livrar do atomismo por meio das equações diferenciais vêem as árvores mas não vêem a floresta".

Para Boltzmann, as teorias não eram as únicas a conter o arbitrário. Ia mais longe: "Gostaria [...] de arriscar a afirmação de que é na natureza de uma imagem reunir certo número de traços arbitrários para as necessidades da representação e que, falando rigorosamente, se vai além da experiência quando se infere um só elemento novo de uma imagem adaptada a um conjunto de elementos." Assim, nosso destino é ultrapassar constantemente os limites da experiência: "No meu entender, não podemos formular uma só proposição que seja um simples fato da experiência."[81] Logo, para descobrir é necessário primeiro inventar, e ir ao real passando pelo imaginário. Tal era o estado de espírito de Ludwig Boltzmann quando se lançou à busca de solução para dois problemas maiores: a classificação dos fenômenos da natureza em reversíveis ou irreversíveis; e o estudo estatístico do comportamento do gás.

Matemático de mão cheia, Ludwig Boltzmann tinha ainda um instinto seguro, que o livrava de confundir as hipóteses com os fatos. Foi por isso que pôde analisar tão bem a natureza dos modelos. Ele via a si mesmo como um viajante que, depois de ter percorrido os ricos territórios da mecânica clássica, preparava-se para deixá-los. Dava-se conta de que a ontologia da mecânica, com suas questões materiais submetidas a certas forças, continha uma grave insuficiência: as equações eram reversíveis em relação ao tempo, enquanto que as experiências simples atestavam a existência daquela "flecha do tempo" de que Eddington logo iria falar. Coloquemos bolas brancas e negras em um tambor giratório de loteria, as primeiras no alto, as outras embaixo: "Giremos o tambor durante bastante tempo com a ajuda de um mecanismo qualquer; ninguém duvidará de que se trata de um processo puramente mecânico; e no entanto as bolinhas se misturarão cada vez mais, isto é, se manifestará constantemente uma tendência a modificar sua separação em um sentido determinado (para a mistura perfeita)."[82] A partir desse dispositivo elementar, tomado como modelo, Boltzmann consegue esclarecer várias questões: se o estado inicial de um sistema mecânico é "improvável", esse sistema evoluirá num determinado sentido; essa evolução pode ser demonstrada por uma função matemática dependente da teoria das probabilidades; essa função – chamada entropia – mede uma grandeza sempre crescente, que indica a direção do tempo. Desse modo, Boltzmann estabeleceu uma distinção entre fenômenos reversíveis e fenômenos irreversíveis, que iria se mostrar fundamental na física do século XX.

Mas, ao constatar que a antiga ontologia da ciência clássica vacilava, ele tratou de reavivar uma discussão filosófica sobre a qual, ainda no começo do século XIX, tinham refletido Joseph Fourier e August Comte: terá a física matemática por objeto explicar a natureza das causas dos processos que se produzem no universo, ou somente fazer deles uma descrição o mais possivelmente fiel e coerente? "A primeira concepção", Boltzmann observou, "penetra mais profundamente na natureza das coisas; a segunda está mais livre de hipóteses indemonstráveis."[83] E acrescentou, de um modo que historicamente não é decerto muito exato: "O esplendor da matemática francesa na época da Grande Revolução conferia ao primeiro método, inicialmente, uma supremacia universal; no entanto, ela perderia credibilidade devido ao fiasco de um teorema de Poisson,[84] e sofreria uma derrota definitiva graças a Kirchhoff."[85] Para Boltzmann, Kirchhoff foi o primeiro grande físico a rejeitar a metafísica para introduzir uma concepção "positivista" da ciência: "A finalidade desse método não é formular hipóteses audaciosas sobre a natureza da matéria, nem adivinhar o movimento dos corpos a partir do [movimento] das moléculas, mas formar equações que, libertas das hipóteses, traduzam o mundo o mais fielmente e quantitativamente possível, sem se preocupar com a natureza dos objetos e das forças."[86]

Boltzmann não era de fato positivista. Queria saber qual teria sido o estado inicial do universo, pois podia ver muito bem, por analogia, e mediante o raciocínio sobre os sistemas mecânicos fechados, que a natureza do estado inicial de um sistema determina sua evolução ulterior. Ele percebeu também a existência de uma estreita relação entre o cálculo das probabilidades e a entropia: "A significação real dessa relação", ele observava, "pode, certamente, se tornar objeto de controvérsias, mas ninguém de boa-fé negará que ela esteja em condições de alargar nosso horizonte de idéias."[87]

Foi uma tarefa cansativa a de dar credibilidade à teoria cinética do gás e conseguir que ela finalmente se impusesse. Em 1895, num estudo publicado por *Nature*, Boltzmann ainda procurava se justificar. Escrevia: "Proponho-me a dar resposta a duas perguntas: (1) A teoria do gás é uma teoria verdadeira, tão válida quanto qualquer outra? (2) O que podemos exigir de uma teoria física?"[88] De qualquer modo, os trabalhos dos dois principais fundadores da teoria cinética do gás depois de Maxwell, Gibbs e Boltzmann, dariam ao cálculo das probabilidades o lugar central que acabou por ocupar na física do século XX.

Além de se interrogar sobre os fatores que desencadeiam a evolução dos sistemas físicos, Boltzmann também gostaria de saber qual seria o aspecto da física no século XX: "A velha mecânica, com as suas velhas forças, mesmo despojada de seus hábitos metafísicos, continuará a existir em suas linhas fundamentais? Ou virá o dia em que... será substituída pelas massas ocultas de Hertz ou por outras idéias completamente diferentes?"[89] No que lhe dizia respeito, estava convencido de que a teoria atômica, tão controversa no fim do século XIX – e da qual Duhem se apresentava como adversário tão resoluto –, levaria a melhor. Enumerando os benefícios que a física e a química já haviam extraído dessa hipótese sobre a constituição da matéria, Boltzmann acrescentava: "Todos esses sucessos, assim como os avanços anteriores à teoria atômica, estavam fora do alcance da fenomenologia ou da energética; e afirmo que uma teoria capaz de produzir visões originais, que outras concepções são incapazes de propor, e que além do mais é apoiada por numerosos fatos da física, da química e da cristalografia, não deveria ser combatida, mas de imediato praticada."[90]

Boltzmann havia chegado à conclusão de que "mesmo nos corpos aparentemente contínuos o espaço não é preenchido de modo uniforme pela matéria, mas ocupado por um grande número de elementos isolados, isto é, moléculas e átomos, todos eles extremamente pequenos, embora não tão ínfimos no sentido matemático do termo".[91] A descoberta dos raios catódicos por Becquerel o convencera "de que existia relação entre sua conclusão e a projeção de pequenas partículas, ou seja, elétrons".[92] Ele também pressentia que os elementos químicos não eram todos estáveis e distintos como espécies separadas; possivelmente haveria transmutações de uns para outros, "desde que fenômenos como a transformação do vapor de rádio em hélio, observada por Ramsay, não sejam apenas casos isolados".[93] Sabe-se o quanto o velho Mendeleiev se sentiu perturbado pelos trabalhos de Pierre e Marie Curie, nos quais ele via um possível ressurgimento das transmutações alquímicas.[94]

Era com melancolia que Boltzmann levantava essas questões sobre o destino da ciência; havia aí um indício do seu pressentimento de que ele mesmo não entraria na terra prometida. Depois de ter formulado suas próprias interrogações, concluía: "Questões interessantes, sem dúvida! É lamentável ter que morrer bem antes de elas serem resolvidas!" Cansado e deprimido, Ludwig Boltzmann suicidou-se em Trieste, no verão de 1906, não longe de Duíno, onde alguns anos mais tarde Rilke iria compor as *Elegias*: o confronto de Boltzmann com o anjo de Rilke foi trágico; pode-se imaginar que o anjo lhe tenha fechado os olhos.

Planck (1858-1947)

Boltzmann pressentiu que a física do século XX seria construída sobre novas bases, mas não chegou a vê-las entrar em cena. Fundamentar a física sobre princípios inéditos seria obra de Planck e Einstein, dois homens ligados pela mútua estima, porém muito diferentes entre si.

Aqueles que procuram estabelecer a data de nascimento da física contemporânea poderiam escolher 14 de dezembro de 1900, dia em que Max Planck fez em Berlim, na Physikalische Gesselschaft, uma exposição sobre a radiação dos corpos negros.

No entanto, aquele homem que havia confidenciado ao filho Erwin, então com sete anos, ter acabado de fazer "a maior descoberta depois de Copérnico (ou depois de Newton)",[95] tinha estabelecido como objetivo pessoal aperfeiçoar a mecânica clássica. Ele não se sentia nem desejava ser um revolucionário ou o fundador de uma nova física. Foi com desespero, e pressionado pela evidência dos fatos, que sacrificou a mecânica clássica.

Há quem diga que sua idéia de uma revolução na física como algo penoso devia-se ao seu conservadorismo. É possível, realmente, que ele fosse possuído pelos valores do protestantismo e do prussianismo. O mais importante a assinalar, no entanto, é que o seu ideal do conhecimento científico não comportava nenhuma mobilidade. No seu entender, o grande problema da ciência era a passagem do relativo ao absoluto: "Nunca poderemos partir a não ser do relativo." Nossas avaliações, nossos meios e nossas experiências têm caráter particular. E, no entanto, "partindo de todos esses dados, o objetivo é encontrar o absoluto, o universalmente válido, o fator invariante que está escondido".[96]

Segundo Planck, o universo da física é análogo ao universo da matemática, tal como era concebido por Frege. Estes dois sábios professaram o mesmo realismo, ou seja, a mesma convicção de que os objetos, os processos e a natureza como um todo são irredutíveis às hipóteses, aos processamentos e aos conceitos que possibilitam o entendimento. Portanto, se a verdade é o ato pelo qual o espírito abraça, plena e fielmente uma realidade – em suas características essenciais e singulares –, ela não pode ser nem variável, nem móvel, nem relativa, nem histórica.

Os resultados experimentais obtidos por Planck acerca da radiação dos corpos negros eram incompatíveis com o princípio de continuidade da teoria clássica da radiação. Ele vivenciou como um luto a necessidade de dizer adeus àquilo que já lhe parecia tão seguro.

Se a verdade devia ter uma espécie de intemporalidade, o mesmo não acontecia com o universo. Juntamente com Boltzmann, Planck foi um dos primeiros físicos a afirmar que a distinção mais importante entre os fenômenos está no fato de que eles são reversíveis ou irreversíveis. "Consideremos a evolução de um fenômeno natural qualquer. Todo fenômeno do mesmo tipo conduz os corpos que integram um estado inicial A para um estado final B. O fenômeno em questão é reversível ou irreversível; mas não há nenhuma outra hipótese possível." Dir-se-á que um fenômeno é irreversível se "a natureza tende mais para o estado A do que para o estado B".[97] Resta associar uma medida a tais mudanças e dizer que "a variação da grandeza em causa, no momento de uma transformação, é uma medida de irreversibilidade dessa transformação".[98] É a essa grandeza, como já vimos, que se dá o nome de entropia.

Mas toda medida tem um duplo aspecto: técnico, prático, empírico de um lado; teórico, conceitual, simbólico de outro. É necessário, pois, estabelecer um sistema de equivalências e de tradução entre as duas faces da medida. Mas não há correspondência, termo a termo, entre as operações concretas de medida e os conceitos que constituem as bases da representação científica. "A clara e coerente distinção entre as grandezas do mundo dos sentidos e as grandezas correspondentes da representação física do mundo é absolutamente essencial ao esclarecimento dos conceitos." Essa distinção é uma ilustração da passagem do relativo para o absoluto, tal como foi concebida por Planck.

Também os instrumentos têm uma realidade dupla: "Sua matéria é determinada pelo lugar de onde procedem; sua constituição é determinada pela habilidade do técnico que os inventou; seu manejo é determinado pelos fins específicos que o experimentador quer alcançar graças a eles."[99] Sua função, porém, é medir grandezas relacionadas a "unidades naturais de medida". Trata-se, diante dos fatos empíricos, de "sair do particular, do convencional e do acidental para tender ao universal, ao real e ao necessário".[100] Os modelos têm a singularidade de pertencer aos dois mundos, o do relativo e o do absoluto; facilitam a passagem de um para o outro. Planck certamente teria concordado com a análise dos instrumentos por Duhem: "Daí porque, quando um físico realiza uma experiência, tem o seu espírito ocupado por duas representações bem distintas do instrumento com o qual trabalha; uma é a imagem do instrumento concreto com o qual ele está realmente lidando; e a outra é um tipo esquemático do mesmo instrumento, construído por meio de símbolos fornecidos pelas teorias; e é com esse instrumento ideal e simbólico que ele raciocina."[101] Embora Duhem e Planck tivessem concepções diferentes das relações entre a teoria física e o real, ambos percebiam com clareza que, em física teórica, determinar a realidade do instrumento é uma escolha maior: como possíveis conseqüências dessa escolha, ou o caráter relativo do instrumento afeta a construção teórica, tornando-a mais precária; ou seu caráter simbólico e idealizado salva a teoria de uma imersão fatal no relativo. Esse dilema adquiriu uma importância crucial na mecânica quântica dos anos 1920-30. Os princípios da incerteza ou da indeterminação em Heisenberg foi uma de suas idéias maiores.

O grande físico ensinou durante quase cinqüenta anos. Quando ministrava o curso sobre a teoria quântica, evitava pronunciar seu próprio nome. Ao longo desse meio século, em boa parte do qual reinou sobre a ciência alemã, orientou poucas teses (menos de trinta, mas entre essas, as de vários futuros ganhadores do prêmio Nobel); Planck não se interessava somente pela teoria dos quanta, que havia criado; foi ele o primeiro a reconhecer o gênio de Einstein, a quem se ligou por uma verdadeira amizade, a despeito de Einstein ter se sentido na obrigação de provocá-lo no primeiro Congresso Solvay, para fazê-lo reconhecer que com seus respectivos trabalhos os dois tinham feito a física entrar numa nova era.

Através da vida de Planck, podemos ver como a ciência misturou-se às tragédias do século. Ele nos deixou, por exemplo, um perturbador relato da entrevista que teve com Hitler, quando presidente da Academia de Ciências da Prússia, no momento em que os sábios alemães de origem judaica eram obrigados a se exilar. No decorrer dessa conversa, Planck intercedeu em favor de Fritz Haber, que, por ter realizado a síntese do amoníaco a partir do ar, permitiu à Alemanha, durante a Primeira Guerra Mundial, amenizar o problema criado pelo corte do fornecimento de nitratos do Chile, necessários à agricultura do Reich e às suas fábricas de explosivos. Esse mesmo Fritz Haber, premiado em 1919, com o Nobel de química, foi um dos fundadores dos modernos institutos de pesquisa, cujo modelo, criado por ele para a área da química, iria se expandir pelo mundo inteiro. Haber foi também denominado "o pai da guerra do gás", por ter organizado ele próprio, em Ypres, na tarde de 22 de abril de 1915 – com a ajuda dos seus colaboradores do kaiser Wilhelm Institut –,[102] a primeira ação militar com uso de gás em larga escala. Antes do final do dia, quinze mil soldados estavam fora de combate, cinco mil dos quais estavam mortos.[103] Era a primeira vez que se usava o gás para a destruição em massa de seres humanos; depois de pedir em vão ao marido que renunciasse a tal projeto, Clara, mulher de Fritz Haber, suicidou-se.[104]

Planck conheceu uma glória considerável, mas também passou por grandes provações. Os quatro filhos de seu primeiro casamento morreram prematuramente: as duas filhas, durante os seus primeiros partos; o segundo filho, na Primeira Guerra Mundial; Erwin, o primogênito, em abril de 1945, executado pelos nazistas. Na rua Wangenstein, em um bairro residencial do sudoeste de Berlim, ainda está vazio o terreno onde havia sua casa, destruída no final da guerra. Não longe dali, na mesma rua, uma casa de bela aparência ostenta uma placa com as seguintes palavras: "Aqui viveram Karl Bonhöffer (31.1.1868/4.2.1948), psiquiatra e neurologista, e Dietrich Bonhöffer (4.2.1906/9.4.1945), teólogo protestante, resistente ativo, executado no campo de Flössenburg." As famílias Planck e Bonhöffer eram ligadas pela amizade; Erwin e Dietrich morreram nas mesmas circunstâncias e quase na mesma data.

Einstein (1879-1955)

Para Frege e Planck, a tarefa da ciência consistia em apreender – com a ajuda dos recursos humanos, relativos e sujeitos à evolução – realidades "absolutas, universais, invariantes". Concebem-se vários pontos de vista quanto à natureza dos conceitos, hipóteses e métodos das ciências: ou eles vão buscar na experiência a sua legitimidade; ou são puras invenções, das quais a experiência só ratifica o que sintoniza com a observação. Einstein não tinha a menor dúvida de que os conceitos fundamentais da física – aqueles que para a ciência têm o *status* de categorias – não derivam de modo nenhum da experiência. São livres criações do espírito. Kant poderia ter dito que eles não são *a posteriori*, mas *a priori*. Ao invés de deduzir desse estado de coisas que as idéias fundamentais da física eram passíveis de revisão, por causa de sua submissão ao julgamento da experiência, Einstein concluiu no sentido oposto: ao lado de conceitos ou hipóteses úteis, e cuja legitimidade vem da experiência, o espírito é também capaz de conceber conceitos e hipóteses que não são, de modo algum, inspirados pela experiência, mas que, como pensou acertadamente Spinoza, são verdadeiros *sine relatione ad objectum*. Para que espaço, tempo ou massa sejam concebidos de um modo universal, é necessário ou que o espírito do homem esteja em estado de simpatia com a natureza, como pensava a *Naturphilosophie* romântica; ou que suas criações, sendo radicalmente livres, de algum modo se beneficiem de uma garantia análoga à veracidade divina de que falava Descartes. De fato, Einstein distinguia em física dois tipos de teorias: aquelas que, para assegurar sua validade, necessitam de confirmações exteriores; e aquelas que, em razão de suas propriedades intrínsecas e de sua perfeição interna, gozam, além disso, de uma validade empírica. Claro que em seu trabalho cotidiano o sábio está às voltas com *konstruktive Bemühungen*, com esforços de construção teórica, que se agregam à experiência. Mas Einstein assinala os limites dessa prática. Evocando seu primeiro itinerário, observa: "Aos poucos, eu me desesperava de poder dominar as leis verdadeiras mediante um trabalho de elaboração que se apoiava sobre fatos conhecidos. À medida que meu trabalho se prolongava, e que aumentava meu desespero, fui cada vez mais me convencendo de que somente a descoberta de algum princípio formal de natureza geral poderia nos conduzir a resultados seguros."[105] Nesse mesmo texto, Einstein sugere dois critérios para julgar o valor das teorias científicas: sua validação externa (*äussere Bewärung*) e sua perfeição interna (*innere Vollkommenheit*). Substituir, quando possível, as teorias avalizadas externamente pela experiência das teorias de princípio, avalizadas internamente, constitui para a ciência um ideal e, para os sábios, uma "reforma do entendimento", no sentido que lhe dá Spinoza em *De intellectus emendatione*. Como nos mostra Abraham Pais,[106] Einstein acreditava que, sendo a relatividade limitada e a relatividade geral teorias de princípio, a mecânica quântica deveria ser uma teoria "construtiva". Ele concluía que a última, apesar de seus marcantes sucessos, iria aparecer um dia "como um caso limite", dedutível de uma teoria mais geral, cujas bases são ainda ignoradas, "do mesmo modo que a eletrostática é deduzida das equações de Maxwell sobre o campo eletromagnético, ou que a termodinâmica provém da mecânica estatística". Ele não pensava, tampouco, que a mecânica quântica fosse se tornar "o ponto de partida na pesquisa dessa base" futura da ciência, ainda que um dia ela pudesse estar incluída, como a estática de Arquimedes e a de Stevin, na dinâmica de Newton. Claro, "não há dúvida de que a mecânica quântica comporta um elemento de beleza e de verdade", mas *one should start all over again*, "é necessário começar tudo novamente".

Einstein acrescentava: "Creio sempre na possibilidade de criação de um modelo da realidade que represente os próprios fatos e não o problema da sua simples ocorrência." Contudo, entre a pintura do real que sugerisse a realidade e aquela que resultasse da mecânica quântica, subsistiria, apesar da beleza intrínseca de uma e os êxitos extraordinários da outra, uma certa disparidade. Enquanto a primeira, de inspiração geométrica, repudiava o acaso, a segunda, de essência fenomenológica e combinatória, o inscrevia em suas descrições. Essas diferenças de instrumentos e de métodos encobriam, de fato, uma controvérsia mais profunda. O século XX estava fadado a mudar sua idéia do universo, suas visões dos seres vivos, suas concepções da matéria. Mas também seria teatro de uma luta entre dois mitos da razão: o do determinismo[107] e o do acaso.[108] Esta discussão filosófica, que ainda não terminou,[109] demonstra o quanto é difícil para os homens pensar e habitar o mesmo mundo. Einstein ensinava que nossos conceitos são "ficções"; e contudo também mostrou o seu caráter necessário.

Einstein nos ajudou a elucidar o caráter profundamente enigmático das categorias, algo que tem a ver com a sua dupla natureza: elas orientam a intelecção do mundo sensível; e fixam *a priori* o quadro segundo o qual se determina a nossa concepção do mundo. Elas destacam ao mesmo tempo a lógica e a cosmologia. Einstein clarificou, também, um debate que se encontra no coração da física do século XX: serão as teorias científicas, como dizem os positivistas, descrições compactas, elegantes e, às vezes, poderosas de uma realidade que, afinal de contas, permanece desconhecida para nós; ou, como pensam os realistas, serão ao mesmo tempo livres criações do espírito e reflexos fiéis das estruturas da realidade? Esse dilema, como observamos, já fora enunciado por Cournot, que via na "lógica superior", à qual chamava também de "crítica filosófica", a instância capaz de fazer "a parte da constituição do mundo exterior e a parte da configuração do espelho que o reflete".[110] Poder-se-ia dizer, esquematicamente, que a relatividade geral provém da idéia de que a constituição do universo nos é acessível, enquanto a mecânica quântica, até aqui, constata que "constituição das coisas" e "configuração do espelho que as reflete" são indissociáveis.

A partir da década de 20, e como resultado de um duplo trabalho teórico e experimental, a ciência forjou novos instrumentos para operar a captura do universo como um todo, fazendo com que a cosmologia passasse parcialmente do estado metafísico ao estado científico. A ciência tenta determinar os elementos últimos e o futuro. A convergência desses esforços tem por finalidade – ou sonho – lançar um dia as bases de uma teoria capaz de unificar a relatividade geral e a mecânica quântica.

Conclusão

Entre 1900, quando Planck fundou a mecânica quântica, e 1905, quando Einstein criou a teoria da relatividade restrita, grandes mudanças se produziram na física, graças às quais, no decorrer do século, modificou-se a nossa concepção do mundo. Mas essas datas, fáceis de memorizar, emblemáticas, relegam à sombra, em uma injustiça própria da história, milhares de trabalhos, discussões, descobertas e experiências que fizeram dos anos iniciais da década de 1870, aos da Primeira Guerra Mundial, um dos mais fecundos períodos da ciência. Numa primeira aproximação, poder-se-ia qualificar esse momento de "revolucionário", na medida em que ele testemunhou uma revisão dos conceitos fundamentais do espaço, tempo, gravitação, universo, átomo etc.; o mesmo ocorreu com as hipóteses básicas da física. Todavia, quando se observa mais de perto, percebe-se que os velhos edifícios não foram abandonados, que a mecânica clássica continua a existir, e que os conceitos mais recentes só encontram sua expressão matemática quando recorrem a obras mais antigas: a geometria de Riemann, no caso da relatividade geral; grupos simples finitos, no tocante às partículas elementares;

cálculo das probabilidades, tanto para a mecânica estatística quanto para a mecânica quântica etc. A tradição contribui para a inovação; a descoberta se fortalece com reminiscências e empréstimos.

O trabalho científico se efetua em um mesmo espaço espiritual, que abarca séculos e, às vezes, milênios; já a rede do comércio intelectual comporta também alguns vínculos, nos quais a densidade das descobertas e das trocas se fortalece. Esses lugares de descoberta e ação, destinados a se tornar mais tarde – desde que seus vestígios não sejam apagados – lugares da memória, desempenham papel essencial nas ciências. Às vezes eles têm um endereço e trazem o nome de uma instituição: a Academia de Ciências da Prússia, a velha Universidade de Leyden, onde Lorenz realizou seus trabalhos perto de um jardim com espécies magníficas, os novos laboratórios da Universidade de Humboldt, em Dahlem, o Collège de France, os laboratórios de física de Cambridge etc. Com muita freqüência trata-se menos de lugares fixos e mais de eventos, pelos quais uma representação, uma hipótese ou uma idéia decisiva são personalizadas. Quando os "trabalhadores da prova" – como dizia Bachelard – podem atuar coletivamente, as descobertas, ainda que ligadas estreitamente a outros sábios, devem – em um lugar e em um instante que não escolheram – experimentar uma espécie de visitação ou de "revelação", face a face com uma verdade que lhes vem de fora. Eis porque a história das ciências não se reduz a uma investigação sobre os conceitos e os métodos: ela está atenta a esses encontros entre as idéias e os homens.

Mas, como observava Cournot, "a ciência só está verdadeiramente completa quando encontra o segredo de falar a todas as faculdades do homem, tanto aos seus sentidos quanto à sua razão".[111] Assim, decorrerá sempre um tempo muito longo entre o instante em que uma nova visão do mundo se impõe a alguns espíritos e o momento em que essa concepção é aceita e passa a fazer parte do patrimônio comum. Enquanto a descoberta propriamente dita pode ser fulgurante, sua ação sobre a sociedade e as mentalidades deverá ser mais gradual, mesmo quando provocar, pelo viés de suas aplicações práticas, um impacto direto sobre a vida cotidiana. "Por isso", escreveu Cournot, "só a observação dos fatos históricos pode nos ensinar corretamente como a renovação gradual das idéias resulta da substituição imperceptível de uma geração por outra."[112] Nesse aspecto, pode-se dizer que foi lenta a nossa entrada no século que agora termina. É necessário, de fato, um longo trabalho de explicação, de transposição para a linguagem comum, de instrução e assimilação, para que a inovação científica se torne um modo normal de pensar. O tempo da ciência não é o mesmo da história política: comporta, é claro, algumas descontinuidades e algumas rupturas; mas o imenso trabalho desempenhado pela lembrança e pelo esquecimento lhe proporcionam movimentos que se assemelham aos das marés, com avanços, recuos e retornos.

CAPÍTULO IV

Os instrumentos da razão na literatura e ciências sociais

Literatura e ciências sociais desempenharam um papel essencial na textura do século XX. Alimentada de teologia e com ela misturada, à filosofia na Alemanha fora creditado o poder de abarcar o destino e a história da humanidade. Na segunda metade do século XIX, as "ciências do espírito" iriam nascer de uma relativização desse projeto filosófico: coube a Dilthey operar tal ruptura. Dilthey elevou ao nível de paradigma maior das ciências do espírito (*Geisteswissenschaften*) a "compreensão", cujas regras foram definidas a partir da *hermenêutica* de Schleiermacher e de Humboldt,[1] que se distingue da "explicação", própria das ciências da natureza. Simmel, Dilthey e Max Weber esforçaram-se por articular compreensão e explicação, o paradigma hermenêutico e o paradigma do encadeamento causal: surgiu, assim, um problema de *sutura* dos modos de abordagem da realidade social. Dilthey censurou Hegel – e a censura pode se estender a Marx – pelo fato de ter imaginado que um mesmo paradigma dialético possa abranger as leis da natureza e as da história; critica-o também por admitir que leis do mesmo tipo possam reger esses dois territórios. Essa conjectura contém em germe uma das maiores clivagens do século XX: há quem creia que o mundo se curva diante das esperanças e dos sonhos; e quem acredite que os homens, devido a limitação de seu entendimento, não dirigem efetivamente o curso do mundo, mas são capazes de pôr um certo freio aos excessos.

A imagem da Áustria de 1900 é rica e heterogênea, com Freud, representando para nós uma das suas figuras mais emblemáticas. Em 1895, ele escreveu um esboço de "psicologia científica", cuja finalidade era inserir o estudo do psiquismo humano em uma ordem biológica; e, simultaneamente, no dia 25 de julho do mesmo ano, encontraria a chave do primeiro dos sonhos (o da injeção de Irma) que o conduziriam à invenção de um novo método – propriamente psicológico – de exploração da alma humana. Freud via seu próprio duplo em Arthur Schnitzler, um destacado contemporâneo que era ao mesmo tempo médico, romancista e dramaturgo. Em outras palavras, ciência e literatura concorrem para a descrição e a interpretação do destino humano. A ficção nada subtrai do mundo real; ao contrário, permite que nos aproximemos dele e exploremos as suas virtualidades.

Na Grã-Bretanha posterior a Shakespeare, a literatura assumiu a tarefa de descrever o "universo visível". O gênio inglês encarnou-se no empirismo, mal compreendido pelos europeus do continente, incapazes de perceber que estavam diante de uma filosofia completa, de uma atitude espiritual, segundo a qual a riqueza do real ultrapassava incomensuravelmente os limites do nosso espírito. Portanto, haverá sempre uma distância a ser vencida entre a pobreza das nossas percepções e a profusão das coisas. Isso quer dizer que, antes de ser pensado ou reconstruído, o mundo deve ser ensaiado, percorrido, experimentado; acaso e sorte fazem parte da aventura do conhecimento. Percorrer o universo, captar situações, relatar ações, esboçar retratos, dizer como, ao ser testado, o homem se fortalece ou se deixa vencer, tudo isso requer um modo de expressão sensível, pois a condição em que vivemos é sempre singular. Para que a objetividade possa ser alcançada, a subjetividade não deverá ser reprimida, mas assumida. Assim, à literatura – e de modo particular ao romance – foi naturalmente atribuída uma tarefa que consiste em pesquisar e arquivar.

Sob muitos aspectos, a situação da França era singular. A virada do século foi uma idade de ouro para a sua literatura; depois de Rabelais e Montaigne, filósofos e moralistas iriam postular que "cada homem traz em si a forma inteira da humana condição"; seria natural, portanto, que nos valêssemos da arte para captar o humano; foi preciso esperar o século XIX para que o gosto pelo sistema se apoderasse da filosofia francesa. Impulsionada por Émile Durkheim, no início do século XX a sociologia se separou da filosofia e se afirmou como saber autônomo. Mas, enquanto as *ciências do espírito* da Alemanha andavam à procura de um paradigma hermenêutico, a sociologia de Durkheim se cristalizava sob uma forma muito diferente; e, de acordo com a tradição secular francesa, proclamava a estrita oposição entre o objetivo e o subjetivo. Ela não pretendia penetrar, nem pela força nem pela simpatia, na experiência vivida do indivíduo; queria apenas expor as condições e as causas de fenômenos observáveis, como o casamento, o suicídio, os fatos econômicos etc.

Mediante a escolha de um pensador ou artista representativo – e de primeira grandeza – de cada um dos países já mencionados neste capítulo, tentaremos ver como, por volta de 1900, se descrevia e se interpretava o mundo, não segundo as modalidades das ciências da natureza, mas sob a inspiração da linguagem natural. Veremos assim que, dependendo das culturas, um mesmo projeto – descrever a realidade para explorá-la e compreendê-la – pode se revestir de formas diferentes: é como se nessa área o universal só fosse acessível através de ações cuja fatura se diferencia em cada caso. Há certamente um pouco de arbitrariedade e outro tanto de injustiça no fato de se mencionar tão poucas figuras representativas de uma época. Isso é o avesso do método que havíamos escolhido: o de apresentar as idéias e os problemas através de alguns daqueles espíritos que os conceberam e os conduziram.

Simmel (1856-1918)

Embora esteja novamente na moda, Georg Simmel continua a ser um desconhecido. Em vida, apesar dos seus êxitos como conferencista e ensaísta, apesar da admiração que lhe dedicava um homem como Max Weber, Simmel foi isolado pelos seus pares e teve de esperar muito tempo para obter um cargo de professor em Estrasburgo. É nessa cidade que repousa sob uma laje rústica.

De onde vinha a dificuldade de receber uma consagração universitária, se ao mesmo tempo ele era favorecido pela imprensa e pelo público culto? Sem dúvida, do simples fato de que sua curiosidade intelectual e sensibilidade conduziam seu espírito para assuntos muito diversos, o que fazia sua pesquisa parecer desprovida de unidade.

A tarefa que Georg Simmel atribuiu a si mesmo foi a de compreender o mundo novo que – assim lhe parecia – seus contemporâneos vinham, sem perceber, abordando e interpretando com a ajuda de velhas categorias. Captar um universo que está em construção, decifrar os seus significados, forjando para isso novos instrumentos de exploração e análise – essa era a missão para a qual Simmel se sentia destinado.

Com um instinto que, de tão seguro, faz lembrar as intuições de Dilthey, Simmel adotou como um postulado o fato de que são os artistas os primeiros a desembarcar nas terras virgens. Mas as suas descobertas, inseparáveis de suas aventuras individuais – de que seriam, ao mesmo tempo, o testemunho e o fruto –, pecariam pela ausência do caráter sistemático das obras filosóficas, que, como a *Crítica da razão pura*, escrita um século depois dos *Principia* de Newton, fazem de certa maneira uma recapitulação do passado. O gênero literário em que se constituiriam as descobertas fragmentárias, em que a vivência individual autenticaria análises teóricas, seria o ensaio. Não devemos nos surpreender, portanto, quando descobrimos em seus escritos a crônica estimulante, emocionante e fiel da maior parte de suas aventuras intelectuais. Até os problemas especulativos ou metodológicos encontram neles um modo de expressão incisivo, elegante e exato. Foi para esclarecer a natureza da compreensão histórica que Simmel optou pela forma ensaística.

Simmel não ignorava que, para discernir os caracteres originais do presente, seria necessário o contrapeso da cultura. E por isso ele se movia com igual naturalidade tanto no terreno da história quanto no da profecia razoável. Isso não quer dizer que ele achasse realizável o ideal que Ranke[2] atribuiu à história: apenas descrever o que aconteceu. Ao contrário de Ranke, Simmel pensava que a compreensão histórica desencadeia processos semelhantes aos da percepção comum e da lembrança individual. Ela simplesmente codificaria as regras e o uso: "Na verdade, a compreensão histórica é apenas uma certa mudança na compreensão do contemporâneo, daquilo que é completamente atual." Mas há uma diferença maior: enquanto nas ciências o esquematismo garante a ligação entre a representação e o conceito, chegando quase ao encaixe da imagem na idéia, na história acontece inteiramente o contrário, pois aqui a visão direta, e com ela os testemunhos, são inevitavelmente lacunares. Contudo, ele escrevia, "percebemos o homem por inteiro; essa percepção da existência total pode ser obscura e fragmentária; capaz de ser melhorada com a ajuda da reflexão e da experiência pessoal; estimulada pelos detalhes; [...] ela não é o modo fundamental e único da ação do homem sobre o homem; ela constitui uma impressão de conjunto dificilmente analisável pelo entendimento; a primeira idéia que temos do Outro é freqüentemente decisiva, mesmo quando suscetível de aperfeiçoamentos".[3]

Há, portanto, uma diferença radical entre a maneira como apreendemos as essências matemáticas, ou mesmo os objetos da física e aqueles mediante os quais compreendemos os homens. "Todo indicador particular que o homem obtém de si mesmo é *pars pro toto*."[4] Assim, os comportamentos, as ações e as obras são para o observador, indissoluvelmente, objetos de percepção e de interpretação.

Por *interpretação* não se deve entender uma livre recriação dos projetos e tentativas dos agentes históricos, percebidos fragmentariamente; mas um ensaio rigoroso para transmutar esses "fragmentos descontínuos" – que formam a matéria bruta da história – em "uma soma de formas determinadas, graças às quais, por observação e síntese, o espírito penetra e domina uma matéria anteriormente dada, legado daquilo que sucedeu". Esta modificação toca a forma da apresentação, mas não enriquece, sub-repticiamente, a substância daquilo que é apresentado: "O fato de eu perceber o que há de histórico em uma série [de acontecimentos] não irá enriquecer o seu conteúdo; o que faço é apenas introduzir ou recompor, no meio em que existe a intuição interna, um modo de ligação funcional."[5]

À apreensão exterior da nossa unidade, por parte daqueles que nos olham, corresponde, em cada um de nós, o sentimento da sua própria unidade. Simmel não participa do ponto de vista de Mach sobre o *eu*: "No seio daquilo que nos advém e nos agita sem repouso, experimentamos em nós mesmos, com alguma certeza, um *telos* no mínimo formal, uma realização das nossas disposições, o desenvolvimento de germes que receptamos ou que somos."[6]

De saída, poderíamos crer que o historiador, na sua dimensão de artista, é suscetível, por intuição e método, de se aproximar do nódulo central, o *Keimen*, o germe a partir do qual se desdobram (*sich entfalten*) as peripécias de uma existência. Simmel não excluía tal eventualidade, que constituiria a verdade histórica em sentido restrito. Observava, no entanto, que qualquer obra, seja política, científica, artística ou religiosa, possui, independentemente do sentido que seu autor quis lhe dar, significações múltiplas, suscetíveis de variar de época para época. "Uma criação do espírito que primeiro deva ser compreendida, pode se comparar a um enigma concebido pelo seu inventor de modo a ser resolvido por meio de uma determinada chave. Mas, caso alguém ache uma segunda chave que, do ponto de vista lógico ou poético, funcione satisfatoriamente, esta será tão 'certa' quanto aquela em que o artista havia pensado; a primeira chave não goza de nenhum privilégio diante da segunda ou de todas as outras chaves – cujo número em princípio é ilimitado – com as quais se poderia decifrar o enigma."[7]

Simmel, no entanto, não pensava que a interpretação se parecesse com um desses dispositivos formados por duas lentes quase paralelas, que reproduzem ao infinito um único original. O que ele pretendia era iluminar o nosso destino, de modo a deixar claro que "o necessário em nossas vidas é também de alguma forma o continente". Em relação ao problema do destino,[8] Simmel distinguia três atitudes possíveis: deixar-se estar *sob* o destino, ou seja, identificar-se passivamente com tudo o que ocorre, sem manifestar nenhuma intenção de comandar a própria vida; posicionar-se *acima* do destino, o que significa considerar-se invulnerável e imaginar que se pode secretar a substância da vida interior; e por fim, estar *no* destino. Ele acrescentava: "Aí está o nosso destino *natural* [*unsere Bestimmung*]."[9]

Não tendo em vista somente o destino do indivíduo, mas também o destino coletivo, Simmel distinguia a emergência de um fenômeno de que, juntamente com Nietzsche, foi um dos analistas mais penetrantes, e ao qual deu o nome de "pessimismo".

Em artigo intitulado "Por uma teoria do pessimismo",[10] Simmel relaciona a aparição do pessimismo moderno com a passagem de um estado em que o homem estava ajustado ao mundo (e se imaginava no centro dele) para outro em que as leis da natureza não lhe reservam nenhum lugar especial. Mostrou, então, que o processo de desenraizamento, provocado pela racionalização, e depois o tecnicismo das relações do homem com o real, induz no ser humano *eine sublime Grausamkeitslust*; essa "sublime atração pela crueldade" alimenta-se de uma "visão dissociativa da dor do homem" [*in der zergliedernden Einsicht in das Leiden der Welt*], que apazigua o pessimismo, mas ao preço da "destruição do valor próprio da realidade [*in dem eigenem Zerstören der Wirklichkeit*]", "do qual se desvenda o caráter evanescente e enganador [*indem man dessen flüchtigen und betrügerischen Charakter durchschaut*]".

Simmel via nessa depreciação da realidade a origem de uma exaltação destrutiva. "Pois, manifestamente, essa degradação e essa depreciação das coisas são apenas a forma espiritualizada de sua destruição efetiva [*denn offenbar ist diese Herabsetzung und Entwürdigung der Dinge nur eine vergeistige Form und Zerstörung ihrer Realität*]": "O destruidor sente que domina aquilo que criou, o negador aquilo que afirma, o depreciador aquilo que possui [*Der Zerstörende fühlt sich als Herrscher über den Schaffenden, der Verneinende über den Bejahenden, der Entwertende über den Besitzenden*]." Esse prazer de destruir [*Zerstörunglust*] apodera-se do eu, pois ele trata de ampliar seu poder, sua esfera de ação: destruir os valores positivos ou aceitos e, de fato, se assenhorar dos sentidos e do destino; descobrir que se pode jogá-los fora e substituí-los. Simmel evoca, a propósito, o Mefisto do *Fausto* de Lenau:

So wird mein Schmerz am Göttlichen sich rächen,
So will Verstossener ich mein Leiden fühlen,
Verderbend mich als Gegenschöpfer fühlen.[11]

"Sentir-se um corruptor, um contra-criador", esse é, em resumo, "o programa de destruição gradual" perseguido pelo niilista moderno.

Simmel conclui esse curto ensaio sobre a "teoria do pessimismo" propondo uma questão: ora, já que em conseqüência de um enigmático desvio sofrido pela vida da alma, o prazer de ver o sofrimento dos outros, ou de provocar sofrimento neles, tornou-se para o eu um meio de aumentar sua consciência de existir ou de agir – como poderá o homem mudar de situação, habituar-se a não ser mais o centro do mundo, sem que o seu pessimismo se expresse em termos de pulsões destrutivas? Em outro artigo, intitulado "Socialismo e pessimismo" e também publicado em *Die Zeit* (3 de fevereiro de 1900), Simmel tentou dar uma resposta à sua própria pergunta.

Anteriores à era do totalitarismo, as análises de Simmel foram de natureza profética; pois profetizar quando se estuda o homem não significa, de modo nenhum, escutar vozes longínquas, mas prestar atenção aos sinais próximos e negligenciados, aos processos arcaicos e tenazes que, devido às circunstâncias, de repente adquirem velocidade e alteram o curso das coisas. Simmel possuía o dom de atentar para os detalhes, o que lhe permitia fazer algo equivalente a nomear as espécies pela observação das nervuras de uma folha.

Pois o fato é que, se no tocante à vida dos indivíduos e das coletividades só temos acesso a episódios fragmentários, é necessário que o sociólogo ou o historiador, assim como o artista, escolham o acontecimento revelador, a crise ou o incidente mais carregado de sentido. No exame da parte sempre visamos uma totalidade. Em meio a sinais isolados procuramos *Brücke und Tür*, "a ponte e a porta". A arte torna visível o invisível e, com a ajuda de alguns sinais, nos inicia nas situações ou nas existências que foram totalidades. Simmel inaugurou um novo estilo em sociologia, não por esteticismo, mas por convicção metafísica: acreditava na veracidade da imaginação construtiva, na necessidade, em sociologia, de se abordar indiretamente o factual, com a ajuda de modelos teóricos, de experiências do pensar. É nesse ponto que se enraíza a sua convicção, mais tarde retomada por Max Weber, de que todo saber histórico inclui em sua trama elementos trans-históricos, que desempenham o papel de "tipos ideais". A constituição da história põe em jogo conteúdos "livres do tempo"; há dualidade entre *seelischen und zeitfreien Inhalt*, entre "conteúdo inerente à alma e estranho ao tempo".[12] O que quer dizer, por exemplo, compreender Kant? Ao lado da restituição psicológica de seu empreendimento pessoal, há um outro modo de intelecção de sua obra, independentemente da história e ao mesmo tempo efetiva (*sachlich*). Ocorre o mesmo em todas as produções humanas, científicas, técnicas e até mesmo políticas: todas são ao mesmo tempo singulares e universais, únicas e típicas, individuais e genéricas. A arte traz à luz o elemento universal. De modo mais geral, a cultura "é o caminho que leva da unidade fechada à unidade aberta, passando pela multiplicidade aberta e desdobrada".[13]

A arte segue de perto a religião; quando tem grandeza, comporta um elemento sagrado. Simmel é o oposto de Durkheim, pois não se propõe a reduzir a religião ao social. Não por convicção pessoal mas por método, por intuição dos tipos ideais e para além das essências. Claro, em certo sentido tudo é socialmente determinado; mas, em tudo aquilo que os homens empreendem há uma intenção que, em última análise, só é inteligível quando apresentada em relação a uma medida ou um padrão procedente da alma, ou seja, do indivíduo tal como ele seria caso a sociedade não o detivesse e não alterasse os seus projetos últimos: "Deus não é o homem aumentado, o homem sim, é Deus em miniatura."[14] Por levar em conta o curso geral da história, bem como a dimensão ética e espiritual dos destinos individuais, Simmel aparece como um iniciador, embora não tenha em seu ativo realizações tão importantes quanto as de seu amigo Max Weber.

Para seus contemporâneos, Simmel foi uma referência e uma fonte. Ele possuía aquele dom misterioso, indispensável ao sociólogo – mas também ao historiador e ao político –, de descobrir, com base em informações limitadas, o sentido de uma situação, o melhor de uma escolha, ou a alma de um ser. A braços com um material rico e heterogêneo – cujo caráter lacunar percebia com uma espécie de angústia –, Simmel optou pela variedade das abordagens e dos gêneros. Valeu-se de todos os recursos de seu temperamento de filósofo e artista para se manter fiel à inspiração kantiana: no seu entender, a razão é ao mesmo tempo – e de modo não separável – um instrumento de conhecimento e um sistema de objetivos finais. Dessa conjugação de exigências resulta o caráter atraente mas às vezes ignorado de uma obra, que, moderna em sua forma, continua resistindo ao tempo.

Freud (1856-1939)

O ano de 1895 é decisivo: Sigmund Freud, convencido de que sua psicologia científica teria de repousar na biologia do sistema nervoso, escreveu: "Neste *Esboço* [de uma psicologia científica], procuramos fazer com que a psicologia entrasse para o conjunto das ciências da natureza, isto é, que representasse os processos psíquicos como estados quantitativamente determinados de partículas materiais distinguíveis."[15] Mas no verão daquele mesmo ano Freud experimentou uma verdadeira revelação de natureza completamente diversa. Numa carta ao seu amigo Fliess, datada de 12 de junho de 1900, ele escreveu: "Acredite, algum dia haverá uma placa de mármore nesta casa, na qual se lerá o seguinte:

Foi nesta casa
em 24 de julho de 1895
que o mistério do sonho foi revelado
ao Dr. Sigmund Freud."

E Freud acrescentou: "A esperança a este respeito ainda continua frágil..." O que havia ocorrido a Freud nessa data referida com tanta precisão? Ele mesmo explicou no livro *A interpretação dos sonhos*: durante a noite de 23 para 24 de julho de 1895 Freud teve o sonho que passaria à história como o primeiro ao qual daria interpretação.

No entanto, em 20 de outubro de 1895, ele havia escrito a Fliess: "Na semana passada, durante uma noite de trabalho, senti um mal-estar durante o qual meu cérebro se pôs a trabalhar melhor, as barreiras foram subitamente levantadas, as cortinas se abriram, e pude ver, claramente, os detalhes da neurose até a própria condição do estado de consciência." E Freud prosseguia: "As rodas engrenaram-se, tive a impressão de estar realmente diante de uma máquina." Esta máquina biológica, com seus "três sistemas de neurônios [...] não tardaria a funcionar por si mesma".

Mas, mesmo que Freud provavelmente jamais tenha abandonado o ideal de uma inscrição da atividade psíquica na ordem biológica, ele se lançou em uma nova direção, descobrindo que "a interpretação dos sonhos é o verdadeiro caminho para o conhecimento do inconsciente na vida da alma".[16] A essa mudança de perspectiva correspondeu outra, a das metáforas: as imagens de máquinas e mecanismos dão lugar às imagens de enigmas e interpretações. "O sonho é um enigma; nossos predecessores cometeram o erro de querer interpretá-lo como se fosse uma representação. Foi por isso que o sonho lhes pareceu absurdo e sem valor."[17]

A hermenêutica – que Schleiermacher havia aplicado aos diálogos de Platão e às epístolas de São Paulo, e que no entender de Dilthey e Simmel era o verdadeiro caminho para a compreensão histórica – torna-se com Freud, sob uma forma mais elaborada e mais complexa, o instrumento de exploração da alma. Entre a interpretação concebida por Dilthey e aquela que Freud tinha em vista, há consideráveis diferenças, que irão subsistir durante todo o século XX: para o primeiro, é a consciência que, através de seus mecanismos e intenções, continua dona dos sentidos; para o segundo, a consciência deve começar por reconhecer que, confrontada com os sonhos e outras manifestações da vida psíquica, logo se sente perdida, como diante de enigmas. Essa diferença inicial produz conseqüências sobre a escolha de um método de interpretação, bem como sobre a concepção da liberdade. Para Dilthey, esta é um postulado; para Freud, um ideal e um resultado: "*Wo Es war muss Ich werden* [Onde estava o id, deverá estar o ego]."

Dilthey via na arte uma possibilidade de conhecermos de modo mais completo o funcionamento da alma, como testemunham seus estudos sobre Lessing, Goethe, Novalis e Hölderlin;[18] Freud via um estreito parentesco entre o seu trabalho e o dos artistas. No dia 8 de maio de 1906, ele escrevia a Schnitzler, que embora também fosse médico, se distinguia sobretudo como romancista e dramaturgo: "Depois de anos, convenci-me do quanto é grande a concordância entre as suas e as minhas concepções sobre muitos problemas psicológicos e aqueles relacionados com Eros." E Freud acrescentava: "Estou freqüentemente me perguntado, com espanto, de onde você extrai seus conhecimentos ocultos, que eu próprio adquiro mediante uma trabalhosa exploração de seu objeto; e cheguei à conclusão de que invejo o poeta a quem já admirava."[19]

Sabe-se que na Viena de 1900 era largamente aceita a idéia de que a arte – seguindo os seus próprios caminhos, mais curtos, mais secretos, mas também mais válidos do que os da ciência – explora as profundezas da alma humana e as operações mais sutis e menos perceptíveis do espírito. Quando, em 1902, apareceu *Uma carta de lorde Chandos*, de Hugo von Hofmannsthal,[20] Husserl cumprimentou o escritor por estar, no seu entender, fazendo autêntica fenomenologia. Desse modo, enquanto em Berlim as ciências sociais e a literatura ainda eram dois mundos distintos, e em Londres o romance exercia uma espécie de monopólio do estudo dos indivíduos na sociedade, em Viena admitia-se que a ciência e a literatura são dois modos de descrição e exploração do mesmo objeto.

De 1895 a 1929 foi considerável a atividade científica de Freud, e o que surgiu foi um novo continente, um novo mundo. Mas, ao mesmo tempo em que ia edificando uma antropologia, Freud deixava de se ocupar exclusivamente da vida individual para analisar os fenômenos coletivos cujo funcionamento cego – ou controlado – podem determinar o destino da humanidade: "O problema do destino da espécie humana", ele escreveu em 1929, "me parece apresentar-se nos seguintes termos: o progresso da civilização será capaz, e em que medida, de dominar as perturbações trazidas à vida pelas pulsões humanas de agressão e autodestruição?"[21] Dezesseis anos antes da explosão da primeira bomba atômica, ele acrescentava: "Os homens de hoje chegaram tão longe em seu domínio das forças da natureza, que com sua ajuda tornou-se fácil se exterminarem mutuamente até não restar mais nenhum." E a voz de Freud soou ainda mais sombria quando pareceu prever a tentativa posterior de exterminar os judeus como em um *hápax* [de uma só vez]: são os próprios homens que urdem e praticam aquilo que chamamos, como um exorcismo, "crimes de guerra" ou "crimes contra a humanidade". Lúcido e impiedoso, Freud nos pôs diante de uma evidência: mesmo nas situações de horror extremo são sempre os homens que matam os outros homens.

Sob esse aspecto pode-se aproximar Freud e Husserl. Ambos tentaram ampliar o campo da razão; e, no momento em que se instalou o regime de Stálin e o nazismo, os dois fazem a mesma advertência, exprimem a mesma angústia, descobrem uma doença mortal no coração da Europa. Ambos perguntam: o que une a razão criadora e essas pulsões destrutivas no homem do século XX? Essas razões e pulsões seriam "ontologicamente" diferentes, ou teriam estabelecido entre si uma cumplicidade secreta e fatal? Para ver com um pouco mais de clareza o que há nesse enigma central de nossa época, conviria examinar quais foram, no decorrer do século, os programas da razão e suas respectivas trevas.

Conrad (1857-1924)

A literatura, instrumento de exploração da vida social

Até aqui tratamos de filósofos e sábios. O gênio inglês nos oferece uma lição bem diferente: para enfrentar o real, ele adota uma atitude singular, freqüentemente incompreendida, à qual se dá o nome de *empirismo*, e que implica permanecer fiel ao universo sensível. Entre a complexidade desse universo e o atraso das nossas idéias há um verdadeiro abismo. O conhecimento, portanto, implica ação. Para que o indivíduo aprenda a se expor aos perigos sem se perder, ele é munido de socorros esportivos e bíblicos. Os primeiros ensinam a dominar as reações instintivas e a assimilação das regras sociais; os segundos, o sentido de uma odisséia profética e de um estoicismo cotidiano. Tal espírito se distingue radicalmente do *Geist* germânico: a liberdade não consiste em nos tornarmos aquilo que no fundo já somos, mas em descobri-la por acaso, *by chance*.

A literatura inglesa acolhe tudo aquilo que os alemães confiam aos *Geisteswissenschaften*; assim, o romance social, aquele que descende da *Sybil*, de Disraeli, retrata, melhor do que as pesquisas sociológicas, uma cultura, a situação de uma coletividade, as ações de um grupo. Nessa perspectiva, a ficção se transforma em um instrumento de prospecção. Ela amalgama o trabalho conjunto do olho e da memória, sob a proteção materna da língua. O espírito urde, imagina e funda. Expondo-se ao universo, a parte sensível da alma recebe os primeiros nomes, que nela se gravam, como os elementos de um texto espiritual: o que é exterior permanece fora de nós, ao passo que a música e suas formas infundem-se em nós.

Diferentemente do entendimento, que distingue e separa, a imaginação atua como se procedesse de um fundo universal. É um poder de celebração e unidade. O artista consegue levar a cabo um processo que os outros homens se limitam a esboçar. O relato traz para o alto nível da linguagem o confronto dos homens com as circunstâncias, ou com os outros homens, naquilo que têm de mais estranho e ameaçador, como ocorre no *Timeu*, em que as causas furtivas levam a melhor.

A sala de navegação

O que faz de Joseph Conrad merecedor de atenção particular é o fato de ter sido ele um dos autores que melhor retrataram a ação. Escrevendo ao seu editor William Blackwood, em 31 de maio de 1902, Conrad declarava:

"Minha obra... em sua própria essência é ação [...]; nada mais que ação – ação observada, experimentada, interpretada em completo acordo com as minhas sensações." Ele captou o que há de mais universal e de mais específico. Não acreditava que o termo *ação* designasse comportamentos radicalmente diversos e incomunicáveis entre uma cultura e outra. Embora seus personagens apresentem grande diversidade de origem e nacionalidade, o romancista admitia implicitamente, um pouco na linha de Montaigne e dos moralistas franceses, que a extraordinária variedade das instituições e das línguas não é incompatível com a percepção universal da condição dos homens. A arte postula justamente que não pode ser indizível nada daquilo que os indivíduos fazem, experimentam e vivem; isso não significa que a tarefa da literatura seja a de tornar claro aquilo que é opaco; ao contrário, sua vocação é conservar o sentido enigmático dos acontecimentos e dos destinos, mantendo-os, porém, nos domínios da linguagem.

Já que nos atribuímos a tarefa de percorrer o século XX, transportemo-nos para a sala de navegação de um dos navios em que Joseph Conrad trabalhou.[22] Um lugar onde o indivíduo se observa, se põe à prova, medita, amadurece, decide. Lugar "hermético", diz Conrad, onde estão guardados e protegidos os instrumentos de navegação, as instruções náuticas e os documentos de bordo. Não obstante, um lugar exposto, no qual a força do vento, as condições do mar, a situação dos litorais, a posição do navio, sua velocidade, suas reações ou as suas fraquezas são registradas e relacionadas entre si. Pois a ação requer um número incalculável de impressões, reações, julgamentos sobre o velame, o carvão, o mecanismo do leme, a tripulação; "pequeninas percepcões" que, aos poucos, vão mergulhando na penumbra da inatenção ativa e, finalmente, na dos automatismos.

A sala de navegação é a oficina das recordações e dos sonhos: nela as espécies materiais da realidade se convertem no próprio estofo da alma: os signos se transformam em mensagens. Como se fosse um alambique, a sala de navegação destila o acaso, os confrontos e as forças; ela integra aquela parte do ser que, apoiada no universo, reflete as suas variações. É o lugar das operações opacas e cruciais, das partidas que o mundo e o homem disputam. Pois antes de assumir a própria identidade é necessário avaliar as forças, decifrar as mensagens, afrontar os desafios e definir uma rota.

Abordagem literária e abordagem científica da realidade

Dilthey, como vimos, considerava que a ciência não pode alimentar a esperança de apreender o conjunto da experiência possível por meio de um sistema único de categorias. Talvez a literatura possa oferecer o meio de ultrapassar esse obstáculo. Para esclarecer o enigma, acertaremos o passo com o de Conrad, que, como se fosse um outro Kant, explorou profundamente o ateliê transcendental da imaginação e da linguagem.

O romancista se proibia de penetrar de modo sub-reptício no interior dos seus personagens; quando observava, ele voltava até um estado indiviso, em que ainda não se consumou a separação de coisas e palavras. Batizava sua aliança, antes que ela se desfizesse. Submetia-se à necessidade de observar, não como se aceitasse um limite, mas como alguém que se entrega a uma iniciação. O primeiro instrumento de sua pesquisa da realidade é a frase, que anula as separações, salva do esquecimento vidas anônimas, homenageia os desaparecidos. É a partir de um silêncio longínquo e tonificante que surge a frase, não como uma interpretação, mas como o motor de uma ação. A frase vem de um lugar inacessível e central, completamente distinto deste mundo de barulho e violência.

O relato é produto de uma destilação. Nas *Confissões*, Santo Agostinho lembra o trabalho enigmático da memória, mediante o qual ela associa um sentido às imagens, combina-as sem confundi-las, separa-as, escolhe-as, compara-as, forma analogias, "medita sobre o futuro, as ações, os acontecimentos e as esperanças". É dessa operação, realizada nos "inefáveis desvãos" da alma, que saem a história e a ficção, dons do Céu e, ao mesmo tempo, produções do coração. São elas que – como nos confidencia Conrad na nota introdutória de *A loucura de Almayer* – nos dão a conhecer "a maldição dos fatos e a bênção das ilusões, o amargor da nossa sabedoria e a enganadora consolação da nossa loucura". O artista traz para a cena as sensações dissimuladas; uma lógica de qualidades sensíveis desempata o jogo entre o necessário e o inútil, a exemplo do que acontece n'*A linha de sombra*, em que o capitão Giles, "especialista em navegação complicada", vai encontrar na sua vasta experiência a solução para os problemas mais difíceis. Como Santo Agostinho, Conrad deixa evidente que escrever é fazer escolhas, ir de uma bifurcação a outra. São voluntárias essas escolhas? Na escritura, tal como acontece na existência, as mais graves decisões são tomadas no instante, sob o duplo efeito de um "impulso" e de um "acaso". Aquele que escolhe, ignora com o que se compromete. O conteúdo futuro de sua vida assemelha-se, portanto, à carta que o responsável por uma determinada missão recebe lacrada, com a recomendação de abri-la somente mais tarde.

A natureza reveladora da ação

Maurice Blondel declarava em 1893: "É na ação que se deve situar o centro da filosofia, porque lá também se encontra o centro da vida."[23]

Naquela época, a escola histórica alemã pensava quase o mesmo. A ação era vista como o único meio de que se dispõe para descobrir de que madeira os homens são feitos. Inspirados nos trabalhos de Ranke, embora não fossem seus seguidores, Dilthey e Simmel davam uma atenção particular ao estudo da ação. Mas a análise de Conrad, empreendida em absoluta fidelidade à descrição sensível, foi muito mais longe do que a deles. Ele mostrava que a ação produz conseqüências contraditórias para o indivíduo: revela e oculta; esclarece e engana; desnuda e exalta. Tudo aquilo que empreendemos torna-se presa de um sonho. E isso, para Conrad, não implicava um mecanismo simples: o sonho entra na constituição dos homens, que se fossem despojados de suas ilusões veriam imediatamente o significado daquilo que eles próprios conseguem dissipar. Nem os indivíduos mais positivos e mais eficazes escapam a essa súbita irrupção de ilusões no próprio seio da ação: Charles Gould é um competente diretor de mina; Tom Lingard, um comerciante audacioso e prevenido; Nostromo, um homem indispensável a Sulaco; e, no entanto, todos eles serão derrotados.

O sofrimento e o medo levam os indivíduos a renegar aquilo em que acreditam e por que combateram; derrotados sem serem mortos, sentem-se destituídos da identidade e da honra. Mongham e Jim não perdoam a si próprios, como narra Marlowe, "um fato": o primeiro traiu seus camaradas ao ser torturado; o segundo abandonou seu navio. Contudo, os destinos dessas duas patéticas figuras são divergentes: Jim recusa o amor e "afasta-se das mulheres vivas, para celebrar seus cruéis esponsais com um fantasmático ideal de conduta"; já o doutor Monygham, embora não ouse confessar a Emilia Gould o sentimento que ela lhe inspira, acaba por encontrar no fundo de sua própria aflição austera o meio de devotar-se inteiramente àquela a quem ama. Nessa ocasião, e sem que imediatamente o saiba, ele é salvo do desespero e de seu erro. Os seres humanos costumam ser expostos a duas espécies de prova, as da ação e as do amor: aceitando as do amor, Monygham se salva; furtando-se delas, Jim se perde.

O destino

É de três mecanismos que o destino extrai a sua consistência: o acaso (concebido à maneira de Cournot, como o contato ou a colisão de dois mundos anteriormente separados), que faz o papel de desencadeador; uma experiência que revele aos personagens uma parte insuspeita de si próprios; o engendramento de uma ilusão pela ação. Nada se produz segundo uma necessidade estrita. Em cada etapa, em cada situação, existem instantes de suspense, em que ínfimos impulsos poderão alterar o curso das coisas.

Fazendo da ficção um instrumento de exploração, o artista mergulha seu olhar até o local inacessível onde se realizam, à revelia do agente, mas com a sua cumplicidade ou seu consentimento, operações que governam seu destino.

Assim, sob o efeito de um impulso que não atribui à sua vontade, o jovem capitão de *A linha de sombra* interpela o gerente do círculo naval do porto onde espera embarcar em um navio para a Grã-Bretanha; de repente, sua vida muda: naquela mesma noite tem no bolso a sua nomeação para comandante. Progressivamente, ele identificará com *seu* destino essa "alma de comando", que o fará encontrar no "instinto de marinheiro" a força capaz de manter vivos todos os homens de sua tripulação, "dignos de sua eterna estima". Esse é um tipo de relato do qual não se pode dizer que nele todas as cartas são lançadas na mesa, nem que no seu desenrolar tudo permanece em aberto; os heróis de Conrad tomam em suas mãos a roda do leme que lhes permitirá governar a própria existência e sobreviver às tempestades, mas, muitas vezes, ao contrário do que ocorre com o jovem capitão de *A linha de sombra*, eles não a vêem. A causa dessa deficiência, ou dessa pouca sorte, permanece oculta para eles, embora no fundo saibam que provavelmente mora neles mesmos.

O segundo elemento a entrar na formação do nosso destino é o sonho. Para Conrad, a fabricação das ilusões é o reverso da indispensável faculdade de sentir e imaginar, que assegura ao indivíduo a interiorização da face objetiva e concreta da ação. Sem esse trabalho da alma – ou daquilo que nela está colado ao universo – a ação será apenas uma continuação de comportamentos ou gestos, e assim perderá seu papel de reveladora, sua função crucial de pôr à prova. Entendida desse modo, a imaginação transforma em elementos do destino acontecimentos que, sem ela, seriam privados de sentido e de nome.

O grupo: Sartre e Conrad

Conrad não se limita a explorar a ação individual; também descreve, e com minúcia tão inspirada quanto a da *Crítica da razão dialética*, os modos de formação, operação e dissolução dos *grupos*. Vejamos, a respeito, a concepção de Sartre. O homem é lançado em um universo inóspito, no qual, mesmo que seu coração não seja afetado por nenhuma perversidade, destina-o a tratar o outro como inimigo e muitas vezes como o seu "duplo demoníaco". A raridade dos bens necessários à vida rompem a reciprocidade entre os indivíduos, separa-os, isola-os, impele uns contra os outros. Já que cada ser vivo realmente não passa de um sobrevivente, toda sociedade escolhe aqueles a quem ela deve salvar e aqueles a quem condenará à miséria, à fome e à morte. A esse estado inicial de separação e antagonismo Sartre chamou de *serialidade*. Para superá-lo, os homens só têm uma solução: fazer com que emerja, no cenário da história, um novo agente, mais capaz de vencer a adversidade do que os indivíduos isolados. A esse novo agente Sartre deu o nome de *grupo em fusão*. Esse grupo não é um "ser", mas um conjunto de ações coordenadas e inspiradas.

O negro do Narciso nos apresenta um fiel eqüivalente do *grupo* sartriano. Como no teatro clássico, a ação se desenrola em cinco atos, mantendo a unidade de lugar, embora o lugar esteja em movimento. Os atores são vinte e seis, dois mais do que os que compunham a tripulação do verdadeiro *Narciso*, no qual Joseph Conrad viajou de Bombaim a Dunquerque, entre 3 de junho e 16 de outubro de 1884. Segundo Sartre, a ação institui uma relação tripla, que envolve os participantes, seu objetivo e um elemento associativo, também chamado de *terceiro*. Em *O negro do Narciso* são exploradas todas as formas suscetíveis de manter o "terceiro" e seu efeito associativista: de saída, o completo domínio do mar; depois, o espírito de devoção e sacrifício inspirado pela graciosidade e fraqueza do próprio *Narciso*; mais tarde, a iminência da morte, encarnada em James Wait, tiranizando a tripulação, suscitando o heroísmo dos cinco homens que, tendo à frente o sr. Baker, vão recuperá-lo; chega então a vez de Donkin, espírito maléfico, organizador negativo; por fim, o capitão Allistoun retoma o navio e volta a comandar os seus homens. Em nenhuma das etapas aquilo ou aquele que domina o grupo (a tempestade, o *Narciso*, James Wait, Donkin, e finalmente Allistoun) é escolha da tripulação, mas tem o seu reconhecimento como tal. E há também uma espécie de precariedade do *grupo em fusão*, uma presa para aqueles que podiam ser os soberanos, como é o caso de um Donkin ou de um Allistoun.

Signos e forças

A existência é submetida a dois tipos de influência, a das forças e a dos signos. Quer sejam provenientes dos elementos quanto dos homens, as forças exercem pressões e dão lugar a reações; os signos transmitem informações ou liberam mensagens. A força é reconhecida; os signos às vezes são desconhecidos.

Em Conrad, os signos possuem três propriedades: em cada fase da ação eles precedem o desencadeamento (de modo semelhante as ordens nos navios, que são dadas em dois tempos: para alertar os tripulantes e em seguida para controlar a execução da ordem); para seu destinatário, a quem deviam esclarecer, os signos conservam um sentido indecifrável (como se fossem escritos em outra língua ou então sob a forma de enigmas); em última análise, os signos são mensagens do destino, ao mesmo tempo decisivas e enigmáticas.

Entre a recepção de um sinal e o começo de uma ação há um período de indecisão, durante o qual nada acontece; mas, absorvidos pelos seus sonhos ou suas ocupações cotidianas, os heróis de Conrad não se mostram muito atentos e, às vezes, deixam passar a oportunidade. É desse distanciamento entre os sinais e os fatos que vem a impressão intensa e paradoxal de destino: alguém despachou um mensageiro, mas a mensagem foi interceptada ou perdida; outra mensagem conseguiu chegar, mas ninguém notou a sua presença, ou esta pode ter sido notada, mas no momento exato ninguém percebeu os sinais anunciadores; as palavras foram lidas, mas ninguém lhes captou o sentido. A rasura, a alteração ou o incidente que acabam por prejudicar a comunicação podem ser grandes ou ínfimos, involuntários ou intencionais, inocentes ou insidiosos; contudo, nada disso chega a ser uma fatalidade. A despeito desses desvios, tudo poderia acontecer de maneira diferente; aliás, às vezes é assim que as coisas se passam quando homens valentes entram em cena e acabam por vencer as adversidades.

Justa na teoria, a distinção entre as mensagens e as forças pode ser atropelada na prática. As mensagens são parte das forças, que elas tanto podem anunciar ou consolidar, quanto deixar de lado. Essas trocas que se dão entre os poderes e os signos constituem um dos motores da ação. Os indivíduos irradiam energia e emitem sinais. Assim, seu comportamento gera um duplo efeito: modifica o estado das coisas e transforma a percepção que os outros agentes têm delas. Essas interferências entre a ordem das causas e a das informações aumentam a complexidade do mundo de Conrad.

Decisão e destino

Em cada momento crucial de sua existência, o herói de Conrad tem uma percepção contraditória daquilo que está para lhe acontecer: ele se sente ultrapassado por poderes que são superiores às suas próprias forças; e nesses poderes ele reconhece elementos pertencentes ao seu próprio ser. Pois na medida em que sua alma esteja em ressonância com as forças da natureza, suas ações e seus ecos podem ser percebidos e ouvidos no interior de si mesmo; quanto às forças dos homens, ele poderá discerni-las tanto em suas próprias habilidades quanto falhas. Embora nada esteja oculto, tudo se suspende ou se torna enigmático, pois os homens e o universo são feitos do mesmo material. É de incidentes de sua vida que o destino cria as letras do próprio nome do herói, por intermédio do qual ele tem a identidade estabelecida. Esse ato não chega a se completar para os personagens mais desesperados de Conrad, pois isso implicaria a absolvição deles em uma espécie de julgamento final.

Balanço

Conrad sugere que o homem tem dentro de si uma espécie de padrão de medida dos próprios atos e do próprio ser, mas também mostrou que esse padrão, embora recorramos a ele para julgar o valor de nossas ações, permanece oculto para nós. Somos responsáveis pelo que fazemos e pelo que somos, porém não conhecemos nem sabemos utilizar o padrão que nos serve de medida.

Em seus relatos, Conrad torna evidente a relação, obscura mas essencial, que há entre o conteúdo de nossas vidas e os princípios que, às vezes à nossa revelia, nos inspiram ou conduzem. Nesse aspecto, o romancista testemunhou a favor do elo substancial entre razão teórica e razão prática.

Finalmente, Conrad foi um dos grandes autores, cujas obras, por si mesmas, mostram que a arte tira partido das fraturas sofridas pela razão quando tenta unificar a experiência possível. Assim, o destino da razão está muito mais ligado do que se pensa ao da poesia e do romance, os quais, no momento em que as categorias das ciências se fragmentam, vêm provar que a linguagem é mobilizada e movimentada por um princípio de encarnação.

CAPÍTULO V

A idéia de estrutura e os estágios do estruturalismo

Introdução

Há um descompasso de mais de dois milênios entre a palavra "estruturalismo", surgida na década de 20, e o vocábulo "estrutura", que existe desde a Antigüidade. Acontece o mesmo com duas outras palavras: "materialismo", que data do último terço do século XVII, e "matéria", que também é muito antiga. A estrutura é uma característica das coisas, enquanto o estruturalismo é uma concepção que pretende explicar a origem, a forma e a diversidade das estruturas encontradas na natureza ou na sociedade.

Para compreendermos como foi possível edificar, após os primeiros anos deste século, teorias científicas, depois filosóficas e, por fim, ideologias da estrutura, convém lembrar de que maneira nasceu e se elaborou essa noção nas ciências, em particular na matemática, na física, na química, na biologia (depois na anatomia comparada, depois na fisiologia e, mais recentemente, na biologia molecular) e nas ciências sociais (principalmente na lingüística e na economia). No seio de cada uma dessas ciências, o esclarecimento da idéia de estrutura se fez, em larga medida, mediante um caminho distinto, ainda que, na história da noção de estrutura, tenha se revelado a existência de "séries independentes", como as denominou Cournot. Mas, a partir das décadas de 20 e 30, tais séries, até então independentes, entraram em contato umas com as outras; e desses encontros, muito contingentes, iria emergir a esperança, ou a ilusão, de uma teoria geral da descrição, classificação e explicação das estruturas, à qual se daria o nome de "estruturalismo".

Essa importância da contingência e do acaso no confronto das reflexões sobre as "estruturas", alicerçadas em disciplinas muito diferentes entre si, explica uma das singularidades da história intelectual dos movimentos estruturalistas. Assim, no caso de Auguste Comte estar certo, o estruturalismo deveria atravessar sucessivamente um estágio teológico, outro metafísico, e alcançar, finalmente, um estágio positivo – e isso foi exatamente o contrário do que aconteceu, pelo menos na França: aqui, o estruturalismo matemático e químico da primeira terça parte do século foi sucedido, entre 1920 e 1950, primeiro pelo estruturalismo lingüístico, depois pelo antropológico, e em seguida por um de natureza metafísica (no qual coexistem modelos científicos e interpretações filosóficas), aliás de certo modo ultrapassado, a partir dos anos 60, por um outro estruturalismo, esse agora ideológico e dogmático.

1. Elementos da história da idéia de estrutura

A ordem, resultado de um princípio externo

No *Timeu*, é pela ação de Deus que se efetua a passagem da desordem para a ordem, da massa movente e informe para o universo.[1] Não obstante, essa operação permite a subsistência, ao lado de uma causalidade orientada para o bem, de causas mecânicas, ou errantes, que tanto mantêm quanto alteram e desorganizam o que existe.[2] Platão mostra que, no cosmos, modelo de uma realidade organizada, está em construção uma causalidade dissolvente ou "errante". A oposição entre "construção" e "acúmulo", entre causalidade orientada para determinados fins e causalidade mecânica, está presente no latim, em que, a partir da raiz *struo*, construir, forma-se *structura*, estrutura, e *strues*, acúmulo.[3] Em latim, o termo *structura* aplica-se antes de tudo às artes do pedreiro e do arquiteto, mas, por analogia, aplicou-se também às do gramático e do retórico, ambos cuidadosos no tocante à ordem e à "construção" das palavras... Dois milênios mais tarde, a lingüística e a hermenêutica iriam lembrar-se de tal significado.

Formas e causas

O sinal mais patente da ordem é a forma, seja ela imóvel ou submetida a um movimento periódico, como se dá com os astros; a ciência referencial, no caso, é a geometria, que estuda as figuras e as formas mergulhadas em um tempo que vem a ser a "móvel imitação da eternidade".[4] Mas as realidades só terão forma se tiverem um substrato. Foi a esse substrato que os antigos, bem tardiamente, deram o nome de *matéria*. Experimentando o sentimento de não alcançar a natureza última, eles conceberam dois arquétipos opostos: Demócrito e Leucipo pensavam que tudo é átomo e vazio; outros pensadores imaginavam um artesão divino que introduzia formas em uma argila primordial. Daí a existência, em latim, de dois termos para designar a matéria:

materies, o trabalho de construção, e *materia*, a matéria primeira, o tecido original das coisas. A imagem do oleiro dá a entender que, para mudar o estado e a forma, a matéria necessita da intervenção ativa de um agente: daí vem a idéia de causa produtiva ou eficiente, imputada ao artesão, poeta ou fazedor de coisas, antes de ser transferida para a própria natureza, entendida como criadora de formas. Mas, para realizar um objeto, o artesão tinha de guiar-se por um modelo ou uma "forma", termo de sua ação, resultado a que ele pretendia chegar. Essa idéia de fim, quando aplicada à atividade do artesão, não contém nenhuma obscuridade: mas, ao contrário, ela traz problemas quando é atribuída à própria natureza, que se supõe marcada pela harmonia e capaz de perseguir fins. Aristóteles desenvolveu essas considerações de um modo ao mesmo tempo grandioso e límpido, terminando por constituir aquilo que veio a se chamar de teoria das quatro causas (material, formal, eficiente e final). Aristóteles escreveu: "Chama-se causa, em um primeiro sentido, a matéria imanente de que uma coisa é feita: o bronze é a causa da estátua, a prata a causa da taça. [...] Em outro sentido, a causa é a forma e o paradigma, isto é, a definição da qüididade. [...] A causa é também o motivo primeiro da mudança ou do repouso: o autor de uma decisão é causa da ação, o pai é a causa do filho, e, em geral, o agente é a causa daquilo que é feito, e aquilo que faz mudar é causa daquilo que experimenta a mudança. A causa é também o fim, isto é, a causa final. Por exemplo, a saúde é a causa do passeio. Por que, realmente, uma pessoa passeia? Respondemos: porque se sente bem."[5]

A auto-organização dos átomos

No entender de Demócrito e Leucipo, como depois no de Lucrécio, a natureza não tem necessidade de um Deus para se organizar: contanto que disponha de uma duração infinita e de um espaço infinito, ela chegará, mediante o choque e a luta dos átomos, a constituir realidades ordenadas. Mais de dois milênios depois, a rejeição das causas finais pelo atomismo antigo iria receber o apoio da física clássica.

De fato, a partir do século XVI, os progressos da mecânica levaram ao questionamento das concepções de Platão e Aristóteles sobre a constituição do mundo. Percebe-se o quanto é diferente o modo como Platão e Kant vêem a passagem da desordem para a ordem: no entender de Platão, como vimos antes, Deus age como uma causa organizadora; no de Kant, as leis de Newton, aplicadas aos elementos da matéria (às massas elementares), são suficientes para conferir ordem à natureza.[6] O princípio de organização não é exterior nem transcendente ao mundo; é imanente a ele.

Na mecânica clássica, porém, a organização do conjunto de um sistema físico resulta da soma das interações locais: a lei fundamental da dinâmica (a força é o produto da massa pela aceleração) e a lei da gravitação universal se aplicam a pontos materiais (isto é, a corpos cuja massa está supostamente concentrada em um ponto material, seu centro de gravidade). O espírito humano, por meios estritamente matemáticos, e com base em leis empíricas, chega a conceber, a partir das interações locais e elementares, o equilíbrio ou a evolução de um sistema complexo.

A ontologia atomística da mecânica newtoniana iria impor-se durante praticamente dois séculos (do final do século XVII ao final do século XIX), às ciências da natureza; o global é reconstituído (matematicamente) a partir do local (determinado por leis empíricas). A análise matemática permite articular o local ao global, e vice-versa, mas as leis fundamentais se apóiam em elementos (pontos geométricos, massas reduzidas, variações de velocidade durante um curto intervalo de tempo). Nessa perspectiva, compreender a estrutura de um sistema é derivar logicamente sua fisionomia do conjunto de propriedades dos elementos que a constituem.

Natureza, princípio interno

Aristóteles opôs a arte, cujo princípio é exterior a ela própria, à natureza, cujo princípio está no seu próprio interior.[7] Daí porque, ele sublinha, a ordem pode ser imposta à matéria pelo artista (ou artesão); ou, entre os seres vivos, produzida por um princípio interno, criador de formas. Da antigüidade grega aos dias atuais, essa grande idéia prospera na filosofia da vida.[8] Mas, até a década de 1820, certos pensadores acreditavam que toda a natureza fosse provida de um princípio vital ou genésico (não se sabia traçar, com exatidão, a fronteira entre o orgânico e o inorgânico). O fato é que, ao longo de dois milênios, dois arquétipos da matéria – um procedente do atomismo grego, o outro do estoicismo – inspiraram as especulações a seu respeito. Com a mecânica clássica, a primeira corrente tomou uma forma científica; a segunda adquiriu uma forma metafísica na teoria espinosiana de unidade da substância, dramatizada por Leibniz, exaltada pela *Naturphilosophie* do romantismo, dialetizada e historicizada por Hegel, retomada e remodelada por Marx e Engels e, no século XX, por Ernst Bloch.

Cuvier et Geoffroy Saint-Hilaire

Na impossibilidade de traçar aqui um esboço dessa história, lembraremos apenas um dos seus momentos mais vigorosos, com sua decisiva influência sobre a noção de estrutura aplicada aos seres vivos. Entre meados de fevereiro e 5 de abril de 1830, uma calorosa discussão[9] pôs em campos opostos, na Academia Francesa, dois sábios que durante decênios tinham sido grandes amigos. Tratava-se de saber se, no conjunto do mundo dos seres vivos, é ou não perceptível uma "unidade de composição e de plano". A polêmica entre os dois sábios durou vários anos, e foi desencadeada por uma dissertação intitulada *Quelques considérations sur l'organisation des Mollusques*, que Laurencet e Meyranx haviam apresentado à Academia em 1829. O objetivo era "mostrar a analogia da estrutura anatômica dos cefalópodes e dos vertebrados".[10] Cuvier, que inaugurara o estudo sistemático dos fósseis, tinha uma posição nítida sobre a questão: "Sempre afirmei que o plano, até certo ponto comum entre os vertebrados, não tem continuidade entre os moluscos, e, quanto à composição, jamais admiti que se possa razoavelmente apontá-la como una, mesmo considerando-a em apenas uma classe."[11] Étienne Geoffroy Saint-Hilaire, ao contrário, mostrava, mediante múltiplos e precisos estudos, o quanto seu método era fecundo quando se tratava de descobrir entre as espécies, mesmo as muito diferentes, analogias e semelhanças através das quais se manifesta na natureza a "unidade do sistema na composição e no arranjo das partes orgânicas".[12] A Academia dedicou muitas sessões a esse debate, no decorrer do qual se enfrentaram Cuvier e Saint-Hilaire. O primeiro se referiu explicitamente à *Naturphilosophie*: "Atrás dessa teoria das analogias há uma outra, mais antiga e há muito refutada, mas que alguns alemães reproduziram em benefício do sistema panteísta chamado de filosofia da natureza, a da produção de todas as espécies pelo desenvolvimento sucessivo de germes primitivamente idênticos entre si..."[13] Esse debate alcançou uma grande repercussão, pois tinha como foco a própria representação da natureza. O químico Dumas observou: "Na forma, tudo estava contra Geoffroy Saint-Hilaire; mas o público, com o seu admirável instinto da verdade, não se enganava. Desde o primeiro dia do debate, cada um se pôs a torcer para que os pontos de vista de Geoffroy Saint-Hilaire fossem confirmados, cada um percebia que o espírito humano iria dar um grande passo."[14] Goethe, que havia criado o termo *morfologia* para qualificar o estudo dos seres vivos,[15] faria o seguinte comentário: "Também na França, daqui por diante o espírito dominará no estudo da natureza e será senhor da matéria. Olhar-se-á para as grandes leis da criação, e para a oficina secreta de Deus!"[16]

De fato, descobrir o mecanismo da evolução das formas orgânicas, ou seja, das espécies, seria no decorrer do século XIX uma das maiores tarefas das ciências naturais. Enquanto em 1790, na *Crítica do juízo*, Kant falava da *Bildungskraft* (força criadora das formas) como um princípio de natureza desconhecida,[17] em 1859, n'*A origem das espécies*, Darwin se propunha a expor de maneira positiva as causas e a ação. Desse modo, a idéia de que a organização interna dos seres vivos – sua estrutura ou sua forma – está sujeita a variações, adquiria, pelo menos em princípio, um caráter científico.

Estrutura e função

Por "estrutura" de um órgão entende-se a configuração espacial das partes que o constituem; por "função", o papel assumido por esse órgão. A estrutura diz respeito à anatomia, à arquitetura e à geometria; a função mostra de modo preciso como todas as partes de um órgão ou de uma máquina contribuem para o cumprimento do fim a que se destina. A estrutura designa uma ordem geométrica ou espacial; a função, uma ordem temporal.[18] Vistas dessa maneira, estrutura e função são, ao mesmo tempo, como distintas e inseparáveis. Lamarck, por exemplo, acreditava serem as seguintes as instâncias da evolução das espécies: as condições exteriores se modificam; então, para sobreviver, os seres vivos têm de mudar de hábitos e, portanto, de constituição. Sendo assim, a função teria um efeito sobre a estrutura. Como se sabe, esse mecanismo foi rejeitado por Darwin, que considerou a variabilidade dos indivíduos como um dado fundamental. É a acumulação de pequenas variações individuais favoráveis na luta pela vida que, por adição, produz a evolução das espécies e, portanto, as mudanças de estrutura. De modo mais geral, constata-se que uma mesma função pode ser exercida por órgãos (ou por máquinas), cujas estruturas sejam diferentes (para voar, por exemplo, insetos e pássaros utilizam uma prodigiosa variedade de procedimentos); de outro lado, seres vivos de constituição idêntica são capazes de desempenhar tarefas bem diversas entre si. Em suma, não há logicamente uma ligação estrita entre estrutura e função. Em compensação, como bem ilustra a arquitetura de um liceu [francês], há uma estreita relação entre a organização espacial e a organização temporal (emprego do tempo). Nos liceus mais antigos, as salas de estudo ocupavam quase tanto espaço quanto as de aula; e essa paridade refletia-se na divisão do tempo entre trabalho de classe e estudo. Quando essa distribuição do espaço mudou, quase desaparecendo as salas de estudo, o ritmo da vida escolar viu-se radicalmente modificado.

A classificação periódica dos elementos

No terreno da química, o século XIX testemunhou um esclarecimento da idéia de estrutura e viu o aparecimento de uma química estrutural, que propunha representar geometricamente a forma espacial e as ligações dinâmicas dos constituintes elementares das substâncias compostas. Era da arquitetura da matéria que se pretendia estabelecer ou reconstituir os planos. Nesse longo empreendimento, pode-se escolher 1869 como uma data simbólica, pois foi nesse ano que Mendeleiev enviou "a muitos químicos" seu *Ensaio de um sistema de classificação dos elementos baseados em seu peso atômico e suas semelhanças químicas*. Há dois princípios classificatórios na escala de Mendeleiev: um quantitativo, o dos pesos atômicos; e outro qualitativo, o das propriedades semelhantes. "Dispondo os elementos a partir da grandeza crescente de seu peso atômico, obteremos uma repetição periódica das propriedades." Os corpos simples formam um sistema, e "seu estudo nos conduz necessariamente à seguinte questão: qual é a causa da analogia e qual a relação interna dos grupos de elementos?" Mendeleiev estava então escrevendo os seus *Princípios de química*.[19] Em 1873, era criado na Alemanha o primeiro laboratório de pesquisa industrial de química. Daí por diante, a química moderna iria esforçar-se para modificar a arquitetura da matéria, enriquecê-la e diversificá-la. "Desse modo, a matéria tornou-se o resultado da nossa própria capacidade de desenvolvê-la."[20] Ao inaugurar a cátedra de "química das interações moleculares" no Collège de France, Jean-Marie Lehn citou a afirmação de Marcelin Berthelot, em 1860, "a química cria seu objeto", e acrescentou: "Fabricando objetos químicos, analisando-lhe as propriedades ou pesquisando as suas utilidades, descobrindo substâncias naturais ou inventando novas moléculas, estamos todos participando da realização do grande objetivo: 'a química cria seu objeto'. Essas palavras dizem tudo."[21]

Balanço: a visão de Cournot

Como já vimos, Antoine Augustin Cournot expôs a dificuldade que o espírito encontra quando procura descobrir a organização e a constituição dos seres e das coisas. À "crítica filosófica" ele atribuiu a tarefa de "dar conta da constituição do mundo exterior e da configuração do espelho que o reflete".[22] Assim, a dúvida a ser afastada é quanto a saber se realmente penetramos na arquitetura e no movimento daquilo que é, ou se projetamos no mundo nossas representações ou nossas intenções. Neste ponto, decidir é essencial, pois se trata de saber se o espírito é capaz apenas de formar uma imagem do mundo, ou, ao contrário, de se exteriorizar a fim de descrevê-lo; ou se ele está em condições – já que faz parte da natureza – de compreender os processos e as leis. Em 1870, portanto, a noção de estrutura aparecia no cruzamento de dois problemas filosóficos: a idéia de estrutura diria respeito apenas às representações e descrições do real pelo espírito, ou se aplicaria à constituição efetiva das coisas? Em resumo, entre o idealismo e o realismo, quem está com a razão? De outro lado, pode a estrutura global dos processos físicos, biológicos ou sociais ser derivada das leis elementares que as regem, ou haveria uma legitimidade e uma especificidade epistemológica de abordagem dos fenômenos? Embora a mecânica estatística não tivesse ainda levantado vôo, Cournot já intuía que a física, sem abandonar a estrada real da mecânica newtoniana, iria tomar uma nova trilha, aparentemente mais estreita e menos promissora, a das probabilidades e da estatística,[23] que, no entanto, seria a única pela qual o espírito humano poderia ter acesso ao infinitamente pequeno. Seria no campo da matemática e depois no da física que esses problemas, antigos mas ainda não resolvidos, iriam ser esclarecidos e tratados de maneira científica no alvorecer do século XX.

Por ter se precisado simultaneamente, no começo do século XX, em disciplinas muito diferentes, a idéia de estrutura apresenta um interesse que ultrapassa sua importância intrínseca: ela permite, por exemplo, estudar como o espírito representa para si mesmo o sistema de seus conhecimentos e os liga à organização das coisas.

2. O estágio positivo do estudo das estruturas (1900-1940)

O alvorecer do século XX

No final do século XIX, a "mecanização da imagem do mundo" (*die Mechanisierung des Weltbildes*, como a chamou Dijksterhuis) chegou aos seus limites. Na matemática, na física e na química, a concepção dos *objetos* modificou-se radical e simultaneamente. No campo das ciências sociais, Dilthey, retomando de Aristóteles – e sobretudo de Kant – a noção de *categoria*, deixou claro que o conhecimento do real não é unificável em função de um sistema único de conceitos e de leis. Na área da filosofia o cenário tornou-se complexo: cada um à sua maneira, Bergson, Dilthey e Simmel edificaram filosofias de vida; o primeiro, a partir de uma reflexão sobre o tempo biológico e "a evolução criadora"; os outros dois, falando sobre o social e o histórico, em que também se nota a ação de uma potência criadora de instituições e formas. Mas, após o primeiro e ruidoso momento do niilismo na década de 1870, o 1900 também seria exaltado pela "morte de Deus", o período do pessimismo. O império dos negadores provocou uma forma inédita de crueldade, em que a destruição passou a ser vista como um argumento do poder do eu.[24] Mas aquele foi também o momento em que a posição do "eu" viu-se abalada, de um lado pelas descobertas de Freud, e de outra pelos trabalhos de Ernst Mach. Embora afirmasse que aquilo que somos em nada se identifica com a consciência de nós mesmos, Freud, conforme já mencionamos, também escreveu: *Wo Es war muss Ich werden* [Onde estava o id deverá estar o ego]. Bem diferente era o modo de sentir de Mach, que, como também já se mencionou aqui, afirmava: *Das Ich ist unrettbar* [O eu é insalvável].[25] Díspares à primeira vista, esses acontecimentos organizam-se em linhas de força distintas e no início independentes. Nenhuma relação entre a "morte de Deus" e a elaboração da noção de estrutura na matemática; nenhuma ligação entre a irredutível multiplicidade das categorias reais em Dilthey e a impossibilidade de salvar o eu em Mach. Contudo, meio século mais tarde serão esses elementos heterogêneos que, misturados e modificados pela lembrança ou pelo esquecimento, irão servir de base às ideologias estruturalistas.

A noção de estrutura nas matemáticas

É no campo das matemáticas – puras ou aplicadas – que a noção de estrutura começa a se esclarecer. Em 1899, David Hilbert (1862-1943) publicou seus *Fondements de la géométrie*,[26] em que, reformulando sistematicamente os axiomas da geometria, assinala que o importante não é a natureza dos objetos matemáticos tomados separadamente, mas as leis que regem as suas relações.[27] É a partir dessa idéia que, de 1900 a 1940, a noção de estrutura se torna clara.

Na França, foi o filósofo Albert Lautman, em seu *Essai sur les notions de structure et d'existence en mathématiques*, quem melhor elucidou essa noção, e mostrou que ela implica a unidade das matemáticas.[28] A filosofia que deriva de uma rigorosa reflexão sobre as estruturas dos objetos e das teorias matemáticas deixa transparecer várias preocupações: de saída, e essa preocupação se desfará com o rápido desenvolvimento do positivismo lógico, afirmar a realidade dos objetos matemáticos, que a ciência deve descrever e não criar; em seguida, deixar claro que as propriedades desses objetos não dependem de sua natureza considerada separadamente, mas axiomas que definem e estruturam o espaço abstrato em que se situam; finalmente, estabelecer um ponto lógico-matemático entre os entes matemáticos tomados individualmente e os axiomas de base da teoria que os torna visíveis e pensáveis.

Esse último traço é particularmente impressionante na teoria matemática dos jogos, criada entre 1920 e 1928, graças aos esforços de Émile Borel[29] e sobretudo de John von Neumann.[30] No início do século XVIII – quando começou a reflexão matemática sobre os jogos de salão[31] – ao ano de 1923

– quando Borel publicou suas "notas" sobre os jogos de azar – os matemáticos foram se persuadindo de que sua ciência não tem influência sobre a sagacidade do jogador, que eles acreditavam irredutível ao cálculo. Em 1713, Montfort escrevia a Nicolas Bernouille: "Esses problemas são muito simples, mas os considero insolúveis... Quando, por exemplo, duas pessoas se associam em um negócio, cada uma trata de se conduzir com base na conduta da outra... É impossível, parece-me, recomendar algo realmente seguro."[32] Em 1921, Borel diria por sua vez: "O conhecimento da psicologia do adversário deve, *a cada instante*, ser levado em conta, tendo-se em vista *modificar* as regras de conduta antes adotadas."[33] Em outras palavras, durante dois séculos a opinião dos matemáticos não mudou: os jogadores não podem, a partir das regras de um jogo, traçar um plano de conduta (ou uma *estratégia*) que leve em conta, ao mesmo tempo, a situação e os projetos do adversário. De um lado estão as regras do jogo, que definem a natureza ou a estrutura, e de outro o comportamento mais ou menos sagaz dos jogadores. Entre essas duas realidades, existia um abismo que os matemáticos não conseguiam transpor. Sobre esse abismo, J. von Neumann lançou uma ponte, em 1926, ao demonstrar um teorema célebre, o do *equilíbrio no duelo*. Neumann mostrou que, dadas as regras de um jogo a dois em condições iguais (*duelo*), há para cada jogador uma estratégia ótima. Dito de outra maneira, passa-se analiticamente, mediante raciocínio, da *estrutura* do jogo para a conduta particular (ou *estratégia*) dos jogadores. Esse resultado, não obstante sua limitação, iria modificar profundamente a forma da economia, ao ser tomado como *paradigma* de uma ciência matematizada da produção e das trocas.

Graças a um singular concurso de circunstâncias, e quase no mesmo momento, como veremos, a antropologia – que também se ocupa de produção e trocas – escolheu para si outro paradigma, não matemático, mas fonológico.

Estruturas e limites da formalização

Em matemática, a idéia de estrutura está ligada, no século XX, à axiomatização das teorias e ao que se chamou o "programa de Hilbert", ou seja, a esperança de reconstruir o conjunto das matemáticas de maneira rigorosa, utilizando-se, nas demonstrações, apenas procedimentos finitistas (que chegam ao resultado desejado no final de um determinado número de etapas lógicas). No início da década de 1930 algumas importantes descobertas, em particular as de Gödel,[34] desfizeram essa esperança. As matemáticas não parecem confundir-se com os formalismos, que exprimem traços essenciais, sem contudo captar inteiramente a essência. A liberdade está no coração mesmo da criação matemática, e continua sempre válida a distinção, cara a Frege, entre os objetos e os instrumentos por meio dos quais os conhecemos. A realidade dos objetos matemáticos vai além daquilo que os instrumentos teóricos – ou as linguagens formais – nos dizem num determinado momento. Os teoremas de limitação indicam a existência de uma espécie de irredutibilidade da matemática às formas lógicas, e da verdade à não-contradição.

Essas idéias, que no decorrer da década de 30 passaram a ocupar um lugar central nas matemáticas, não foram levadas em conta pelo estruturalismo metafísico dos anos 1940-50. Ele elevou a linguagem acima dos objetos; concebeu o projeto de inscrever – ou mesmo de fundir – todo o real na linguagem; mas esqueceu (ou talvez nunca haja se dado conta) de que tal miragem o afastava irremediavelmente da ciência. Um exemplo simples: em 1933, Alfred Tarski demonstrou que as línguas naturais não podem escapar aos paradoxos semânticos, construídos conforme o padrão de argumento de Epimênides, o mentiroso.[35] Ele estabeleceu as condições nas quais o conceito semântico de verdade (*adaequatio rei et intellectus*) é válido para uma língua. Mostrou precisamente que restrições convém impor às línguas científicas para torná-las apropriadas à demonstração. Em sentido oposto, destacou as razões profundas pelas quais não se pode "formalizar" completamente os enunciados proferidos na língua natural. Ignorando, na maioria dos casos, a lógica matemática elementar, os estruturalistas de formação literária não tomaram conhecimento – dos anos de 1960 até o presente – dos limites da formalização, claramente reconhecidos desde os anos da década de 30. Tornaram-se, desse modo, apóstolos de uma falsa ciência.

O abandono da ontologia mecanicista

Na esfera da física, vários acontecimentos sucederam-se com pequenos intervalos no início do século XX: enquanto o tempo da física matemática permanecia no essencial, como em Platão, uma "imagem móbil da eternidade", ou como fora enunciado por Newton, "o tempo absoluto, verdadeiro e matemático",[36] impunha-se a idéia da irreversibilidade de certos processos, inspirada pela reflexão sobre o calor; e o tempo, que "por sua própria natureza corre uniformemente sem nenhuma relação com algo externo", foi substituído por um tempo despedaçado, complexo, orientado; em segundo lugar, esfumou-se a esperança de reconstruir os equilíbrios ou as evoluções de conjunto a partir de leis aplicáveis, sobretudo, aos fenômenos elementares; e as leis estatísticas, começando pela teoria cinética do gás e prosseguindo pela mecânica quântica, tomavam parcialmente o lugar das leis deterministas da mecânica clássica; finalmente, a relatividade restrita e, mais ainda, a relatividade geral vieram dar um brilho novo à explicação geométrica e à idéia de forma. O desenvolvimento da topologia proporcionou às intuições geométricas de Einstein um riquíssimo arsenal de estruturas geométricas rigorosamente definidas. Segundo Eddington, foi entre 1919 e 1939 que se tornou clara, na física, a concepção de "conhecimento estrutural" (*structural knowledge*): "Hoje não se trata mais de uma simples verdade oculta em nosso conhecimento físico, mas é no conhecimento físico, em sua forma corrente, que reconhecemos o caráter estrutural."[37] Sublinhava, ainda, o grande sábio inglês: "A física é um conhecimento puramente estrutural, daí porque conhecemos apenas a estrutura do universo que ela descreve."[38] A noção de estrutura ilumina um problema metafísico de fundo: "A dificuldade de compreender como é possível conceber o conhecimento de qualquer coisa que não seja parte do nosso intelecto."[39]

Leis funcionais e leis estruturais

Auguste Comte havia observado: "O progresso científico consiste principalmente em diminuir gradualmente o número de leis distintas e independentes, ampliando sem cessar as suas ligações."[40] Desse modo, a ciência, que começa por enunciar leis fundamentais – isto é, relações, expressas por uma função matemática, entre um fenômeno cuja evolução ou variação se tenta descobrir, e outros fenômenos que o influenciam –, procura formular leis estruturais que ponham em evidência a constituição – por exemplo, a geometria[41] – ou a evolução[42] de um conjunto de fenômenos. Essa passagem exige que seja reduzido o número de leis independentes, e até que se possa, finalmente, derivar a totalidade das leis empíricas conhecidas – e encontrar outras – de um número pequeno de leis fundamentais. Em carta a Maurice Solovine (1952), Einstein retomou uma distinção que já havia feito entre as "teorias construtivas" e as "teorias de princípio": as primeiras se esforçam por "desenvolver as leis verdadeiras mediante um trabalho de elaboração [*durch (...) konstruktive Bemühungen*]; as segundas visam descobrir algum princípio formal de natureza geral"; umas extraem seu valor apenas das confirmações empíricas, as outras, da experiência, sem dúvida, mas sobretudo de sua "perfeição interna [*innere Volkommenheit*]".[43]

Quando utilizamos leis para descrever e prever fenômenos é necessário dispor das condições iniciais. Quando partimos de leis de estrutura e as aplicamos ao universo como um todo, determinar um estado inicial significa elaborar, sobre bases científicas, uma cosmogonia. Em *Uma breve história do tempo*,[44] Stephen Hawking expõe as dificuldades de tal empreendimento.

A relatividade geral aparece como uma teoria de princípio, que estrutura o espaço-tempo e serve de base ao estudo do universo como um todo. Este exemplo nos permite ver o problema metafísico relacionado com a noção de estrutura: as "estruturas" revistas pela teoria são apenas representações, construções mentais, ou estão de acordo com a realidade? Como não dispomos de uma teoria capaz de unificar perfeitamente a relatividade geral e a mecânica quântica, não se pode responder de modo simples à questão, e assim o estado ontológico das "estruturas" conserva sua ambigüidade.

A hermenêutica e a crítica das visões estruturalistas

Nas ciências sociais, que, como vimos, foram chamadas por Dilthey de "ciências do espírito" [*Geisteswissenschaften*], duas circunstâncias impedem que se constitua uma visão "estruturalista" das coisas: de saída, Dilthey mostra, não é possível reconduzir a diversidade das categorias, isto é, das relações fundamentais por meio das quais pensamos a realidade, a um único e unificado sistema. As "categorias reais", por oposição às "categorias formais" (como a identidade, a igualdade etc.), não são enumeráveis nem limitáveis: são receptoras de uma inesgotável riqueza de conteúdo e sentido, e sua variabilidade no tempo é tão grande quanto a profusão alcançada pela vida. "Daí porque jamais se conseguiu determinar a natureza, o número e a ordem das categorias."[45] Do mesmo modo, seria ilusório referir o conhecimento da vida social, em seu todo, a um único sistema de categorias; tal empreendimento seria inevitavelmente arbitrário, e as estruturas, assim liberadas, irremediavelmente subjetivas. De outro lado, afirmou também Dilthey, o *paradigma* da explicação, tão bem sucedido nas ciências da natureza, não convém às ciências sociais, cujo objeto não é tanto explicar, porém *compreender*. Não é nas matemáticas que o seu modelo deve ser procurado, mas na *hermenêutica*, tal como aconteceu à crítica dos textos antigos e à exegese. Essas observações de Dilthey, aliás em consonância com os trabalhos de Wilhelm von Humboldt[46] no início do século XIX, seriam retomadas por Georg Simmel e Max Weber, o que lhes proporcionaria um complemento essencial: não apenas as categorias não formam elas próprias um sistema, como a escolha da perspectiva adotada para esclarecer uma época é livre, não por ser arbitrária, mas porque exprime os valores do observador (o sábio) ou do agente (o político).[47]

Balanço: 1900-1904 – filosofias da estrutura

Na década de 30 a filosofia das estruturas apresentava-se como um realismo. Em seu *Essai sur les notions de structure et d'existence en mathé-*

matiques – cujo subtítulo é "De la nature du réel en mathématiques" –, Albert Lautman escreveu: "Este livro nasceu do sentimento de que, no desenvolvimento das matemáticas, afirma-se uma realidade que a filosofia das matemáticas tem por função reconhecer e descrever."[48] Nesse mesmo livro, o autor se opôs a Wittgenstein e Carnap, para quem "as matemáticas não são mais do que uma língua indiferente ao conteúdo que ela mesma exprime".[49] Em uma perspectiva diferente, Raymond Ruyer publicou, em 1930, *Esquisse d'une philosophie de la struture*. Apoiando-se em Cournot, Ruyer professava o realismo: "Trabalhamos com formas reais e não com formas-noções."[50] Ser realista, para Ruyer, era reconhecer que "o homem inventa, mas [que] inventa, como todos os seres, à sua maneira e conforme as suas possibilidades".[51] As concepções do homem, do mesmo modo que as suas máquinas, fazem parte da natureza. O homem só pode compreender o real por ser um fragmento dele. Ruyer encampava a reflexão da qual Cournot extraía essa observação: "Quando a natureza quer fazer química, emprega, como nós empregamos, retortas e alambiques, e quando quer fazer mecânica, emprega, como nós, alavancas, polias, tubos e válvulas. Esse encontro da natureza com o homem na construção dos mesmos instrumentos [...] é uma das melhores provas de que o sistema das nossas ciências é bem fundamentado em razões naturais, independentes das concepções e dos artifícios do espírito humano."[52] Mas, conforme já registramos aqui, Cournot acrescentava que o espírito não está preparado para compreender os caminhos da vida.

No início da década de 1930, Raymond Ruyer via o panorama filosófico francês dividido em dois campos: o dos "anti-realistas", ao qual pertenciam Gaston Bachelard e Léon Brunschvicg, e o dos realistas, em que se encontrava René Poirier. Bachelard acabava de publicar, com pequeno intervalo, *Le Pluralisme cohérente de la chimie moderne* (1932) e *Les Intentions atomistiques* (1933). No último, ele escreveu: "Uma inegável solidariedade reúne na ciência contemporânea pensamento e experiência, a tal ponto que não se saberia dizer se o plano do átomo é um mapa ou um projeto, se ele vem de uma ciência descritiva ou de uma técnica." Ao que Ruyer respondeu: "Qualquer que seja o grande valor dessas fórmulas, se as tomarmos como uma descrição da atividade científica, elas deixarão transparecer, caso façamos delas um argumento contra o realismo, um postulado contestável. O postulado é o de que a atividade humana não é um fato natural, não é um fato na natureza."[53] Tanto para Lautman quanto para Ruyer, uma filosofia da estrutura é intrinsecamente realista, no sentido de não ter por objeto principal a atividade científica do homem, ou, mais geralmente, suas representações, porém a essência, as articulações, o movimento do real. De certa maneira, os dois aderiam a esse sentimento expresso por Émile Meyerson:

"O corpo da ontologia é o mesmo da ciência, e as duas são inseparáveis."[54] Para os idealistas, as estruturas são invenções humanas; para os realistas, a ciência "foi bem edificada com a quase certeza de que a natureza é ordenada, mas também com a esperança de que se mostrará inteligível".[55] O termo "estrutura" não designa os aventurosos andaimes concebidos pelo espírito; aplica-se, de maneira legítima e útil, à própria realidade, desde que um judicioso uso das hipóteses científicas permita no final da pesquisa desmontar os andaimes para se ter acesso à própria construção.

De 1900 a 1940, as filosofias da estrutura tiveram como essência uma fatura matemática. Mas esse primeiro estruturalismo, o do estágio positivo, teve pouca repercussão na França. Desde o seu nascimento foi objeto de uma dupla recusa de reconhecimento: Ruyer viu-se acusado de materialismo e Poirier de fenomenalismo. O primeiro dava excesso de solidez às estruturas; o segundo fluidificava-as em demasia. Albert Lautman e seu amigo Jean Cavaillès, ambos integrantes da Resistência, foram fuzilados na Alemanha. A Segunda Guerra Mundial trouxe consigo o esquecimento, e, pior ainda, a ingênua idéia de que até na filosofia tudo estava por reconstruir.

3. O estágio metafísico (1940-1960)

Realismo e lógica

Em 1947, quando publicou *As estruturas elementares do parentesco*, Claude Lévi-Strauss estava certo de ter realizado um projeto científico; e assim o inscreveu na perspectiva do realismo, como Raymond Ruyer havia feito em 1930, com seu *Esquisse d'une philosophie de la structure*. Alguns anos mais tarde, quando lhe perguntaram sobre o sentido da obra, ele declarou a André Parineau: "O pensamento é um ser natural, que a natureza cria no estágio selvagem, do mesmo modo que, sob as mais diversas e inumeráveis formas, cria seres minerais, como os cristais, ou animais, ou vegetais [...]. A vida do espírito manifesta, portanto, leis que lhe são próprias, do mesmo modo que há leis na cristalografia ou leis morfológicas em zoologia e botânica." E acrescentava: "Auguste Comte [...] empregou, a propósito daquilo que eu chamo pensamento selvagem, uma fórmula que agora cito; para ele esse é 'o estágio normal de nossa inteligência'; a fórmula é extremamente rica e profunda."[56]

Para Lévi-Strauss, ao contrário do que pensava Lévy-Bruhl, o pensamento dos primitivos não pertence à ordem da afetividade ou da crença: ele "aprofunda seu pensamento com o auxílio de *imagines mundi*".[57] E esses "edifícios mentais" erguem-se sobre uma base racional: "O pensamento selvagem é lógico, no mesmo sentido e da mesma maneira que o nosso, mas da mesma forma como somente o nosso é quando aplicado ao conhecimento de um universo no qual reconhece ao mesmo tempo propriedades físicas e propriedades semânticas."[58] Através do espaço e do tempo, o pensamento humano é um só. Essa unidade constitui para o autor um postulado. Em 1962 ele destacou em um pequeno e luminoso livro, *Le Totémisme aujourd'hui*, a seguinte observação de Auguste Comte: "As leis lógicas [...] são, por natureza, essencialmente invariáveis e comuns, não somente em todos os tempos e lugares, mas igualmente em todos os assuntos, sem qualquer distinção mesmo entre aqueles a que chamamos reais ou quiméricos: essas leis são observadas, no fundo, até mesmo nos sonhos."[59] A unidade das ações e dos sonhos, das estruturas de parentesco e de construção dos mitos, do real e do imaginário, é pois sustentada e produzida pelo pensamento. "Esse pensamento atua pelas vias do entendimento, não da afetividade; com a ajuda de distinções e oposições, não pela confusão e participação."[60] O que explica a sua aparente singularidade é o fato de atribuir às realidades do universo propriedades indissoluvelmente físicas e semânticas. Seria precisamente essa opção ontológica que iria decidir a situação do estruturalismo de Lévi-Strauss.

As práticas e os códigos

Em *As estruturas elementares do parentesco*, Lévi-Strauss enuncia: "Entendemos por estruturas elementares de parentesco os sistemas cuja nomenclatura permite determinar imediatamente o círculo dos parentes e o dos aliados; ou seja, os sistemas que proíbem o casamento com certo tipo de parente; ou, se preferirmos, os sistemas que, definindo todos os membros do grupo como parentes, distinguem-nos em duas categorias: conjuntos possíveis e conjuntos proibidos." Julgando seu próprio trabalho alguns anos mais tarde, o autor observou que as regras de troca são de dois tipos: ou exclusivamente práticas, ou explícitas e premeditadas. No seu entender, deve se dar mais importância às do segundo tipo.[61] Desde o início, a pesquisa de Lévi-Strauss teve um duplo objeto: de um lado, as práticas de troca, quer se tratasse de mulheres ou bens; de outro, os códigos que regem a troca.

Outro paradigma da ciência: Lévy-Bruhl e Husserl

Enquanto Lévi-Strauss se mostrava crítico em relação a Lévy-Bruhl, este recebia de Husserl, no dia 11 de março de 1935, uma carta em que o filósofo alemão, depois de falar dos males da época e do provável exílio de seu filho, escrevia: "Não há dúvida de que suas obras sobre os primitivos devem ser consideradas [...] como obras básicas de uma etnologia científica rigorosa."[62] Para Husserl, uma "antropologia científica pura", que seja possível e necessária ao mesmo tempo, não consiste em "tratar os humanos como objetos da natureza, [...] mas em tratá-los, ao mesmo tempo, como pessoas, [...] como sujeitos de consciência, tal como eles concretamente são e como designam a si próprios, graças aos pronomes pessoais. Dizendo 'eu' e 'nós' eles se concebem como criaturas que vivem 'umas com outras', como membros de famílias, de associações, agindo no mundo *delas* e passando pelos sofrimentos desse mundo – o mundo que para eles tem sentido e realidade a partir de sua vida intencional, sua experiência, seu pensamento e seus valores."[63] Husserl credita ao seu correspondente o fato de ter se proposto a "sentir de dentro" (*einzufühlen*) a humanidade fechada das sociedades primitivas, a fim de "apreender, identificar e pensar suas maneiras (*Arten*), e portanto sua lógica, tanto quanto a sua ontologia".[64] Assim, enquanto Lévy-Bruhl e Husserl tratavam os homens como sujeitos que concebiam projetos e professavam valores, Lévi-Strauss, em uma perspectiva ontológica inteiramente diversa, estudava o pensamento como uma propriedade das coisas.

A adoção do modelo fonológico

Duas circunstâncias decidiram a adoção, por Claude Lévi-Strauss, do modelo fonológico em etnologia: a admiração imediata que lhe despertou Jakobson, e sua convicção metafísica de que o universo dos homens, como o universo da física, é feito de sinais e mensagens, mais do que de projetos e ações. O encontro dos dois foi também o início de uma grande amizade. Em suas memórias, Claude Lévi-Strauss escreve sobre a reação que Jakobson produzia naqueles que o ouviam: "Ele [lhes] passava um justificado sentimento de estarem vivendo um momento decisivo na história do pensamento."[65] Transferindo para a ciência de Jakobson, de modo inteiramente natural, a admiração que sentia pelo cientista, Lévi-Strauss escreveu: "Apenas uma, entre todas as ciências sociais, conseguiu chegar ao ponto em que a explicação sincrônica e a explicação diacrônica se confundem, porque a primeira permite reconstituir a gênese dos sistemas e operar a síntese, e a segunda evidencia sua lógica interna e capta a evolução que a conduz para um fim."[66] "Essa ciência social", ele concluiu, "é a lingüística, concebida como um estudo fonológico." O autor referia-se então, explicitamente, a duas obras de Troubetzkoy, *La Phonologie actuelle* (Paris, 1933) e *Grundzüge der Phonologie* (Praga, 1939). A escolha da fonologia como disciplina de referência – como *paradigma* – para a etnologia foi decidida no início da década de 40 e se tornou uma constante na obra de Lévi-Strauss.

Em *O cru e o cozido*, que abre o ciclo das *Mythologiques* (embora tão diferentes na feitura), o autor observava: "Ao inscrever o sistema das relações humanas em um contexto cosmológico que parece transbordá-las de todos os lados – mas que, tomado em sua totalidade, como já mostramos, lhes é isomorfo, e à sua maneira pode ao mesmo tempo incluí-las e imitá-las –, o pensamento mítico repete um procedimento lingüístico cuja importância é desnecessário destacar."[67] O autor sonha com a reduplicação, "procedimento fundamental" que contribui mais do que qualquer outro "para o advento de uma conduta lingüística". É ele que atesta, de fato, "a intenção do sujeito falante". Contudo, essas mensagens, e entre elas os mitos, longe de referir-se, como sua fonte última, a um conjunto de sujeitos que se poriam diante do mundo a fim de constituí-lo, remetem ao espírito, "que os elabora por meio do mundo do qual ele mesmo faz parte".[68] O procedimento de triagem usado pelo pensamento mítico é o da linguagem, "que escolhe os fonemas entre os sons naturais, de que o balbucio lhe fornece uma gama praticamente ilimitada".[69] Em 1988, no livro *Le Mirage linguistique*, Thomas Pavel, retomando uma objeção já levantada por Paul Ricoeur[70] vinte anos antes, perguntava: "Por que decidir que os fatos míticos assemelham-se mais aos fonemas (unidades desprovidas de sentido) – do que às palavras [...], aos sintagmas, ou às frases de um texto?"[71] Embora *As estruturas elementares do parentesco* seja um grande livro, e tenha inspirado numerosos trabalhos, o fato é que ao tomar a fonologia estrutural como paradigma da pesquisa etnológica concedeu-lhe um crédito excessivo.

Da ciência à metafísica

A suposta analogia entre troca de mulheres e troca de mensagens justificava, aos olhos do etnólogo, a unidade dos *códigos* e *praxis* e, por isso, a aplicação de uma só teoria da informação ao mundo físico e ao mundo humano. A descoberta, em 1953, por Crick e Watson, da estrutura em hélice dupla da molécula de DNA e a hipótese segundo a qual essa molécula era portadora de informação genética, transformaram a opção hipotética em uma certeza ontológica. Claude Lévi-Strauss celebrou em termos líricos a união da etnologia e da biologia molecular.[72] Enquanto Cournot, mais atento à diversidade das ciências, tinha o cuidado de não imaginar que a natureza, em todas as suas ordens, reproduzisse os mesmos esquemas e utilizasse os mesmos procedimentos, Lévi-Strauss, sensível ao prestígio da revolução presente na biologia molecular e sua aparente similitude com a lingüística estrutural, afirmava categoricamente que o universo da física e o da etnologia estão na mesma perspectiva teórica, têm o mesmo paradigma teórico. Passa, assim, da ciência à metafísica, segundo um procedimento que Auguste Comte (autor a quem, segundo uma observação sua, "quase ninguém mais lê")[73] dificilmente teria aprovado.

A opção antropológica: Canguilhem ou Lévi-Strauss

Para entender esse curso de idéias é necessário retomar o espírito do tempo. Acrescentando, entre 1963 e 1966, três estudos à sua tese de 1943 sobre *Le Normal et le pathologique*, Georges Canguilhem observava: "No início, o conceito de erro bioquímico hereditário repousava na engenhosidade de uma certa metáfora; hoje, ele se baseia na solidez de uma analogia."[74] Sem chegar, como Lévi-Strauss, ao ponto de proclamar a identidade entre as ordens física, biológica e humana, Canguilhem prosseguia: "Se, em seu princípio, a organização é uma espécie de linguagem, a doença geneticamente determinada já não é maldição, e sim mal-entendido. As lições de uma hemoglobina podem ser tão ruins quanto as de um manuscrito."[75] Mas, embora visse analogia entre organização e linguagem, Canguilhem também chamava a atenção para os seus limites: "Aqui, no entanto, trata-se de uma palavra que não remete a nenhuma boca, de uma escrita que não remete a mão nenhuma."[76] Dito de outra maneira, *stricto sensu* não se trata nem de uma palavra nem de uma escrita. A analogia se acha reduzida a seu estado primário de metáfora, e, desmascarado, o caráter metafísico de suas referências à linguagem. É verdade que o autor observa: "A hereditariedade é o nome moderno da substância."[77] Mas, lembrando-se de que antes de tudo é um médico, ele confessa, a propósito do conceito de *erro*: "Relacionado com a rejeição da morte, da dor, do tédio de viver, isto é, com as razões de ser da medicina, o erro da leitura enzimática é vivenciado por aquele que sofre como um erro de conduta – sem condutor." Canguilhem se recusa, pois, a ignorar o sujeito vivo que sofre e sabe que morrerá; permanece fiel à sua antropologia, cuja principal originalidade consiste justamente em definir o homem como alguém que inventa normas, mas que também trata de variá-las. "Em resumo, o emprego do termo que designa o erro lógico não consegue exorcizar totalmente da semântica médica os traços da angústia nascida da idéia de que é necessário levar em conta uma anomalia original."[78] Uma visão e uma experiência humanistas da medicina interditam aqui ao filósofo o uso abusivo de uma analogia promissora. Aí está a diferença entre Canguilhem e Lévi-Strauss: ambos se deixam seduzir pela descoberta do código genético; ambos querem estender a função; mas o primeiro continua a afirmar que o indivíduo é criador de normas, enquanto o segundo se dispõe a dissolver o homem nas coisas. "Acreditamos", diz Lévi-Strauss, "que o objetivo último das ciências humanas não é constituir o homem, mas dissolvê-lo".[79] E acrescenta, retomando o velho sonho materialista: "No dia em que se compreender a vida como uma função da matéria inerte, isso levará a descobrir que ela possui propriedades bem diversas daquelas que lhe foram atribuídas antes."[80]

Assim, de um só golpe, a ética perde, no seio da antropologia, sua especificidade. Há, decerto, códigos e regras em todas as sociedades, mas eles traduzem apenas o funcionamento do espírito, não a ação de uma liberdade: "Como o espírito é também uma coisa, o funcionamento dessa coisa nos instrui sobre a natureza das coisas; a própria reflexão pura resume-se em uma interiorização do cosmos."[81] Imergir totalmente o homem na matéria, inscrevendo nela o seu ser e as suas ações, é algo que leva também – e simultaneamente – à redução de sua liberdade, isto é, de sua participação em outra ordem. Estamos, pois, diante de uma opção antropológica determinante.

Fonologia e metafísica: um erro de paradigma?

A regressão do estruturalismo do estágio positivo ao estágio teológico não deve ser imputada a Claude Lévi-Straus. Em compensação, a escolha do modelo fonológico é de sua plena responsabilidade. Aliás, não é raro, na história do pensamento, que grandes espíritos façam escolhas aventurosas: foi o que aconteceu a Hegel e Schelling, entre 1810 e 1820, com sua "física especulativa"; foi também o caso de Cuvier, que, para conciliar seu fixismo com o desaparecimento ou a emergência de espécies, concebeu a idéia de um mundo passando por vinte e sete estágios sucessivos; e foi durante muito tempo o caso da química, antes de finalmente adotar a análise e a medida. Quem sabe se, a esta altura, a psicanálise já não é um modelo superado de estudo e tratamento de distúrbios mentais? Qualquer que tenha sido o motivo, a escolha da fonologia como ciência referencial da etnologia não foi provavelmente um passo feliz. Talvez também não o tenha sido o recurso à matemática combinatória, mesmo levando em conta que o empreendimento teve o aval de André Weil, um dos maiores matemáticos do século. O capítulo que escreveu a pedido de Claude Lévi-Strauss é, sem dúvida, uma peça perfeita, mas brilha como um corpo estranho em *As estruturas elementares do parentesco*.

Uma utopia razoável

Imaginemos por um momento que Claude Lévi-Strauss tem um encontro em Nova York, no ano de 1942, não com Roman Jakobson, mas com John von Neumann. Que teria acontecido se, em lugar do modelo fonológico, o segundo criador francês do estruturalismo (depois dos matemáticos) houvesse optado então por um modelo matemático que, à semelhança da teoria dos jogos, desse lugar ao espírito dos agentes? Afinal, esta ficção tem o seu lado plausível, já que do encontro de Von Neumann com Oskar Morgenstern resultou, em 1944, a *Theory of games and economic behavior*. Poderíamos ter presenciado, então, o nascimento de uma antropologia cujos modelos, inspirados em uma matemática da liberdade, conservariam tanto a intencionalidade e o valor subjetivo das ações humanas, quanto suas regras e suas formas. A criação de um tal modelo do afrontamento e da cooperação talvez tivesse encontrado aplicação no estudo da troca das mulheres, do mesmo modo como veio a ser efetivamente aplicada em relação a troca de bens. Trata-se, claro, apenas de uma ficção, até porque nada prova que um dia se venha a elaborar uma teoria matemática capaz de abarcar, ao mesmo tempo, a troca de bens e a troca de mulheres. Nada indica, realmente, que nesses dois casos o mesmo conceito de troca tenha os mesmos elementos de pertinência.[82] A fragilidade das fantasias estruturalistas decorre, em larga medida, da sua incapacidade de ultrapassar as imagens ou as falsas similitudes para se elevar ao nível do conceito.[83]

A fonologia verte o material etnográfico em um novo molde e, para esclarecê-lo, propõe uma ontologia inteiramente diversa: não se trata, de fato, de descobrir o sentido de uma prática humana, mas de explicar como, entre inumeráveis combinações, algumas poderão ser retidas e escolhidas. André Weil oferece a Lévi-Strauss mais um aval do que um modo geral de conceitualizar os problemas etnológicos: as matemáticas combinatórias que ele utiliza têm uma função figurativa, e não, como pode ter em economia a teoria dos jogos, uma função explicativa. De fato, se é para tratar os seres como coisas, a teoria dos jogos se mostra menos conveniente do que a combinatória algébrica. Quando se compara a fecundidade dos modelos matemáticos na economia com a relativa esterilidade do modelo fonológico na etnologia, sentimo-nos inclinados a lamentar que não tenha ocorrido o encontro de von Neumann com Lévi-Strauss. A pesquisa de Lévi-Strauss teria perdido um pouco de sua riqueza metafísica, mas compensado essa perda em fecundidade.

Lévi-Strauss e a teoria dos jogos

Vinte anos depois da publicação de *As estruturas elementares do parentesco*, em 1967, Lévi-Strauss escrevia: "Os sistemas crow-omaha, que recorrem às mesmas técnicas, sabem lhes dar uma expressão mais sistemática, integrando-os em um conjunto de regras solidárias que poderiam contribuir para a elaboração da teoria de tais jogos. Até que essa teoria nasceu, com a ajuda da matematização, sem a qual nada é possível."[84] O autor não percebeu, entretanto, que em uma ciência das trocas a teoria dos jogos não é apenas um instrumento técnico: ela implica a escolha de uma ontologia incompatível com aquela que Lévi-Strauss adotou; na verdade, a teoria dos jogos apóia-se na interação dos agentes livres, que cooperam ou se opõem entre si; não trata os homens como coisas. Já o modelo fonológico autoriza uma forma de reducionismo que a teoria dos jogos não permite. Coisas ou seres conduzidos podem ter comportamentos, códigos e regras; mas não podem ter estratégias.

Modelos mecânicos, estatísticos e estratégicos

Nesse mesmo texto, tardio mas revelador, Claude Lévi-Strauss distingue três espécies de modelos: mecânicos, estatísticos e estratégicos. Tomados nessa ordem, os três lhe parecem cada um mais indeterminado do que o outro, e, como tal, impróprios à ciência. Lévi-Strauss observou: "Diremos que, como isso se produz sempre nas estruturas elementares [esses sistemas] exigem um modelo mecânico no plano das normas, mas, como se observa nas estruturas complexas, se contentam com um modelo estatístico no plano dos fatos." Para ele, um modelo mecânico é mais rigoroso, mais confiável e de melhor qualidade do que um modelo estatístico, isso para não mencionar modelos estratégicos.

Mas, um século antes, ao elaborar sua teoria das revoluções científicas, Cournot havia concluído o contrário. Mostrava então que, na história do pensamento, inventar a explicação estatística fora um grande progresso em face da explicação mecânica. Cournot observou: "Seria necessário começar pelos problemas fúteis que os jogos de azar sugerem, a fim de lançar os fundamentos de uma teoria matemática do acaso, cujas aplicações estão por toda parte, e em virtude da qual os números governam efetivamente o mundo, ou participam do governo do mundo, mais ainda do que em virtude da teoria do movimento e das forças."[85] Se a função das matemáticas nas ciências da natureza é a de nos fazer "penetrar na economia do mundo",[86] o cálculo das probabilidades, longe de enfraquecer essa abordagem, o que faz é aumentar-lhe o poder de penetração. É séria, no entanto, a objeção de Lévi-Strauss: "O número de combinações possíveis, teoricamente finito, continua tão elevado que, para todos os fins úteis, e levando em conta a escala do humano, é como se o número fosse ilimitado."[87] Lévi-Strauss conclui: "Infelizmente não se sabe muito o que fazer para medir essa margem de liberdade..."[88] Nessa passagem, Lévi-Strauss não parece ter captado o espírito do teorema fundamental do equilíbrio no duelo. Já em 1926, Von Neumann havia deixado claro que, no meio de todas as formas possíveis de interações (neste caso, de intercâmbios) entre dois agentes de interesses estritamente opostos, um ou apenas alguns distinguem-se pela posse de propriedades singulares; e que, se seus agentes usarem o próprio entendimento, terão possibilidades de ser escolhidos.[89]

Sartre e Lévi-Strauss depois de 1960

A partir dos anos 60, o próprio Claude Lévi-Strauss abandonou o estudo dos sistemas de parentesco e começou a construir o ciclo das *Mythologiques*. E não há como evitar a surpresa provocada pela simetria inversa das atitudes de Lévi-Strauss e Sartre: o primeiro, reconstruindo o imaginário de um continente, a América; o segundo, fazendo o mesmo em relação a um artista, Flaubert. Um escolhendo a multiplicidade e a expansão; o outro, a unidade e a concentração. O primeiro revelando um imenso afresco, cujo pintor era desconhecido ou inexistente; o segundo tentando restituir à liberdade de um homem tanto o seu rosto quanto a sua finitude. Os dois empreendimentos tinham características comuns: eram comparáveis em sua amplitude, ambos se pretendiam exatos, fundamentavam-se em documentos; e os dois deixavam um mesmo sentimento: produziam a mesma pergunta sobre qual a relação de cada um com a verdade! Seja como for, mediante suas respectivas mudanças de orientação, os dois autores deixavam entrever a consciência de ter chegado a um limite. De fato, apesar de suas divergências, ambos faziam parte de uma época e de uma cultura em vésperas de desaparecer ou de mudar. Sartre e Lévi-Strauss contribuíram igualmente para essa mutação. Enquanto eram homenageados e continuavam a trabalhar, outros atores ardiam de impaciência para subir ao palco.

4. O estágio teológico

Um politeísmo conciliador

Resta compreender como, por volta de 1960, a metafísica estruturalista se alterou em termos de religião e estética. Enquanto o estruturalismo antropológico de Lévi-Strauss, científico em suas intenções, tornava-se metafísico, graças a uma impaciência do pensamento que queria unificar aquilo que a natureza separa, e enlaçar o sistema do saber, os avatares ulteriores do movimento resultaram do abandono desse postulado da unidade: ele dá lugar a uma espécie de politeísmo[90] intelectual e estético.

Em torno de que realmente a unidade se produz? Não em torno do espírito, que estava reduzido à condição de coisa; não em torno da liberdade, pois a sua impotência já fora revelada; não em torno do sujeito, visto que a lança de Lacan já o tinha feito entregar a alma. Como a idéia da morte era insustentável, concordou-se em dizer que haviam morrido apenas as nossas ilusões. Nietzsche, Marx e Freud, que habitualmente eram invocados em conjunto, foram reduzidos ao papel de juízes de instrução. Nada mais havendo para ser construído ou amado, tratou-se de elevar a suspeita ao nível de doutrina. Longe iam os tempos em que Péguy, dirigindo-se aos assinantes [de sua revista] e aos amigos, exclamava: "Não é de modo nenhum um *grupo*, como eles dizem, esse horror; é isto sim, literalmente, o que de mais belo já houve até hoje no mundo: uma amizade e uma cidade."[91] O novo estado de espírito estava em consonância com a visão sartriana de mundo expressa na *Crítica da razão dialética*, segundo a qual, ao invés da amizade, é o medo que solda entre si os membros das coletividades e até mesmo dos grupos. Aquilo que o inferno, tal como o via Sartre, tinha de assustador, estava felizmente escondido no fundo dos espessos bosques daquele livro. Suas concepções eram edulcoradas com celebrações da "morte do homem"; tratava-se, porém, de uma daquelas mortes em que, como no teatro, não se morria de verdade, morte da qual se saía para a busca de novas emoções na *intelligentsia*. A guerra da Argélia estava terminada, a Organização do Exército Secreto/OAS recebera seu xeque-mate, as instituições eram restabelecidas, voltava-se àquilo que até então jamais fora chamado de "o Hexágono"; e era possível brincar: o Uno cedia seu lugar ao múltiplo; as coisas às palavras; os sentidos aos turbilhões; e a ética ao acaso. Para alguns, foi uma época feliz. Na verdade, dava para perceber a inquietude que a despreocupação ocultava, pois, reduzido ao estado de reflexo ambulante, o indivíduo perdia suas dimensões e suas referências.

Estavam reunidas as condições para o aparecimento de uma nova "religião secular", segundo uma categoria de Raymond Aron. Infelizmente o materialismo dialético se tornara inoperante: não podia, mais uma vez, transferir para a matéria os atributos de Deus. A operação, descrita vinte anos antes por Simone Weil, não tinha como ser repetida. Em 1943, como já dissemos, ela havia dito em um manuscrito inacabado: "O homem não pode sustentar, a não ser momentaneamente, a vontade do bem. Necessita de um aliado onipotente. Àquele que não crê na onipotência distante, secreta e silenciosa de um espírito, resta apenas a onipotência evidente da matéria."[92] O apoio procurado estava ao alcance da mão, parecia com o Verbo e estava pronto para imitar os poderes do Espírito: optava-se pela reverência à linguagem. Desse modo, a partir dos anos 60 nascia na França um novo culto.

A liberdade não foi freada, mas dissolvida. Isso não quer dizer que a fantasia deixasse de reinar no cenário filosófico; juntamente com a moral, a liberdade desfez-se no ar. A experiência parece mostrar que nos "tempos sombrios" em que a liberdade se vê ameaçada, esta se torna inconcebível para aqueles que a defenderam de armas na mão quando isso era necessário. A guerra havia terminado e os tempos eram fáceis: a liberdade foi esquecida.

Do politeísmo ao bricolage

Politeísmo laico é *bricolage*. Ambos tentam resolver, tanto no plano intelectual quanto no prático, o mesmo problema: combinar o emprego de artes independentes e separadas a fim de operar sobre elementos conjuntos e compósitos de uma só e complexa realidade. Bricolar é uma necessidade: as técnicas se organizam em sistemas – ou artes – para promover intervenções limitadas em objetos que também podem ser modificados com o uso de outras técnicas. Decidido que um objeto, ou um dispositivo completo, será submetido a uma série de transformações, trata-se de recorrer às artes independentes. Para que a transformação corresponda ao projeto é necessário que o agente combine artes distintas, tendo em vista apenas um fim: essa é a função do *bricolage*. A ação será bem-sucedida se os gênios próprios a cada uma das artes usadas na obra forem levados a cooperar; se, no seu empenho de unificar e organizar uma diversidade de técnicas, o agente mostrar tato, inspiração e capacidade de julgar. Essa unificação não se faz seguindo um princípio, mas obedecendo a uma intuição, ou buscando inspiração na experiência. O julgamento organiza, elege e decide sem conceitualizar, segundo as modalidades que se assemelham àquelas do juízo estético, tal como descrevia Kant na *Crítica do juízo*. Dá-se o mesmo na área das ciências: o espírito jamais enlaça inteiramente o real através de uma teoria única; garante apenas conquistas parciais da realidade, graças a hipóteses, cálculos e experiências. Mas, entre as disciplinas científicas às quais é necessário recorrer para descrever e explorar um mesmo sistema físico, biológico e social, não existem necessariamente articulações teóricas: as *suturas* entre teorias e paradigmas são, portanto, mais *bricoladas* do que racionalmente pensadas. Além disso, neste final do século XX, acreditamos mais em uma classificação das ciências mediante encaixes sucessivos, como no tempo de Auguste Comte; testemunhamos, antes de tudo, uma luta pelo poder entre as disciplinas hegemônicas. Passa-se, então, do *bricolage* pacífico ao pugilato agressivo, forma profana de combate entre forças demoníacas.

O que o estruturalismo pretendia era a instauração de uma nova paz entre os deuses, uma unidade original entre as ciências divididas. Havia aí um grande sonho, uma bela esperança, talvez uma ilusão, mas devemos apresentá-la com a consideração que tal esperança merece. Pois na França, durante vários anos, houve entusiasmos e esperanças conjugadas, doutrinas cujos fundamentos eram incompatíveis, mas ainda assim alianças entusiastas. Em tudo isso houve *bricolage*.

Deve-se, no entanto, distinguir dois tipos de *bricolage*: aquele que, por eficiência teórica ou prática, casa disciplinas que não conseguem operar sua junção intelectual; e aquele que despreza as analogias ou as oposições conceituais reveladas. É claro, por exemplo, que para descrever a ação dos indivíduos, ou o comportamento das coletividades, é legítima a utilização alternada de modelos abstratos e matemáticos, ou modelos concretos e dramáticos, sem que aconteça a junção teórica dessas duas espécies de representação. Em troca, a pretensão de "formalizar" uma língua natural ignorando os limites que a lógica estabelece para esse empreendimento, é uma tentativa ilusória e indevida. Essas duas espécies de *bricolage* foram cultivadas indiferentemente: a que promove de modo inteligente a ligação de domínios separados e a que vai além das oposições conhecidas. Mas tudo isso ocorreu em clima de efervescência e religiosidade que inibia o espírito crítico.

Estruturalismo: um monofisismo

Se o *bricolage* lembra um politeísmo profano, a análise estrutural das instituições, das crenças e das representações implica uma concepção monofisista da realidade. Indo além da proclamação da inseparabilidade do conteúdo e da forma, ela afirma também a sua unidade substancial.[93] Daí as duas interpretações antitéticas da doutrina: uma, idealista, segundo a qual tudo no real são relações; outra, realista, para a qual todas as relações procedem do real e o refletem. Admitida a unidade substancial daquilo que é, segue-se que, encontrando-se o mesmo código em todas as ordens da realidade, uma só e mesma chave poderá abrir todas as fechaduras.[94]

No início dos anos 60, o estruturalismo foi vivenciado na França como um ressurgimento e uma transposição da esperança cartesiana de desvendar os segredos da natureza física e social com o uso da mesma chave. A chave, porém, já não era procurada nas leis da matemática, e sim nas da lingüística estrutural. Eram esses, ao que parece, o projeto e o credo do estruturalismo: não uma teoria das representações e dos signos, mas um estudo científico do real, que abarcava, de uma só vez, a infra-estrutura e as superestruturas.

O projeto original de *As estruturas elementares do parentesco* era inspirado em Marx: tratava-se de elaborar uma teoria da troca, não limitada aos bens e às sociedades históricas, mas capaz de englobar os bens e as mulheres em todas as sociedades, selvagens ou civilizadas, e em todas as épocas. Considerando-se seu método, o projeto era mais comparativo[95] do que histórico. Era um empreendimento que disputava com a história o lugar ocupado por esta na instituição universitária. Com efeito, se as leis lógicas são universais,[96] e se o espírito humano está em seu fundo invariante, a história é menos um desenvolvimento – ou uma sucessão de emergências – do que a revelação, ocorrida graças a condições que se alteram, de virtualidades até então adormecidas mas, na realidade, intemporais. Fazendo o elogio de Bergson e Rousseau, Lévi-Strauss destacava: "Eles demonstraram, portanto, que o espírito do homem é todo ele um lugar de experiência virtual, para controlar o que se passa no espírito dos homens, sejam quais forem as distâncias que os separem."[97] Assim, depois de ter mostrado que Bergson havia compreendido melhor o totemismo do que Durkheim, ele se deleitava em sublinhar a identidade entre a metafísica do autor de *Deux sources de la morale et de la religion* e a dos índios Sioux, conforme o relato de um sábio de Dakota.[98]

Por mais diversas que sejam as instituições – acrescentava Lévi-Strauss – e as situações em que vivam os homens de todos os lugares e todas as épocas, leis lógicas iguais os governam.[99] Sendo assim, não é inútil esperar que um dia se encontre, em registros tão diversos quanto a crença religiosa ou o esforço do conhecimento, atitudes intelectuais e práticas homólogas. Nesse ponto essencial, Lévi-Strauss juntava-se clara e abertamente a Auguste Comte: como já vimos, tanto quanto Comte, ele supõe que as leis lógicas governam totalmente a experiência e se encontram "até mesmo nos sonhos".[100] Se esse postulado for correto, então uma ciência poderá abarcar os fenômenos físicos, biológicos e sociais; e às ciências humanas serão incorporadas as instituições, as crenças, os conhecimentos e também a ação.[101] Tornar-se-ia possível, em especial, uma análise estrutural do inconsciente,[102] e a lógica do pensamento religioso se mostraria semelhante à do pensamento científico.[103] Há, portanto, a unidade da lógica, da explicação e do intelecto humano.

Como poderá uma tão decidida afirmação do Mesmo e do Uno ser aplicada à observação do Outro e do Múltiplo? Esse foi o problema que o estruturalismo teve de resolver, passando dos princípios à aplicação. Como não havia nenhuma consonância entre o ideal unitário da doutrina e a diversidade de fato das áreas a que se pretendia levá-lo a servir, foi necessário acomodar a duplicidade representada, de um lado, pela fervorosa pesquisa do Uno, e de outro, pelos estudos especializados. Era necessário, de uma parte, rumar "para o intelecto",[104] e de outra para a singularidade das produções humanas. No novo culto, a Estrutura herdava os maiores poderes que a teologia cristã havia reconhecido no Espírito Santo. Não se invocava mais o Espírito e sim o intelecto, ou seja, não o criador, mas o depositário e o contador das leis do pensamento, da álgebra universal e primitiva, com a qual as leis regiam o visível e o invisível. A propósito do totemismo, por exemplo, escrevia Lévi-Strauss: "Enfim, compreende-se que as espécies naturais não são escolhidas pelo fato de serem 'boas para comer', mas por serem 'boas para se pensar'."[105] O Ser e o Pensamento são co-extensivos; são consubstanciais; são o Uno. O Ser não se funde no Intelecto; o Intelecto arrola, classifica e exibe as leis invariantes e unas da natureza, isto é, do Ser. "As noções de oposição e de correlação, a de dupla de oposições, têm uma longa história; mas foi a lingüística estrutural, e depois dela a antropologia estrutural, que as repuseram com as devidas honras no vocabulário das ciências humanas..."[106] Uma vez o Uno reconhecido como Estrutura, nada impedia que agora se fosse cuidar do Múltiplo, sustentado até pelo movimento cultural em favor da especialização.

Isto provavelmente explica porque puderam coabitar nas mesmas pessoas a fé no poder explicativo da lingüística estrutural e a adesão às teses de Foucault sobre a irredutível diversidade das *epistêmês*. Tínhamos aí duas doutrinas incompatíveis, duas metafísicas opostas; mas um irenismo politeísta pacificava suas relações, tornando-as opacas.

Entre os índios do Brasil

Mas, antes de evocar esse período recente, é bom lembrar aquele em que Claude e Dina Lévi-Strauss exploraram Mato Grosso. Ainda existem filmes feitos por Dina, bem como o guia-catálogo da exposição organizada pelo Museu do Homem na galeria da *Gazette des Beaux-Arts* e de *Beaux-Arts* (21 de janeiro-3 de fevereiro de 1937). Quando lemos a introdução do catálogo, cujo tom lembra Conrad,[107] compreendemos melhor o entusiasmo, e também a melancolia, dos dois jovens. Destacando o trabalho da Comissão Rondon em favor dos índios, eles escreviam: "Após meses de esforços, ela conquistou a confiança dos indígenas; mas, ao mesmo tempo, soube pôr um freio nas brutalidades dos desbravadores, e convenceu uma jovem nação de que não se pode pretender integralmente um território quando se despreza a história comum do homem e da paisagem que os primitivos ocupantes escreveram ao longo de milênios. Será necessário dizer que esse trabalho de proteção está longe de chegar ao término? O explorador de ouro e diamante, o homem que extrai borracha, continuam a perseguir os indígenas no fundo de seus refúgios mais secretos. Mas, mesmo lá, permanecem solidários com o mundo civilizado. A depressão econômica, a derrocada dos preços das matérias-primas conseguiram, depois de algum tempo, impor o silêncio na floresta. A machadinha dos 'seringueiros' imobilizou-se. A crise mundial deu ao selvagem uma reserva de tranqüilidade.

"Contudo, os destinos estão fixados. Mesmo isolado, mesmo respeitado, mesmo protegido, o indígena não pode mais viver."[108]

Citamos longamente o texto em questão porque nele se explica, com mais clareza e espontaneidade,[109] o que ocorre nas páginas mais conhecidas de Claude Lévi-Strauss em *Tristes trópicos*, a singular emoção daquele que descobre homens iguais a ele, porém levando uma existência diferente. É nessa experiência – cujo papel é também o de "cena primeva" – que se encontram as raízes de suas ulteriores indagações teóricas, a paixão simultaneamente intelectual e afetiva por uma busca do Mesmo e do Outro; a elaboração de uma teoria geral das trocas, da qual o estudo sobre as regras do parentesco seriam apenas uma ilustração; a pesquisa da "passagem da natureza à cultura".[110] A novidade intelectual de *As estruturas elementares do parentesco* não foi satisfatoriamente reconhecida; e esqueceu-se de que esse grande edifício, inspirado e severo, foi erguido com descobertas, uma verdadeira mudança de país, aventuras e emoções marcantes.

Balanço da década de 60

A figura de Claude Lévi-Strauss dominou, de suas alturas, o estruturalismo da década de 60. Tomando-o como referência, mais do que se deixando levar pelo seu impulso direto, escritores, pesquisadores, artistas, professores e intelectuais sentiam-se atraídos e iluminados por uma nova fé, a aproximação de uma *parusia* terrestre: as "humanidades" estavam mortas; vacilava a Babel dos seus discípulos incomunicáveis e rivais; em breve, as ciências antes chamadas "humanas" reencontrariam sua verdadeira pátria, a natureza. Em processo de dissolução, o homem iria descobrir que já não passava de "máscara sem rosto"[111] e que a organização estrutural de seu ser é a única verdade acessível. "A partir daí", notava Michel Foucault, "podemos compreender um certo número de fatos decisivos. Em primeiro lugar, este: que a psicanálise e a etnologia não são meras ciências humanas ao lado de outras, mas que ambas percorrem todo o território, que animam toda a sua superfície, que a toda parte levam os seus conceitos, que em todos os lugares podem propor seus métodos de decifrar e suas interpretações."[112] Sob a diversidade das configurações visíveis oculta-se uma ordem invisível, que a ciência, alcançando enfim sua unidade de método e de objeto,[113] tem a obrigação de revelar.

O modelo comum a todas as disciplinas, antes dispersas no exílio da sua incompreensão mútua, é a lingüística estrutural: "Forma-se então o tema de uma teoria da linguagem, que dará à etnologia e à psicanálise, como tal concebidas, o seu modelo formal."[114] Michel Foucault traduzia o sentimento de muitos dos escritores e intelectuais envolvidos naquela aventura, quando declarava, com entusiasmo: "Que a literatura atual seja fascinada pelo ser da linguagem, não é nem sinal de um fim nem a prova de uma radicalização: é um fenômeno que enraíza sua necessidade em uma vasta configuração, em que se desenha toda a nervura do nosso pensamento e do nosso saber."[115] Essa unidade se faria, segundo Foucault – que nesse tocante era fiel a Lévi-Strauss –, sobre aquilo a que chamamos, nestes tempos ainda próximos e contudo já remotos, a "morte do homem".[116] Quando comparamos as últimas linhas de *As palavras e as coisas* ao final de *Deux sources*, ficamos impressionados pelo contraste ontológico entre as duas obras e as duas épocas, separadas apenas pela terça parte de um século: de um lado, "o desaparecimento da profunda corrente do tempo pela qual [o homem] se sentia levado"; de outro, a evocação da "função essencial do universo, essa máquina de fazer deuses". Essas duas teses antitéticas têm o mérito, graças ao seu próprio caráter radical, de nos levar a entender que o pensamento suscita dilemas e impõe escolhas ontológicas: ou, como Bergson, pensamos que o homem – e talvez mesmo o universo inteiro – é ação, e portanto é necessário manter o indivíduo em sua liberdade e sua condição de agente; ou, como Lévi-Strauss e Foucault, estimamos que "a instância do sujeito criador, como razão de ser de uma obra e princípio de sua unidade",[117] tanto na literatura quanto na existência, é estranha à ciência. É inelutável a escolha, aliás de natureza metafísica. Ela comanda o objeto, o método e até o conteúdo empírico do saber sobre o homem. Mesmo que cada um dos galhos da alternativa possa ser escorado por argumentos, nenhum deles é irresistível. De fato, o dilema só pode ser resolvido mediante uma aposta que envolva a ontologia da ciência e também o seu método. Como dissemos, as duas vias foram abertas nos anos de 1920-1940: John von Neumann e Oskar Morgenstern elaboraram uma teoria matemática, Roman Jakobson e Claude Lévi-Strauss uma teoria lingüística das trocas. Esses modelos incompatíveis articulam-se com ontologias incompatíveis: refletem – ou comandam – concepções irreconciliáveis do pensamento e da ação. Enquanto a teoria dos jogos não rompe com a metafísica da liberdade, inspiradora da fenomenologia transcendental de Husserl ou dos filósofos da existência, o estruturalismo, quando se afasta da área da matemática e da física para se tornar uma concepção metafísica do homem, rejeita o postulado do indivíduo como sujeito livre.[118] Enquanto a teoria das trocas instigou matemáticos a provar sua fecundidade,[119] aquela que tomava a fonologia estrutural por modelo talvez não tenha produzido resultados tão substanciais.[120] Na escolha do paradigma houve uma opção – e, sem dúvida, um erro –[121]que não se refletiu apenas sobre os instrumentos e o método, mas também sobre o objeto, sobre a idéia que se devia fazer do homem.[122]

Conclusão

Em filosofia, é penoso levar adiante uma investigação: entre os discursos, há o que se acredita serem traços comuns de ações maiores, que iluminaram, obscureceram, desencaminharam ou estruturaram o século. Daí resulta uma dupla tarefa: discernir quais foram os programas intelectuais, éticos, políticos ou espirituais decisivos no período; e relacioná-los – ou mostrar que não tiveram nenhuma relação entre si – com os grandes acontecimentos que marcaram este final de milênio. Foi esse o método seguido por Tucídides em sua *História da Guerra do Peloponeso*: os principais protagonistas do drama expõem seus projetos em um total de trinta e nove discursos;[123] o relato permite comparar aquilo que queriam com aquilo que produziram. Os filósofos não mostram melhor desempenho: na verdade, inclinam-se a privilegiar os discursos e negligenciar a ação. A realidade histórica é marcada pela dicotomia fundamental da palavra e a *vita activa*:[124] ainda que os discursos tenham uma eficácia própria, ocorre – como disse Austin –[125] uma ruptura entre dizer e fazer, pelo simples motivo de que o próprio da ação é estabelecer um começo e criar o irreversível. Repitamos aquilo que há um século Maurice Blondel assinalava: "É para a ação que terá de ser levado o centro da filosofia, pois lá também se encontra o centro da vida."[126] Apesar de tudo, a clarificação e a edificação, mas também a exaltação reverente da idéia de estrutura representam uma das grandes aventuras intelectuais e práticas deste século. De fato, a idéia de estrutura é indissociável da busca da unidade do inteligível e a busca do real. Em ciência, essa idéia induziu a vontade de buscar, sob a multiplicidade das leis funcionais, os princípios da unificação. Hilbert deu o tom em 1899, escrevendo no começo dos seus *Fondements de la géométrie*: "Como a aritmética, a geometria exige para a sua elaboração apenas um pequeno número de proposições. [...] Este trabalho é uma nova tentativa de constituir, mediante a geometria, um sistema completo de axiomas, tão simples quanto possível, e de deduzir os teoremas mais importantes, de maneira a evidenciar o papel dos diversos grupos de axiomas e o alcance de cada um deles."[127] Aqui as estruturas substituem o espírito; mas, para muitos matemáticos, elas não se reduzem de modo nenhum a construções mentais: descrevem as propriedades e as relações dos objetos matemáticos. Albert Lautman escreveu: "O que os matemáticos deixam para os filósofos é uma verdade que se revelará na harmonia das suas edificações."[128] A interrogação metafísica que conduz a idéia de estrutura é clara, e, como já vimos, foi formulada por Cournot: "Dar conta da parte da constituição do mundo exterior e da configuração do espelho que o reflete."[129] Ao expor o programa da "lógica superior", ele estabelecia os limites com que se depara o empreendimento: mesmo que estejamos equipados para compreender os mecanismos usados pela natureza, ela tem a sua opacidade aumentada pelos poderes que formam, animam e levam os seres vivos a se reproduzir e evoluir.

É nesse espaço em aberto entre a constituição das coisas e a configuração do nosso espírito que opera e se desenvolve a imaginação construtiva. Como Auguste Comte assinalou, ela é, por assim dizer, a mãe da razão, cuja eclosão prepara e cujo trabalho orienta. As faculdades estéticas "contribuem, pois, para a educação do espírito e do coração".[130]Assim, observa Michel Deguy, a imaginação, "no sentido complexo, ao mesmo tempo psicológico e transcendental, que lhe deu Baudelaire",[131] não tem por função produzir quimeras ou deformar o real: ela precede a razão e a ilumina. A imaginação é a mão do espírito, que palpa e sente aquilo que já não vê, nas ocasiões em que baixa até o ponto no qual as formas deixam de ser perceptíveis. Onde o visível se cala, onde não podendo ser visto deve ser concebido,[132] a imaginação insufla no espírito a sua luz natural. A falha da imaginação é a impaciência simplificadora. Por isso, continua válida a advertência de Cournot: hoje não mais podemos reduzir a diversidade das obras às arquiteturas da linguagem que ao longo de um século, não se mostrou capaz de reduzir todos os fenômenos da natureza a mecanismos. Foi a precipitação que arruinou o empreendimento estruturalista da década de 60, transformando o que fora um programa de pesquisa em um catálogo de soluções, ou, pior ainda, em um decálogo de princípios.

Esse acidente não diminui nem um pouco a grandeza de uma aventura intelectual de que muitos elementos foram incorporados à razão. Daqui por diante não será mais possível ignorar os resultados das pesquisas sobre a idéia de estrutura, sobre as limitações a que os homens estão sujeitos quando agem ou quando pensam. No entanto, será necessário distinguir, com maior rigor, as determinações inerentes a toda ação e a todo pensamento, da necessidade reificante que insere – ou precipita – o agente na natureza. Se a imaginação, poder transcendental e mediatário, liga as composições provisórias do espírito às ordens da realidade, as críticas que legitimamente podem ser endereçadas ao eu no decorrer deste século não destituem a alma de todo o seu poder constituinte. Para exercer sua capacidade de infinito, cabe ao espírito uma residência singular, um lugar único e adequado, o habitáculo de um indivíduo.

CAPÍTULO VI

Configurações da razão em meados do século XX

Introdução

Enunciamos a hipótese de que no decorrer das décadas de 30-40 a razão adquiriu uma configuração que refletia o estágio por ela mesma alcançado no século XX. Mas será que ainda se pode empregar o termo "razão" para qualificar as atividades e o poder do espírito? O que realmente caracteriza a razão – no sentido que lhe deu Kant – é ao mesmo tempo "a arte dos sistemas"[1] e a faculdade própria do espírito individuado, o "eu penso", de ratificar ou não suas próprias operações sem apoiar-se em uma autoridade externa. Esse poder foi questionado no século XIX: desapareceu a esperança de tornar inteligível, com a ajuda de um sistema único de categorias, a totalidade da experiência possível; a concepção de que as "idéias adequadas" levavam as marcas de sua verdade *sine relatione ad objectum* (sem relação com o objeto), cedeu lugar à visão segundo a qual é a experiência que, do exterior, confere validade às operações do entendimento; pôs-se em dúvida, finalmente, a atitude da razão no sentido de tornar seus atos adequados aos fins da pessoa humana. Em conseqüência, a idéia da razão quase caiu em desuso. Basta constatar a existência de uma faculdade de conhecer, quer a chamemos espírito, entendimento ou o que mais for.

Em 1950, quando iniciava seus alunos de *hypocagne* [curso superior de letras] na *Crítica da razão pura*, um mestre com o perfil de Michel Alexandre não apresentava Kant como autor de uma doutrina, e sim como o filósofo que tinha evidenciado fatos, revelando, desse modo, ao aluno que começava em sua classe, a constituição da experiência possível, bem como a do espírito humano. Seguir Kant não era iniciar-se em uma filosofia particular: era encarar o universo, penetrar nas estruturas da razão, discernir a forma única e universal que a experiência toma. Michel Alexandre citava o fecho do "Curso sobre Deus", de Jules Lagneau: "Mas é necessário [...] viver a vida, ao invés de experimentá-la? Mais uma vez, não é a inteligência que a pergunta traz de volta: somos livres, e nesse sentido o ceticismo é o verdadeiro. Mas responder 'não' é tornar ininteligível o mundo em si; é decretar o caos e estabelecê-lo primeiro em si próprio. O caos não é nada. Ser ou não ser, em si e em todas as coisas, é indispensável escolher."[2] O último convite soa como um apelo: ficou claro para nós que escolher a razão significava escolher a liberdade. Era um ato instantâneo, pelo qual o indivíduo decidia seu destino.

Formados nessa convicção, não nos acorria ao espírito que ele podia escolher entre diversas filosofias: a obra que Kant produziu não foi a que poderia ter produzido um "artista da razão"; ele havia iluminado e transcrito, como se alguém lhe ditasse, a "legislação da razão pura". Claro, sabemos que Kant leu, estudou e admirou Hume; que levou seus argumentos a sério e aceitou como fato a diversidade da constituição empírica dos indivíduos e, portanto, de suas convicções. E contudo, longe de se tornar céptico, Kant, assumindo a herança de Hume, achou que podia ir mais longe do que ele, evidenciando um elemento necessário – independente da experiência – que estava pronto para ser utilizado na constituição da experiência possível. A idéia de que existia uma "lógica transcendental", e não apenas a "lógica formal", atesta essa descoberta: no interior da experiência possível, no próprio trabalho do espírito, se exerce um poder de ligar não apenas as representações, mas também as coisas. A lógica formal estaria em condições, mediante suas próprias forças, de estabelecer ou controlar laços abstratos – lógico-matemáticos – entre os conceitos. Mas a razão não se satisfaz apenas com a não contradição de suas representações; quer firmar o pé no solo firme da realidade; espera e profetiza a unidade. Não lhe basta ter um conceito lógico da filosofia; tem necessidade de um conceito "cósmico", capaz de articular os programas teóricos do conhecimento, os fins da ação e a constituição do mundo. Jules Lagneau foi direto à última alternativa: "Ser ou não ser, eu e todas as coisas, é necessário escolher." A razão não é um poder estranho ao mundo, uma faculdade acósmica. Não é mais do que o pacto da comunidade humana e da pessoa com o universo. Mas, objetar-se-á, um empirista poderia dizer o mesmo! É verdade. E também é verdade que Kant evitou criticar Hume. O que ele acrescentou foi o seguinte: esse laço é ao mesmo tempo responsabilidade e aliança, promessa e dever, *vinculum substantiale* (laço substancial) e *commercium spirituale* (intercâmbio espiritual). Contudo, segundo Kant, o espiritual só existe mediante a ordem dos corpos, dentro do reino da experiência possível.

Nesse rápido esboço, temos o espírito racionalista, religioso e laico no qual fomos formados. Trata-se, seguindo o passo de Kant, de descobrir e exercer sua liberdade; desse ponto de vista, a filosofia era uma experiência individual, que a ninguém jamais poderíamos delegar e tampouco reproduzir mimeticamente. Mas essa experiência apresentava uma singularidade: conduzia, em certas condições, a uma iluminação que penetrava no espírito e o incendiava, fazendo-o perder os contornos de sua constituição empírica e adquirir um novo status – essa espécie de batismo faz com que o indivíduo se torne provisoriamente igual a Tales ou companheiro de Galileu. Ele não se eleva acima de si; entra em uma comunidade de espíritos, signo visível da unicidade da razão. A profusão inumerável dos homens torna infinitamente improvável que a razão se encarne inteira em um deles, mas cada homem leva uma certa marca, uma espécie de sinal, que testemunha sua participação no reino da razão.

Essas iluminações são ações do espírito, mediante as quais o entendimento produz conceitos e os organiza, enquanto a razão vigia com o canto do olho tais operações a fim de validá-las ou rejeitá-las. A razão não ratifica a construção de modelos, mas algo bem diferente: a certeza de que uma necessidade inteligível impregna o conjunto da experiência possível. Tal afirmação seria gratuita, ou, como no *Timeu*, programática, se não houvesse, para autenticá-la, uma realização efetiva da razão, a mecânica de Newton. Kant viu perfeitamente, como assinalou Karl Popper, que a mecânica clássica não repousa inteiramente na experiência, mas comporta um elemento *a priori*. Ele afirmou (e essa idéia seria fortemente criticada no século XIX) que tal elemento independente da experiência – inerente à mecânica clássica – é "sintético", possuindo em si uma espécie de multiplicidade que o espírito conduz à unidade sem precisar inspirar-se no conhecimento empírico. Em resumo, no cerne da razão opera a imaginação construtiva, criadora de ficções; mas as ficções não são quimeras; chegam, pelo contrário, a ter um caráter anunciador, marcham na vanguarda da experiência e tratam de explicá-la. Kant, todos sabem, referiu-se à imaginação como "uma força oculta nas profundezas da alma". O que o distingue dos empiristas é que ele atribuiu à imaginação, quando aliada ao entendimento, uma virtude que Hume concebia em termos muito mais estritos: Kant creditava a essa virtude o poder de dizer – ou pelo menos de pressentir – o que é, enquanto que os empiristas atribuíam à imaginação construtiva apenas a faculdade de propor esboços ou resumos da experiência efetiva.

Simplificando, poder-se-ia dizer que a razão está em jogo em relação ao status da imaginação: essa que alimenta a experiência e a lembrança, que disciplina a matemática e a lógica, que estimula a sensibilidade e a liberdade, seria uma espécie de instrumento espiritual do tato, uma faculdade de discernir o estofo e a estrutura das coisas? Ou seria ela o gênio oculto do espírito, que o guia e inspira, sem contudo lhe prometer que pisará a terra firme da verdade e da realidade? Para Einstein, essa opção não é alternativa: no seu entender, nada há de contraditório no fato de que o espírito não possa mais do que forjar ficções, e que essas ficções tenham caráter realista. Sob esse aspecto, e por um caminho que não é o de Kant, Einstein chegou ao mesmo resultado obtido pelo filósofo. Os princípios da relatividade geral são ficções; mas a geometria do universo que eles evidenciam não é imaginária, e sim real. A voz de Einstein permanece como uma exceção no século, não porque tenha sido o único a pensar assim, mas porque a filosofia implícita da física quântica privilegiou uma outra noção das coisas, nem realista nem platônica.

Em resumo, uma dúvida se apoderou de nós, ou melhor, do nosso tempo, embora Kleist já a houvesse experimentado imediatamente após a publicação da *Crítica da razão pura*:[3] ainda tem sentido a idéia da razão? Não seria ela um sonho, agora dissipado? Devemos dizer "adeus à razão" ou voltar às exigências e às esperanças de Kant? Não seria nossa missão esboçar aquilo que poderá ser, no século XXI, o rosto da razão? Para responder a tais perguntas, convém primeiro examinar como o século XX passou a borracha sobre a razão, como a ela renunciou.

1. Renúncias da razão

O século XX, de certa maneira, renunciou à razão enquanto legislação interna de si mesmo. A sanção interior das idéias pela necessidade e a evidência foi substituída, neste século, pela sanção exterior da ação e do sucesso. Exagerando um pouco, poder-se-ia dizer que há uma regressão, e quase um eclipse da razão. São várias as causas de tal fato – trata-se de um processo bastante lento em seu desenvolvimento e múltiplo em suas formas.

Uma primeira causa, analisada por Duhem, remonta à Antigüidade. Durante quinze séculos, a ciência oscilou entre duas atitudes: adotar o ponto de vista do astrônomo, que pretende "salvar os fenômenos", e o do físico, que quer apreender a natureza das coisas. No primeiro caso, ela se atribuiu a tarefa não de explicar mas de descrever; no segundo, escolheu como objetivo abarcar a realidade substancial das coisas. "A Astronomia, portanto, não apreende a essência das coisas celestes; apenas dá uma imagem delas; e essa imagem não chega a ser exata, mas apenas aproximada."[4] O autor relaciona essa atitude com o positivismo.[5] "Ela está muito longe, é certo", Duhem observava, "da ambiciosa Física, que [...] pretende especular tão profundamente sobre a essência das coisas celestes, que consegue fixar os princípios essenciais da Astronomia."[6]

Essa oposição tradicional se transformou, no início do século XIX, quando vários físicos (no sentido moderno da palavra) obtiveram a primeira prova de que à ciência não cabe procurar as causas ou a natureza íntima dos fenômenos, mas as suas leis. Joseph Fourier, o primeiro entre eles, elaborou uma "teoria analítica do calor", em que abordava matematicamente as questões da radiação, condução e convecção do calor, sem que nenhuma hipótese mecânica, ou de outro tipo, fosse feita sobre a sua natureza. Raciocinando sobre exemplos próximos daqueles que Kant havia usado para ilustrar a categoria da causalidade, Fourier mostrava que a teoria analítica do calor não tinha nenhuma necessidade do conceito de causa: ela se assentava na hipótese de que os fatos estudados estavam sujeitos "a leis simples e constantes, que podemos descobrir através da observação".[7] As causas não são negadas, mas também não desempenham papel algum nas teorias científicas. A teoria não se aplica às causas do calor, mas aos seus efeitos, que "compõem uma ordem especial de fenômenos".[8] "Para fundar essa teoria", Fourier acrescentava, "era necessário, antes de tudo, distinguir e definir, com precisão, as propriedades elementares que determinam a ação do calor."[9] Uma vez repertoriados, esses fenômenos "resolvem-se em pequeníssimo número de fatos gerais e simples; e, a partir daí, toda questão física desse gênero será submetida à pesquisa da análise matemática".[10] Esses resultados, que Fourier alcançou em 1806, apenas dois anos após a morte de Kant, tiveram um considerável impacto intelectual, pois traduziam dois fatos da maior importância: a descoberta de uma nova teoria física, independente da mecânica de Newton; e a elaboração de uma ciência rigorosa, que não fazia nenhum uso operacional da noção de causa. Fourier não tinha qualquer projeto filosófico; não obstante, sua obra iria impressionar Auguste Comte e servir de modelo aos positivistas. Para estes, a lição de Fourier era clara: as matemáticas propunham sua lógica à natureza; e assim, de maneira contingente, a necessidade era introduzida nos fatos da experiência. Em troca, eles nada explicavam sobre a natureza das coisas, contentando-se em descrever aquilo que é passível de observação.

Sob a aparente simplicidade da tese esconde-se, de fato, uma concepção implícita, porém grandiosa, da imaginação. Com efeito, observar não permite de modo algum ver o calor se propagar no interior de um sólido ou animar um fluido de correntes de convecção. Aquilo que nem o olho nem o microscópio vêem, a imaginação reconstrói. De fato, as equações fundamentais de Fourier são "ficções": representam matematicamente o escoamento de um fluido imaginário entre dois pontos extremamente vizinhos; estabelecem uma proporção entre a quantidade de calor que passa pela unidade de tempo de um a outro ponto, bem como a diferença de temperatura entre esses pontos; postulam que a quantidade de calor é proporcional ao tempo no decorrer do qual ocorre sua "propagação" no interior do sólido; e indicam exatamente que a marcha do fenômeno depende da natureza física do condutor (cobre, ferro, madeira etc.). Trata-se de reconstruções ao mesmo tempo racionais e imaginárias, em que as idéias suprem lacunas de visão. Em Fourier a imaginação tem um alcance cosmológico: guia o espírito científico em sua exploração do universo. No início do "Discurso preliminar", em que expõe a extensão de seu empreendimento, ele observa: "O calor penetra, como a gravidade, em todas as substâncias do universo, suas radiações ocupam todos os pontos do espaço." De chofre, ele atribui à sua teoria um campo de aplicação coextensivo ao universo, e acrescenta que "nenhum sujeito tem relações mais extensas com os progressos da indústria".[11] Assim, o novo questionamento do uso da noção de causa pelas ciências teve desde o início uma amplitude ao mesmo tempo teórica e prática: alcança as ciências e também a técnica.

Se entre os fundadores do positivismo a imaginação humana é a medida do universo, é porque viram nela a faculdade que, na história da humanidade, educou a razão. Mas, por sua vez, a imaginação deve concordar em perder "irrevogavelmente sua antiga supremacia mental"[12] em proveito da observação. E Auguste Comte concluía: "Em uma palavra, a revolução fundamental que caracteriza a virilidade da nossa inteligência consiste essencialmente em substituir, por toda parte, a inacessível determinação das causas propriamente ditas, pela simples procura de *leis*, isto é, das relações constantes que existem entre os fenômenos observados."[13] Auguste Comte descreve em seguida um processo de despossessão: só podemos conhecer as relações entre efeitos, "sem jamais penetrar no mistério da sua produção";[14] o estudo dos fenômenos "deve permanecer sempre relativo à nossa organização e nossa situação", sem jamais esperar "que poder algum o torne absoluto".[15] E, sobretudo, a validação da ciência é confiada a uma jurisdição exterior ao espírito, pois seus princípios são apenas "fatos verdadeiros": "Qualquer que seja o modo, racional ou experimental, de efetuar a sua descoberta, será sempre e exclusivamente de sua conformidade, direta ou indireta, com os fenômenos observados, que resultará em sua eficácia científica."[16] A única afirmação do espírito vinda de uma fonte interna é a crença na imutabilidade das leis da natureza. Mas mesmo em tal caso Auguste Comte aponta para a origem teológica e metafísica, e não para recusar-lhe a validade.

Há um motivo pelo qual nos mantivemos tão longamente restritos a Joseph Fourier e Auguste Comte: o fato de que, em certa medida, a argumentação positivista, entre os fundadores, é mais clara e mais sutil do que em seus atuais continuadores. Estes cuidaram mais do refinamento dos detalhes e dos procedimentos lógicos do que da renovação das idéias.

Após ter, sucessivamente, negado à razão suas pretensões de penetrar na substância das coisas, discernir seu encadeamento causal e controlar, de dentro, as produções do entendimento, restava um último passo a dar, uma última ilusão a desmascarar: a faculdade de conhecer descobriria leis universais e imutáveis, como acreditam até hoje os positivistas, ou discerne apenas o comportamento e os "hábitos" da natureza? A questão remonta à Antigüidade: mas foi somente depois do século XVIII que se começou a aplicá-la não mais à consciência ordinária mas ao saber científico. Pode-se ligar essa pergunta à reflexão do século XVIII alemão sobre o gênio. Se, de fato, a natureza opera como um artista, nada garante que suas produções obedecerão a regras destinadas a permanecer imutáveis através dos tempos. Por que não modificaria ela os seus hábitos? Por que não teria suas épocas, suas modas e seus estilos? Por que não mudaria de idéias? Se assim fosse, a tarefa da razão seria a de permanecer em sua escuta, perceber sua voz, adivinhar suas intenções e inflexões. Será penetrando em suas dobras, como por empatia, que realizaremos, talvez, o sonho e a palavra de ordem de Spinoza: fazer com que a ordem e a conexão das idéias sejam o mesmo que a ordem e a conexão das coisas. Se a natureza produtora (*Natura naturans*) é um poder artístico, suas leis são "contingentes",[17] e a razão deixa de ter competência própria: ela deve, até no mais fundo de seu ser, aceitar e celebrar o arbitrário criador da natureza, consentir em ser habitante de um mundo que, como o de Heráclito, é "novo a cada dia".

Abalos e barreiras

Não há como escaparmos à melancolia quando recapitulamos, ainda que por alto, esses grandes acontecimentos. Eles ilustram a justeza da velha observação: *Corruptio optimi pessima* (a corrupção do melhor é a pior). No entanto, barreiras heróicas, programas especulativos originais e grandiosos fizeram frente a esse niilismo difuso, a esse abandono da razão. Como assinalava Kant, mesmo que "não se encontre em nenhum lugar" um legislador da razão, a idéia de uma tal legislação permanece acesa em muitos de nós, e "se encontra em todas as partes da razão humana".[18] Por "legislação da razão" não se deve entender apenas as leis da natureza, mas também a da liberdade, isto é, os princípios que esclarecem e governam a ação.

Na época das Luzes, e mesmo no século XIX, supunha-se de fato que existia, ou se podia criar uma harmonia natural entre o uso teórico e o uso prático da razão. Claro, a violência, a guerra, a injustiça, as epidemias, as fomes e as aberrações da história estavam tão presentes quanto hoje, mas não vinha ao espírito a idéia de que a razão, como tal, tivesse alguma relação com elas. A razão era vista como o tribunal de recursos. Sim, Kant havia mostrado que uma constituição só podia ser considerada boa se seus demônios inteligentes a respeitassem: "O problema de uma constituição, feita para um povo de demônios (me perdoem o que houver de chocante na expressão), não é impossível de resolver, desde que esse povo seja dotado de entendimento."[19] Mas essa ficção implica também, por contraste, que a vontade dos homens pode se extraviar, sem ser por isso intrinsecamente perversa ou diabólica.

A antropologia cristã, que ainda serviu de base para as Luzes, repousa na idéia de que ter acesso à verdade exige uma alma determinada. Mas não ignora que a vontade, em si, é opaca, intermitente e dividida. "É uma doença do espírito, que não se ergue por inteiro quando a verdade o convoca..."[20] Meditando sobre as infelicidades de Jó, Kant, por sua vez, evidencia "o conflito da retidão, como exigência capital em matéria de fé, com a tendência para a falsidade e a deslealdade como vício capital da natureza humana".[21] Em suma, não se desconheciam nem o caráter pessoal da ligação entre o entendimento e a vontade, nem a cisão interna do querer, e tampouco a duplicidade que o homem pode descobrir em sua conduta, seu pensamento e sua vida.

No final do século XIX, todavia, ocorreu uma espécie de abalo: subitamente, e sem que esse acontecimento pareça relacionar-se com causas históricas patentes, desfez-se o laço substancial entre o conhecimento e a vontade, que havia caracterizado as antropologias cristã e racionalista. Com seus escrúpulos, seus métodos e seu legalismo, a razão não pareceu estar mais em causa: os homens de ação ou de poder começaram a substituir os homens de pensamento, enquanto as técnicas oportunistas substituíam as teorias. Na sociedade introduziu-se o mobilismo[22] da natureza, real ou imaginário. E se proclamou que nela tudo era movimento, criação e destruição. Foi desse sopro cósmico, rapidamente alterado e pervertido, que no nosso século nutriram-se revoluções e totalitarismos. O empirismo clássico, que implicava a aventura e o risco, foi substituído por um novo fenomenismo, não mais insular, porém continental, que oscilava entre o quietismo e o ativismo, entre o niilismo e a esperança positivista. Como freqüentemente ocorre, os iniciadores dessa odisséia tinham mais sutileza, audácia e prudência do que alguns dos seus herdeiros.

2. Primeira resposta: o empirismo lógico

O Círculo de Viena

Entre as barreiras levantadas contra o niilismo, duas tiveram amplitude e destinos singulares: o empirismo lógico e a fenomenologia transcendental. Ambos tentaram conceber programas audaciosos e rigorosos para a razão.

O Círculo de Viena inscreveu seu estatuto em uma brochura editada por Hahn, Neurath e Carnap para a Sociedade Ernst Mach, em 1929, sob o título *A concepção científica do mundo.*[23] O grupo, dizia o manifesto, era "composto por pessoas que compartilham a mesma atitude científica fundamental".[24] Era uma reação ao surto de pensamento metafísico e teológico, orientada pelo "espírito das Luzes",[25] tendo por objetivo introduzir na teoria do conhecimento o rigor que prevalecia nas ciências da natureza. Esse empreendimento foi concebido pelos seus idealizadores como "antimetafísico"[26] – no sentido que Mach tinha dado à expressão em "Notas antimetafísicas" – e como vienense: "Razões históricas explicam o fato de Viena ter sido um lugar particularmente propício a tal desenvolvimento. Ao longo da segunda metade do século XIX o *liberalismo* foi a tendência política dominante em Viena."[27] Desse modo é invocado o espírito dos lugares, bem como a tradição social e política da capital do Império, que "punha Viena em posição de vanguarda da *educação popular* cientificamente orientada".[28] Os autores mencionavam a ação de Victor Adler e de Friedrich Jodl no estabelecimento da Associação de Educação Popular; e sabe-se que recebiam o título de *Popüläre Schriften* as aulas de filosofia de Ludwig Boltzmann, sucessor de Mach, considerado um dos inspiradores do grupo em razão de suas "idéias claramente empiristas".[29] Mas o Círculo insistia também no seu espírito internacional: "Nos dias 15 e 16 de setembro de 1929, a Sociedade E. Mach realizará, juntamente com a Sociedade de Filosofia Empírica de Berlim, uma reunião, em Praga, para tratar da teoria do conhecimento das ciências exatas";[30] o Círculo, que como já vimos punha-se sob a égide das Luzes, reclamava para si a grande tradição dos empiristas ingleses e invocava os nomes de Comte, Poincaré e Duhem.

Esse manifesto tinha por objetivo definir o programa de trabalho, as "linhas diretrizes" do Círculo: "A concepção científica do mundo não se caracteriza tanto pelas teses apropriadas, porém mais pela sua atitude fundamental, seu ponto de vista, sua direção de pesquisa. O seu objetivo é a ciência unitária."[31] Daí "a pesquisa de um sistema neutro de fórmulas, de um simbolismo purificado das escórias de línguas históricas, e daí, também, a pesquisa de um sistema total de conceitos".[32] O objetivo, portanto, é fixado com perfeita clareza: as "profundezas" insondáveis da metafísica são rejeitadas; o culto do mistério e da subjetividade, banido: "Tudo é acessível ao homem, e o homem é a medida de todas as coisas."[33] Em outras palavras: "A concepção científica do mundo não reconhece *enigmas insolúveis*."[34] O programa do Círculo afirmava ainda: mesmo que "a totalidade do vivido fosse uma rede complexa, que nem sempre pudesse ser abarcada com o olhar",[35] essa complexidade não impossibilitaria a constituição de uma "ciência unificada", graças a um trabalho de elucidação dos fundamentos e dos métodos dos conhecimentos. Nessa perspectiva, é a seguinte a missão da filosofia: "clarificar enunciados e problemas"; desmascarar os "simili-problemas"; transformar, na medida do possível, questões filosóficas insolúveis em "problemas empíricos, pela própria submissão ao julgamento da ciência da experiência".[36]

O instrumento dessa iniciativa é o "método da análise lógica".[37] Trata-se de estabelecer uma linha de demarcação entre dois tipos de enunciados: os que se ajustam às "fórmulas da ciência empírica",[38] e todos aqueles que, não satisfazendo à exigência de confirmação empírica, são declarados, sem mais delongas, "desprovidos de significação".[39] Não se trata, em princípio, de reduzir os artistas e os místicos ao silêncio, mas de lhes denegar a capacidade de enunciar realidades, de comunicar conhecimentos. "Quando um místico afirma ter experiências que se situam para além de todos os conceitos, não se pode contestá-lo. Mas ele não pode dizer nada, pois falar significa captar alguma coisa dos conceitos, reduzi-los a fatos suscetíveis de serem integrados à ciência."[40] Os autores do manifesto se interrogam, então, sobre o que motiva a persistência da metafísica e, depois de ter entrevisto possíveis explicações psicológicas e sociológicas, acrescentam: "Os primeiros elementos de uma explicação mais profunda acham-se talvez nas pesquisas da psicanálise freudiana."[41]

Mas foi no uso defeituoso da linguagem que eles encontraram "a origem lógica" dos erros ou das ilusões metafísicas: sobre esse ponto essencial, os autores do manifesto reconheceram suas dívidas para com Russell e Wittgenstein. E tiraram uma conclusão altissonante: "Assim, a análise lógica não triunfa apenas sobre a metafísica no sentido próprio e clássico do termo, em particular a metafísica escolástica e a do idealismo alemão, mas também sobre a metafísica oculta do apriorismo kantiano e moderno."[42] Aí está uma afirmação fundamental da Escola de Viena, como reconheceram seus próprios fundadores: "É justamente na rejeição da possibilidade de um conhecimento sintético *a priori* que reside a tese fundamental do empirismo moderno. A concepção científica do mundo só reconhece os enunciados da experiência sobre os objetos de todos os tipos, e os enunciados analíticos da lógica e das matemáticas."[43]

Ao mesmo tempo, é definido aquilo que poderá ser objeto da ciência: "Só a estrutura (a forma da ordem) dos objetos, e não a sua 'essência', pode entrar na descrição científica."[44] As afinidades entre o estruturalismo e o empirismo lógico são claras, portanto: os dois movimentos se apropriam do programa de Hilbert e afirmam que a natureza individual dos objetos conta menos que as suas relações: "O que liga os homens na linguagem são as fórmulas estruturais; elas representam o conteúdo do conhecimento comum aos homens. As qualidades vividas subjetivamente – o vermelho ou o prazer – são, em si, apenas experiências vividas, não conhecimentos. Na ótica física entra somente aquilo que mesmo um cego possa, em princípio, compreender."[45]

Essas concepções impregnam até hoje o pensamento ocidental. Quine, por exemplo, confessa: "Não reconheço a existência de espíritos, de entidades mentais, a não ser como atributos ou atividades desses objetos físicos, que são as pessoas." Na sua opinião, perguntou-lhe Bryan Magee, pedindo uma resposta precisa, "os desejos, emoções, sentimentos, decisões, pensamentos, são processos [...] que se produzem nos objetos físicos de um certo tipo, e não são apenas acompanhados de mudanças microfísicas, mas *são* as próprias mudanças? – Exatamente",[46] respondeu Quine. O sujeito é um objeto; não profere nem cria a palavra; ele a secreta e a produz, como um bômbix, no caso da seda.

A adoção desse monismo fisicalista não é sentida como uma tomada de posição metafísica, mas como rejeição, por bem fundadas razões científicas, da própria metafísica. A atitude do filósofo inglês Alfred J. Ayer é característica. Depois de passar o outono-inverno de 1932-33 em Viena, único ouvinte estrangeiro ao lado de Quine, ele voltou para a Inglaterra e publicou em *Mind* um artigo intitulado "Demonstração da impossibilidade da metafísica".[47] Seu propósito era dar à filosofia um grau de rigor e de certeza comparável ao das ciências, eliminando dela tudo aquilo que não fosse verificável, com a ajuda de protocolos experimentais semelhantes aos que vigoram na física. Não cabe ao sujeito pensante decidir sobre a validade daquilo que enuncia; esse poder de legitimar ou rejeitar foi transferido para a própria linguagem, por meio de procedimentos de aceitação ou rejeição, que, no limite, funcionam mecanicamente. A lógica desempenha o papel de um juiz imparcial e impessoal. Essa maneira de filosofar comporta alguns traços positivos: lembra oportunamente que o sentido dos enunciados está estreitamente ligado à experiência; mostra-se exigente em matéria de argumentação; insiste na necessidade da coerência. Rapidamente, porém, o método se transforma em doutrina, e a doutrina em ideologia. Surge, em particular, um desequilíbrio entre a sintaxe e a semântica. Seus seguidores apegam-se mais ao cálculo do que ao sentido, embora Tarski tenha restabelecido em seus ensaios o conceito semântico de verdade, o de Aristóteles, o dos escolásticos e o de Kant. Negligenciam, acima de tudo, a distinção feita pelo lógico polonês entre as línguas naturais ("semanticamente infinitas" mas sujeitas a paradoxos como o de Epimênides) e as línguas artificiais, construídas para as necessidades da ciência, em que o uso do conceito de verdade escapa às contradições. Por uma estranha cegueira, a partir da década de 1960, essa linha de demarcação seria esquecida, e se pretenderia "formalizar" aqueles enunciados que demonstrações de trinta anos antes haviam apontado como não "formalizáveis" em sentido lógico.

O Congresso de Praga

Para compreender o destino do empirismo lógico na França dos anos 60 será necessário voltar, por um momento, ao Congresso de Praga, realizado de 2 a 7 de setembro de 1934, no qual, como então registrou Jean Cavaillès, "um dos acontecimentos [...] foi a primeira apresentação, diante de assembléia filosófica tão numerosa, do Círculo de Viena como grupo constituído. [...] Em Praga", prossegue Cavaillès, "cidade de Bolzano e Ernst Mach, a nova escola, em peso, podia proclamar com vigor a unidade dos seus pontos de vista e o interesse dos resultados já obtidos".[48] Em seu informe, Cavaillès situava a doutrina neopositivista, relacionando-a às teses do *Tractatus logico-philosophicus*. Na França, a obra de Wittgenstein era conhecida apenas por um pequeno círculo de filósofos e lógicos.[49] E como argumentava o autor do *Tractatus*? Se "os limites da minha linguagem são os limites do meu universo (5-6)", ele afirmava, inversamente "os limites da lógica são também os limites do mundo (5-61)". Logo, observa Cavaillès, seria "tão absurdo divisar um mundo que escapasse à lógica, quanto ter a pretensão de discorrer sobre outra coisa que não fosse o mundo ou as suas fronteiras".[50] Para a filosofia, isso era uma decisiva mudança de objeto: "Já que seu último refúgio – a lógica – é estéril, [...] seu único objetivo [será] 'o esclarecimento das proposições' (4.112)."[51] Quando compunha o *Tractatus*, Wittgenstein lia Dostoievski e Tolstoi, e preparava-se para renunciar à sua própria fortuna a fim de tornar-se professor e espantar Russell com seu misticismo. Sua reflexão abarca o conjunto dos enigmas da condição humana.

Bem diferentes seriam as conseqüências que o Círculo de Viena iria extrair do *Tractatus*. "A única realidade", notava Cavaillès, a propósito de Carnap, "é o edifício científico, a língua imagem do universo."[52] O espírito da Escola de Viena caracteriza-se, ele prossegue, pela afirmação da "autonomia do saber científico [...], ou seja, de que o triplo esforço de sistematização, homogenização e verificação se dá sem nada de extrínseco em um movimento que deve ser uno".[53] Cavaillès, ele próprio, duvida de "que essa concepção totalitária da ciência permita eliminar os problemas de fundo ou de correspondência apresentados em língua vulgar no próprio terreno do neopositivismo".[54] Em compensação, elogia o rigor do método da Escola de Viena: "As discussões de Praga trouxeram à luz as vantagens da clareza e da precisão: dos resultados que *ela* obtém, *ela* mesma tem de determinar, diretamente, o sentido e o valor."[55] Assim, na metade da década de 30, a imagem do Círculo de Viena já estava perfeitamente definida em um meio culto e restrito.[56]

O pós-guerra

Ao fim da Segunda Guerra Mundial já não viviam muitos dos que haviam defendido a liberdade de arma na mão: Jean Cavaillès morrera em fevereiro de 1944, na fortaleza de Arras, sob as balas alemãs; Albert Lautman fora fuzilado naquele mesmo ano. Pode-se imaginar o que tais espíritos teriam extraído da vontade de tornar a filosofia uma "ciência rigorosa", mesmo que esse objetivo não fosse sugerido pelo Círculo de Viena, mas por Husserl e, antes dele, por Spinoza e Platão. Cavaillès aproveitou sua estada na prisão para escrever, antes de se evadir, *Sur la lógique et la théorie de la science.*[57] Nesse ensaio ele concebia, com um espírito mais espinosista do que husserliano, a unidade do desenvolvimento histórico das matemáticas e de uma espécie de engendramento intemporal que podia também ser o seu, *sub specie aeterni.* Isso não significa que a contingência das descobertas esteja fora de cena; ela, porém, inscreve-se em um processo de livre criação, que constitui no entanto um caminho necessário. Retomando a célebre constatação de Weierstrass, para quem "as matemáticas são mais uma ação do que uma doutrina",[58] Cavaillès, sem privilegiar o *cogito*, esclarece a constituição, a unidade e a história da ciência. "Não é uma filosofia da consciência, mas uma filosofia do conceito, que poderá dar uma doutrina à ciência", escrevia no final do ensaio. Georges Canguilhem, seu amigo e companheiro durante a resistência, acolheria essa concepção nas ciências da vida.

Na França da década de 50, os nomes de Wittgenstein, Ayer, Popper e dos integrantes do Círculo de Viena eram raramente mencionados. A curiosidade que haviam suscitado antes da guerra esvaiu-se ante o sucesso da filosofia da existência.

Retorno ao positivismo lógico

Em Viena, após a Primeira Guerra Mundial, o positivismo lógico tinha sido uma grande aventura. Reapresentada quarenta anos mais tarde, por atores menos esclarecidos, a peça adquiriu contornos de comédia erudita. Belos trabalhos de lógica, interessantes estudos de filosofia das ciências, proveitosas pesquisas sobre a linguagem foram artificialmente arrolados em um novo totemismo. Não se falava mais de ciência, mas de cientificidade. Competências incertas encontrariam seus papéis, mas a paisagem filosófica tornava-se mais confusa, mais uniforme e mais frouxa. No fim do século XVII, o empirismo havia nascido de um debate teológico: poderia o homem chegar às causas últimas das realidades existentes, ou, como pensava Malebranche, chegaria somente às causas ocasionais? Hume conferiu à questão um caráter profano e reduziu o encadeamento causal às regularidades observadas; Auguste Comte, como já vimos, seduzido pelas descobertas de Fourier, tinha dado por missão à ciência pesquisar as leis e não a natureza e a origem dos fenômenos. O esquecimento das causas levou ao idealismo e depois ao positivismo. A pesquisa das leis levou a organizarmos nossas representações em uma pintura, da qual se pede que seja mais intrinsecamente coerente do que fiel à realidade. O excesso de admiração pelo positivismo lógico, na França, a partir dos anos 60, foi a repetição daquela cena primitiva duzentos anos depois. Desde que as noções de causalidade e verdade se tornaram suspeitas, só restavam dois critérios para julgar o caráter científico dos "conjuntos discursivos": a eficiência prática e a coerência lógica. O empirismo lógico, como seu próprio nome indica, se conforma a essa dupla exigência.

A linguagem é um pacto

Feito o retrospecto, perguntamos como foi possível esquecer que, nos seus usos cotidianos ou poéticos, a linguagem é um juramento; longe de fechar-se em si, ela constitui uma tentativa de renovar o frágil e necessário pacto do homem com o universo. Nada compreende de filosofia inglesa quem ignora que seu empirismo estava lá para equilibrar a audácia de sua poesia metafísica ou a prodigiosa riqueza de sua literatura romanesca. Antes da Segunda Guerra Mundial, um crítico tão experiente como Charles Du Bos não se enganava quanto a isso. Comentando, em *Qu'est-ce que la littérature?*, uma carta de Keats, na qual o poeta definia o mundo como "o vale onde se modelam as almas", o escritor francês observava: "A grande poesia é a expressão daquilo a que a alma humana responde, daquilo a que adere. Assim, a história da alma dos grandes poetas vem a ser a história mais importante da alma humana." Lá, onde a filosofia não pode explorar a realidade através de conceitos, o poeta a aborda mediante emoções e figuras. Como disse Bergson: "Criação significa, antes de tudo, emoção." E Charles Du Bos cita a propósito uma página de *L'Énergie spirituelle*: "A natureza nos advertiu com um sinal preciso de que nosso destino está à vista. O sinal, no caso, é a alegria; digo a alegria, não o prazer. A alegria nos traz sempre o anúncio de que a vida triunfou, ganhou terreno, alcançou uma vitória: toda grande alegria tem um acento triunfal."[59] Por alma, Charles Du Bos entende aqui a individuação do espírito. E o artista, no caso, é a testemunha e o fiel copista de uma operação universal, constitutiva tanto da individualidade quanto da honra de cada homem, que, no entanto, permanece oculta nas profundezas do seu ser. Esse laço entre o lirismo e a completa e secreta medida de todo homem talvez explique porque, em tempos sombrios, são os poetas que salvam a honra.

3. A fenomenologia transcendental de Husserl

Sem dúvida, Husserl representa, no século XX, a última face da razão clássica. Ele não via a si mesmo como um continuador de Kant, e inscreveu sua obra sob o patrocínio inspirador de Descartes e o olhar corrosivo de Hume. A fenomenologia transcendental pode ser considerada uma tentativa grandiosa de justificar a dupla fidelidade do espírito ao mundo sensível e ao mundo que a ciência revisita. Não se trata, aliás, de uma dupla fidelidade, mas da busca de um fim único, de um procedimento que restituirá, com as mesmas operações iluminadoras, a constituição do mundo vivido e as configurações do mundo reconstruído ou reencontrado pela teoria. Husserl critica Kant, sem maiores explicações, por não ter "jamais penetrado na surpreendente profundidade da reflexão fundamental de Descartes" e de "jamais ter conduzido sua problemática de modo a procurar, em tal profundeza, os princípios e as decisões últimas".[60] Ele via em Descartes "o gênio fundador, original, da filosofia moderna". Husserl escreveu: "Depois de Galileu ter levado a cabo, pouco antes, a fundação original da nova ciência da natureza, foi Descartes quem concebeu a nova idéia da filosofia universal e lhe deu imediatamente uma função sistemática."[61] Para Husserl, o racionalismo autêntico era, ao mesmo tempo, pesquisa dos "fundamentos" e fonte das "decisões últimas". Era simultaneamente teoria e *praxis*.

Kant, como vimos, foi demasiado otimista ao pensar que um índice completo de categorias pudesse ser construído e a arquitetônica da razão pura pudesse, digamos, ser cartografada. Husserl assinalou que, para Hume, ao contrário, "são ficções todas as categorias da objetividade, aquelas que são científicas e nas quais a vida científica pensa um mundo objetivo exterior à alma, e aquelas que são pré-científicas e nas quais a vida de todos os dias pensa um mundo objetivo e exterior à alma".[62] Embora não subscrevesse as conclusões de Hume, em que via "na verdade uma bancarrota do conhecimento objetivo",[63] creditava ao filósofo inglês o fato de ter "trazido à luz aquilo que já estava em germe na reflexão cartesiana fundamental, ou seja, o fato de que o *conjunto da consciência do mundo*, seja pré-científico ou científico, constitui um *enigma assustador*".[64] Questionando as certezas mais familiares e os melhores juízos da experiência comum, Hume transformou as evidências anteriores em ficções: "E não passam de ficções até mesmo as categorias do mundo pré-científico, do mundo da simples intuição, as da corporalidade (ou seja, a identidade que supomos encontrar na experiência intuitiva imediata, como a identidade da permanência dos corpos), bem como a identidade pretensamente provada da pessoa."[65] Do retrato retocado que Husserl esboça de Hume, várias conclusões podem ser extraídas: embora Hume não chegue a atravessar as turbulências da dúvida e a alcançar a margem original, aproxima-nos, mais do que todos os outros, do *enigma* que vem a ser o próprio conhecimento do mundo; ele também evidencia que os limites do conhecimento não são rígidos, assim como não são as categorias enumeráveis; enfim, ele sublinha, desde Aristóteles foi possível pensar sem imaginar, sem criar ficções.

Husserl nos ensina, sobretudo, a tirar todas as conseqüências de um acontecimento que determinou nossa história até os dias atuais: a ciência nasceu apenas uma vez, e foi na Grécia; essa ciência – ou filosofia – faz a especificidade da Europa, entendida não como um lugar geográfico, mas um "lugar espiritual".[66] Do ponto de vista do método, o nascimento da ciência na Grécia, como acontecimento singular, autoriza-nos a tratar a Europa, no espaço e no tempo, como a cena única de uma história comum, não por "eurocentrismo", mas simplesmente porque o próprio da ciência como *theoria* está no fato de poder ser rememorada, reproduzida, revivificada *hic et nunc*. Cada um de nós, desde que assim deseje, poderá tornar-se – por um momento – um contemporâneo e quase um companheiro de Tales ou Arquimedes. Posso ouvir Sócrates, ver Platão, seguir Aristóteles, ficar perto de Heráclito recostado em uma das colunas do templo de Éfeso. Posso observar o sorriso de Hume ou ver Descartes afagar seu cão. É esse *vinculum substantiale*, esse *Bund der Geister*, esse comércio espiritual, o que legitima tais viagens no tempo e o que faz o gênio da Europa ser duas vezes nascido, uma vez da filosofia grega e outra da Bíblia, como dizia Clemente de Alexandria.[67]

A Europa segundo Husserl: um lugar espiritual ameaçado

Em 1935, Husserl sentiu que a idéia da razão como tarefa espiritual infinita – enigmaticamente aberta à revelação –,[68] estava em vias de desaparecer. A história se tornava sombria; gritos de alarme ressoavam: a razão – cujo poder sobre as coisas vinha aumentando – estava ameaçada de destruição. Esquecendo-se de que a auto-iluminação de seus atos faz parte dos seus deveres e de sua essência, ela aceitava que a reduzissem ao estado instrumental: "Era uma reflexão *prática* sobre o conhecimento, quero dizer, semelhante àquela que qualquer prático pode fazer em qualquer outra esfera do interesse prático e que se exprime nas proposições gerais de uma *tecnologia*."[69]

De seu lado, estendendo às sociedades os resultados de suas pesquisas sobre o psiquismo individual, Freud publicava, em 1929, *O mal-estar na civilização*, em que propunha – como já vimos – a seguinte questão: "Saberá o progresso da civilização, e em que medida, dominar as perturbações levadas à vida em comum pelas pulsões humanas de agressão e autodestruição?" Para ele, o obstáculo maior à civilização é justamente "essa hostilidade primária que ergue os homens uns contra os outros", e cuja violência é ainda mais temível, já que "as paixões instintivas são mais fortes do que os interesses racionais".[70] Pois "o homem não é aquele ser bondoso, coração sedento de amor, do qual se costuma dizer que se defende quando atacado, mas, ao contrário, um ser que deve debitar aos seus elementos instintivos uma boa porção de agressividade".[71] E prosseguia: "Os homens de hoje levaram tão longe o domínio das forças da natureza, que com sua ajuda tornou-se fácil se exterminarem até o último."[72]

Em 7 de maio de 1935, Husserl pronunciou em Viena duas conferências sobre "A crise da humanidade européia e a filosofia"; o filósofo diagnosticava uma "crise de existência na Europa", para a qual só podia antever dois desenlaces: ou a Europa, enquanto entidade espiritual, desapareceria, mergulhada no ódio e na barbárie, ou renasceria "do espírito da filosofia, graças a um ato heróico da razão".[73]

O *"coração da razão"*

Em 1930, portanto, dois grandes espíritos, Freud e Husserl, formulavam, a partir de indícios diversos, um mesmo diagnóstico. O que levou a ele? Houve renúncia da razão? Ou, ao contrário, a razão mostrou sua verdadeira face, oportunista, ardilosa, interesseira? Evidenciariam os séculos que a razão, quando reduzida a simples poder de inventar, ajustar ou copiar formas, vê-se dominada por um mimetismo no qual se percebe uma tendência ao esquecimento e à traição? Em *Le coeur de la raison*,[74] Pierre Trotignon usa como epígrafe essas linhas de *Krisis*: "Talvez se chegue a mostrar que a atitude fenomenológica total, e a *épochê* de que ela faz parte, são chamadas essencialmente a produzir, antes de tudo, uma completa mudança pessoal, que seria comparável, em primeira análise, a uma conversão religiosa, mas que traz em si a significação da maior metamorfose existencial jamais confiada à humanidade como humanidade." Nesse ponto, Husserl está próximo de Pascal ou de Santo Agostinho, situando no centro da ação, além do poder de imaginar ou pensar, a vontade – ou o coração – como capacidade, já vimos, de tomar as "decisões últimas", isto é, de fazer escolhas que determinam não somente o destino do indivíduo, mas, mediante suas ações, a orientação da humanidade. Como ele disse: "Somos, portanto – e não poderíamos esquecer —, os *funcionários da humanidade*."[75] Por uma certa e misteriosa simetria das defecções, toda renúncia a remontar ao íntimo se paga com uma impossibilidade de dominar o real. Nesse tocante, o realismo depende de uma ética da razão, quase no sentido da já mencionada passagem de Simone Weil acerca da atenção: "A bem poucos espíritos foi dado descobrir que as coisas e os seres existem."[76]

Conclusão: a clivagem da razão

Como testemunha a carta de Husserl para Arnold Metzger, o papel da razão, tanto para Kant quanto para Husserl, não se reduz a uma função instrumental: mesmo que "a obra da razão seja a de constituir sistematicamente a unidade de todos os atos empíricos possíveis do entendimento",[77] ela tem outros interesses: não tendo recebido de fora suas leis, suas máximas e seus princípios, ela vai buscá-los dentro de si, na liberdade, que tem a dupla propriedade de se alojar nos indivíduos e de constituir para a humanidade um bem comum. Não há pois, nos seres, nenhuma separação entre o trabalho especulativo da razão e seu comprometimento prático. Pensar e agir se distinguem como modos, mas não se separam como substâncias. Sem dúvida, é paradoxal o laço entre a teoria e a prática, no interior do indivíduo: necessário de direito, ele resta contingente de fato, pois sobre o espírito pesa – como assinalou Santo Agostinho – o risco da deserção.

Essa ameaça de divisão interna e de renúncia está ligada à essência do homem; e, nesse caso, é uma ameaça de todos os tempos. Em nosso século, porém, ela assumiu formas particulares: a clivagem da teoria e da prática, insinuando-se, banalizando-se, engendra as figuras políticas do mal. De um só golpe, ele impõe à ação fins específicos e estratégias originais.

CAPÍTULO VII

O mal no século XX

"O pólo de congelamento do homem
(em vez das chamas do forno crematório)."
André Siniavski

Introdução

Será através da observação do mal, com as feições que ele tomou em nosso século, sob a dupla forma da crueldade organizada e da infelicidade, que os homens poderão decidir os fins, princípios e modalidades de suas ações. Deverão eles estabelecer como finalidade dessas ações a procura da felicidade e, mesmo, o advento de um mundo "melhor do que o anterior"? ou será necessário que tentem, mais modestamente, limitar a infelicidade? Só a reflexão sobre o mal será capaz de nos sugerir uma escolha.

É claro que em todas as épocas os homens oprimiram, escravizaram e mataram outros homens. Mas o século XX imaginou outras formas políticas do mal, regimes de um tipo novo, denominados "totalitários". Sendo todos ditatoriais, não se assemelham contudo às ditaduras clássicas; devido a alguns dos seus traços, chegam a parecer regimes populares que falsificam a democracia. Mas, acima de tudo, apresentam uma particularidade que torna difícil o seu estudo: suas características são também as mais evasivas ao olhar. Para manter-se, necessitam especialmente da instauração de um sistema concentracionário, que não é um acidente conjuntural, mas um fato intrínseco à sua natureza.

Uma pesquisa sobre a razão no século XX exige que percorramos os círculos do inferno; e que interroguemos sobre as causas que os engendraram, pois as formas políticas da ação sempre são determinadas mais pelo mal que se quer contornar ou reduzir, e menos pelo bem que diretamente se procura.

Revisitar o século não é uma experiência reconfortante: Camus referiu-se a ele como o "inverno do mundo". No século XX a Europa conheceu duas formas principais de regimes totalitários, o "soviético" e o "nacional-socialista". Ambos representam um fenômeno enigmático, uma espécie de crime da humanidade contra si mesma. Tanto na Alemanha quanto na União Soviética terão as estruturas do mal agido como forças fatais? Ou os homens que as estabeleceram, ou que se deixaram fascinar por elas, ainda guardavam em si – mesmo quando se submeteram ao seu império – algum resto de liberdade ou algum senso de responsabilidade por ela? A razão, que de algum modo contribuiu para o mal organizado, achava-se implicada nesse aviltamento, nessa destruição do homem pelo homem? O fim da URSS e as mudanças ocorridas na Europa Oriental depois de 1989 reabriram um antigo debate: seriam os dois regimes radicalmente diversos?

Pode-se "pesar" o mal radical?

Se durante o século XX houve na Europa duas formas diferentes de mal radical, diversas em natureza mas equivalentes em horror, isso poderia significar que o mal extremo não é uno, mas múltiplo. A teologia cristã e a filosofia de Sartre nos inclinam a aceitar a unicidade do mal radical e a imaginar que suas raízes têm um caráter difuso por toda a humanidade. Sartre escreve na *Crítica da razão dialética*: "Nada, realmente – nem as grandes feras nem os micróbios –, poderia ser mais terrível para o homem do que uma espécie inteligente, carnívora, cruel, capaz de compreender e frustrar a inteligência humana, e cuja finalidade fosse precisamente a destruição do homem. Essa espécie, evidentemente, é a nossa."[1] O inferno não resultaria de uma perversão intrínseca dos homens, mas das condições que a *rareté* ("singularidade") lhes impõe. Tudo consistiria, então, em evitar que tais "condições" desencadeassem esses processos de descida ao inferno. Não parece que a ex-União Soviética haja detido tais processos.

Se no século XX houve dois infernos ontologicamente diversos – aquele em que se matava sem dar atenção à alma, porque se duvidava de que a vítima, já separada da humanidade, tivesse uma; e aquele em que se pretendia levar a vítima (entretendo-a com a possibilidade de salvação) a perder sua alma mediante a negação de tudo aquilo em que acreditava – com qual balança pesar esse dois infernos? Resta, efetivamente, um problema: será verdade que o regime soviético e os que, calcados nele, instauraram-se na China, Camboja e outros lugares não quiseram praticar extermínios coletivos? Lembro-me como se fosse ontem daquela tarde de inverno de 1955-56, em que Raymond Aron, em uma de suas aulas, apoiando-se em dados oficiais de demógrafos soviéticos, oferecia-nos uma primeira avaliação do déficit de vidas produzido – sem levar em conta a guerra contra a Alemanha – na época stalinista. Minha primeira reação foi de incredulidade. Eu não duvidava de que os métodos de avaliação fossem corretos (tratava-se de uma aplicação da lei de Verhulst,[2] bem conhecida dos demógrafos, à população soviética); mas o fato de as mortandades coletivas terem sido perpetradas ia além do meu entendimento.[3]

Natureza do comunismo e do nacional-socialismo

Parece evidente que houve uma diferença de natureza ideológica entre o comunismo e o nacional-socialismo, e seria errôneo englobá-los em um único gênero, o do totalitarismo. O primeiro, como o cristianismo, proclamou-se universal; o segundo relacionou a salvação do homem com a eleição de um povo. Sob esse aspecto, ambos apareciam como perversões de verdades essenciais: o fato de os homens constituirem, de direito, uma só comunidade; o fato de os valores e as obrigações de que os homens se sustentam passarem por essas formas de socialibilidade que são o povo e a nação. O ódio dos nazistas aos judeus não era somente um caso de racismo: nos judeus, eles detestavam o povo eleito de Deus, aquele que carrega o testemunho do Messias. Em um texto intitulado "Elie Wiesel: um grande teólogo do nosso século", o cardeal Lustiger escreve: "Israel, o eleito de Deus, é a insuportável testemunha de que só Deus é Deus, e de que ele criou todos os homens à sua imagem e semelhança. Assim, para privar o judeu de sua própria eleição, de sua missão messiânica, a idolatria nazista não encontraria meio mais seguro do que arrebatar-lhe a dignidade, do que privá-lo de sua humanidade."

Não creio que o povo judeu fosse definido pela sua "raça", e sim pela sua escolha; e não posso me impedir de duvidar que o extermínio, a *Vernichtung* da qual Michel Déguy[4] fala de maneira tão aguda, visasse uma "etnia" ou uma "raça" (aliás imaginária, como tão bem nos mostraram Marc Bloch e Claude Lévi-Strauss). Creio que a intenção era aniquilar um povo incomparável, único no fato de manter sua unidade espiritual através de tantos séculos e tantas provações. Claro, os chefes nazistas, sendo pagãos, provavelmente não estavam conscientes da natureza de sua intenção; talvez, duros como ferro, acreditassem mesmo na pureza da "raça" alemã.

Alguns autores (Hannah Arendt em particular) escreveram que o sistema nazista, em seu centro, assemelhava-se a uma gangue e funcionava como uma sociedade secreta. De fato, um grupo, ou uma confraria hierarquizada de grupos, apoderou-se de todo um povo, que, sem dúvida, não era melhor nem pior do que qualquer outro, embora – e aí temos uma tragédia – seus integrantes, às centenas de milhares, se tornassem culpados, ou pelo menos cúmplices, de toda espécie de crimes.

Se é verdade que os nazistas, operando como uma sociedade secreta e como uma gangue, trouxeram a prosperidade econômica e acabaram com o desemprego, como de fato fizeram a partir de 1934-35; se souberam manter de pé o velho cenário político, e até mesmo certas aparências de democracia, como efetivamente sucedeu no início; se foram capazes, enfim, de ocultar seu sistema de denúncia e delação, tornando-o discreto o bastante para não criar revolta, e eficaz o suficiente para inspirar terror – também é verdade que não tiveram heróis para contrariá-los, para exprimir contra eles, na ocasião apropriada, um ódio ativo e sem reserva.

Uma questão permanece em aberto: o povo alemão deixou o nazismo desabrochar em seu seio, permitiu-lhe chegar ao poder por meio de eleições regulares (ganhas com a ajuda do aparelho comunista alemão, que agia por ordem de Moscou), e assim tornou-se cúmplice dos carrascos; mas deveríamos também considerar os alemães como um povo de vítimas? Para compreender o nazismo, observou Camus, é necessário levar em conta o fato de que no final os dirigentes nazistas queriam em sua derrota arrastar também o povo alemão, por considerá-lo indigno de sobreviver, já que não fora capaz de vencer. Se aceitarmos esse modo de ver as coisas – e é possível rejeitá-la –, devemos reconhecer nos alemães, enquanto entidade, a dupla qualidade de cúmplices e vítimas.

Se por princípios entendemos os ideais e não os atos, os princípios do comunismo são mais familiares aos espíritos formados pelo cristianismo, na medida em que proclamam: não esperem um imaginário "reino de Deus" para estabelecer entre vocês a justiça e o amor; a salvação do gênero humano está em suas próprias mãos, isto é, nas de todos vocês. Tal espécie de salvação não está reservada a uma certa nação, mas concerne a todos os homens, sem distinção de raça, língua ou cultura. Quem não subscreveria tal profissão de fé? Quem não deseja que a boa nova se dirija a todos os homens e que, como em um Pentecostes terrestre, habitados pelo espírito, eles enfim se entendam? Essa é uma salvação infinitas vezes mais capaz de atrair do que uma salvação contingente, particular, nacional.

Foi Michel Alexandre – que para mim continua sendo uma encarnação do socialismo universal e pacífico, utilizado unicamente com o fim de preparar o Reino do Homem – quem me fez entrever a grandeza de tal fé. Esse credo tem um valor maior do que a crença – caso esteja destituída de seu sentido espiritual e sacrificial – em um povo eleito (pois, na Bíblia, essa eleição do povo judeu, implicando a obrigação de testemunhar, de permanecer fiel a Deus, é a fonte de suas maiores provações).

Mas a questão que devemos propor é a seguinte: esse socialismo foi alguma vez o princípio real do regime comunista, tal como historicamente se corporificou, tal como foi instituído por Lênin e seus companheiros? A resposta é *não*, desde que reservemos o qualificativo de "comunismo" ao regime soviético, instaurado com a revolução – ou melhor o golpe de Estado – de outubro de 1917 e aos regimes que esse ato fundador inspirou na Europa, na Ásia e no resto do mundo. Em suas ações, esses regimes tiveram realmente "ideais de igualdade, justiça e fraternidade"? Podemos supor que sim, considerando as convicções dos seus dirigentes e militantes. Mas, levando em conta os resultados e os fatos – em comparação com as democracias em que vivemos, por imperfeitas que sejam –, quem poderá responder *sim*?

O enigma que provavelmente jamais resolveremos, e sobre o qual Sartre refletiu profundamente na *Crítica da razão dialética*, consiste em saber se aqueles que perpetraram os crimes dos regimes comunistas eram desprovidos de perversidade ou eram portadores de outro tipo de perversidade, diferente daquela que os nazistas ostentavam. Em resumo, há ou não há uma diferença de natureza entre o terror stalinista e o nazista?

O *gulag* e o *Lager*

Para responder a essa questão será necessário comparar o *gulag* soviético e o *Lager* nazista. Já houve quem sustentasse a hipótese de que em um caso, o dos nazistas, o extermínio foi intencional; no outro, o extermínio foi "devido às condições".[5] Essa tese, sublinhamos, não exonera o regime soviético de suas faltas. Mas, já que ilustra muito bem o pensamento daqueles que ainda vêeem sua esperança no comunismo, merece que a examinemos.

Como pode alguém dizer que lugares onde homens semelhantes entre si (a menos que um inimigo de classe seja um "contra-homem", para usar o termo sartriano) sofreram *identicamente* são "duas entidades absolutamente diferentes"? Diferentes para quem? Para os carrascos, cujo trabalho seria "absolutamente diferente"? Para as vítimas, cujo sofrimento seria "absolutamente diferente"? Ou para os intelectuais arrependidos, que iriam receber absolvições tardias em alguns desses infernos? Como garantir que os milhões de mortos dos campos soviéticos não resultaram de ações deliberadas e sistemáticas? Não era um ato intencional alojar uma bala na nuca de um prisioneiro ou deixá-lo morrer de frio? Matar ou deixar morrer de fome milhões de ucranianos não foi, por acaso, um "extermínio programado"? Arrasar milhares de igrejas, prender ou matar os padres e os cristãos, não foi uma destruição programada? Sem uma determinação e um planejamento teria sido possível deportar os alemães do Volga, os tártaros e várias outras comunidades?

Convenhamos, não é a mesma coisa aprisionar inimigos de classe ou tratar como inimigos indivíduos de outra raça, pois ninguém pode escolher sua raça, ao passo que é possível escolher o campo a que se vai pertencer. Nos grandes processos de Moscou, muitas vezes os acusados chegavam a declarar sua culpa. Mas nenhuma revolução limita suas vítimas aos inimigos de classe. Houve na Rússia milhões de vítimas inocentes, milhões de pessoas que foram mortas sem motivo. E a eliminação de inocentes era muito bem programada.

De maneira monstruosa e explícita, os nazistas designaram um inimigo e tentaram exterminá-lo; os soviéticos não chegaram a designar um inimigo; eles se tomaram mutuamente por inimigos, destruíram-se entre si. É aí que reside a diferença entre os dois regimes: como os autores do golpe de Estado de outubro, após ter roubado a esperança socialista, chegaram a substituir o ideal de fraternidade e justiça do comunismo por um estado de suspeita, de aprisionamento recíproco e, finalmente, pelo regime do *gulag*? Sob esse aspecto, o enigma do regime soviético é ainda mais inescrutável do que o do regime nazista.

Quando levado a certo grau, o horror elimina as diferenças, e a partir daí deve-se falar do inferno no singular. Mas talvez se deva distinguir duas espécies de inferno. Não se pode conceber horror pior do que amontoar pessoas em um local e obrigá-las a inalar um gás mortal. As vítimas, escolhidas em função de sua raça, não têm possibilidade alguma de escapar. Os campos soviéticos de trabalho forçado (pelo pouco que sabemos deles, pois ao contrário dos campos nazistas os soviéticos não foram liberados nem suas vítimas filmadas) matavam "por causa das condições reinantes". Tudo está na palavra "condição". As "condições" em questão podem ter sido o frio, as epidemias, a fome, o trabalho excessivo, o regime disciplinar, as torturas morais, as condenações à morte etc. Em resumo, uma mistura de "fatos naturais" (o frio, as doenças) e fatos intencionais (excesso de trabalho, o regime dos campos etc.). Graças a essa mistura, a morte não golpeia sistematicamente um grupo inteiro de prisioneiros; escolhe, como se fosse ao acaso, uma porcentagem entre eles. Em alguns casos, a direção do campo pode não dispor de carrascos: então as execuções são delegadas ou aos agentes da natureza ou aos regulamentos administrativos. O lucro é duplo: os responsáveis podem pensar que eles próprios não se comportam como assassinos; e as vítimas podem pensar que têm uma possibilidade de sobrevivência. Em última análise, o prisioneiro morre porque não soube se manter sadio, ou porque não respeitou o regulamento.

O mais importante – e aí reside a diferença fundamental entre os dois regimes concentracionários – é que no caso do *gulag* não se pretendia "exterminar", mas "reeducar": os bons alunos, ao invés da morte, recebiam recompensas. Havia nisso uma certa moral. Mas o que vinha a ser um "bom aluno" em um campo de concentração, no império criado artificialmente, que Sartre chama de *rareté*?

Afinal de contas, há uma diferença de natureza entre o *Lager* e o *gulag*. No primeiro, o processo de morte é mecânico; no segundo, estatístico; no primeiro o carrasco tem identidade; no segundo esconde-se atrás dos agentes naturais ou institucionais; no primeiro, a vítima não tem nenhuma possibilidade de renegar nem de sobreviver; no segundo, lhe é dada uma oportunidade de salvar a vida (traindo, certamente); no primeiro, a liberdade de ação é abolida; no segundo, ela é teoricamente conservada, pois o prisioneiro sempre poderá se emendar, ser reeducado.

Será o nazismo estranho à nossa história?

Chegar a um julgamento sobre o nazismo seria mais simples se pudéssemos considerá-lo estranho à nossa história, afirmar que se trata de um hápax. Infelizmente, nos anos de 1931-33 o delírio e a loucura desabaram sobre a Alemanha, embora o Partido Comunista Alemão (o maior da Europa) tivesse mais de cinco milhões de filiados e a social-democracia também fosse poderosa. Não podemos fingir a crença de que essa catástrofe não nos diz respeito a não ser como vítimas; foi por isso, por covardia ou complacência, que vários Estados europeus estenderam a mão aos nazistas.

É instrutivo reler, sessenta anos depois, os treze artigos que Simone Weil publicou, entre 4 de dezembro de 1932 e 23 de julho de 1933, em *L'École émancipée*. A autora analisa, em primeiro lugar, o trágico engano dos comunistas alemães, que durante a grande greve dos transportes em outubro de 1932 haviam posto em prática "uma espécie de frente única" com os nazistas. "O mais grave", prossegue ela, "é que a frente única de hitleristas e comunistas às vezes dava a impressão de ser dirigida contra a social-democracia, e isto aconteceu, de fato, em certas ocasiões." O exemplo mais chocante e mais mortífero desse conluio ocorreu "logo após o plebiscito organizado pelos hitleristas contra o *Lantag* [governo] social-democrata da Prússia, em 1931. Ao invés de apoiar a social-democracia, que ainda era um baluarte contra o hitlerismo, "foi com o partido hitlerista que o Partido Comunista Alemão se alinhou, e por ordem formal do Komintern".

Entre o final de 1931 e os primeiros meses de 1932, explica Simone Weil, os efeitos dessa traição foram desastrosos: "Durante esse período de ascensão vertical, de ascensão vertiginosa do nacional-socialismo, todos os esforços do Partido Comunista Alemão foram dirigidos contra a social-democracia."[6]

Extraindo a lição dessa tragédia, a autora acrescenta: "Eis aí em que situação se encontram os sete décimos da população alemã que aspiram ao socialismo."[7] Retomando o problema em 7 de maio de 1933, ela conclui, mostrando as prováveis conseqüências do acontecimento para o destino do mundo: "É inútil e vergonhoso fechar os olhos. Pela segunda vez em menos de vinte anos o proletariado mais organizado, mais poderoso e mais avançado do mundo, o da Alemanha, capitulou sem resistir. Não houve uma derrota; uma derrota supõe uma luta prévia. Houve um desmoronamento. A repercussão desse desmoronamento vai muito além das fronteiras alemãs. O drama que se representou na Alemanha foi um drama de alcance mundial. E o golpe sofrido pelo movimento operário em março de 1933 é mais grave, talvez, do que o de 4 de agosto de 1914."[8]

Para Simone Weil, a atitude, não dos militantes, mas dos dirigentes do Partido Comunista Alemão, explicava-se em poucas palavras: "O Partido Comunista Alemão, como todas as seções da Internacional, é organicamente subordinado ao aparelho de Estado russo."[9] "O aparelho de Estado da nação russa", ela prossegue, "embora produto de uma revolução, tem, na medida em que é um aparelho permanente, interesses que não são os mesmos do proletariado mundial." Esse estado de coisas vinha da época de Lênin: desde 1922 os governantes soviéticos e o alto Estado-Maior alemão haviam entrado em entendimento para que fossem produzidos na União Soviética aviões militares de um novo tipo, os mesmos – talvez – que iriam inicialmente bombardear os republicanos espanhóis e em seguida os diversos inimigos do III Reich: "O chefe da Reichswehr, general Von Seeckt já vinha fazendo contatos, dos quais deveria sair, principalmente, o acordo para a construção, na Rússia, de aviões militares Junker, proibidos pelo Tratado de Versalhes."[10]

Há um comunismo normal e um comunismo patológico?

Quanto mais o nazismo nos parecer estranho, mais cada um de nós se reconhecerá nas idéias comunistas de justiça social, igualdade cultural e fraternidade. Mas, quando nos situamos no terreno da história, uma questão se apresenta: era o comunismo real uma doença do comunismo sadio? Temos o direito de empregar em política os conceitos de normal e patológico? Simone Weil respondia que não. Depois de enumerar as características de uma democracia comunista, tal como podia ser sonhada pelos militantes que haviam feito a revolução na Rússia, ela observa: "Chamar um Estado de

'Estado operário', quando em outra passagem somos informados de que nele cada operário está, econômica e politicamente, à inteira disposição de uma casta burocrática, parece brincadeira de mau gosto. Quanto às 'deformações', trata-se de um termo singularmente mal empregado em um Estado cujas características são exatamente o oposto daquelas que teoricamente seriam as do Estado operário, e isso parece implicar que o regime stalinista seria uma espécie de anomalia ou de doença da Revolução Russa. Mas a distinção entre o patológico e o normal não tem valor teórico. Descartes dizia que um relógio defeituoso não é uma exceção às leis do relógio, mas um mecanismo diferente, obedecendo às suas próprias leis; do mesmo modo, é necessário considerar o regime stalinista não como um Estado operário defeituoso, mas como um mecanismo social diferente, definido pelas engrenagens que o compõem, e que funciona conforme a natureza dessas engrenagens."[11]

Esse texto de 1934, que quinze anos depois da Revolução pergunta se "Estamos indo para a revolução proletária?", traz em epígrafe uma terrível passagem de Sófocles: "Tenho apenas desprezo pelo mortal que se reanima com esperanças vazias." Por acaso, nesta ou naquela ocasião, todos nós não mereceríamos ser desprezados em razão de nossa cegueira?

No Museu Social, podemos encontrar muitos testemunhos, publicados em pequenas revistas sindicais de esquerda e de extrema esquerda, sobre o regime soviético nos anos 20 e início dos anos 30. Eles deixam claro que o "inverno das almas" tinha avançado os ponteiros e começado na noite de 25 de outubro de 1917.

A Revolução de Outubro e a esperança comunista

Será correto creditar ao regime soviético as esperanças comunistas? É fora de dúvida que o comunismo despertou grandes esperanças e inspirou grandes devoções. Os ideais de justiça e fraternidade de que se ornaram os regimes auto-intitulados de "comunistas" despertaram a grandeza de homens que souberam admirar, agir e sacrificar-se. Por isso mesmo, seus atuais sofrimentos e desenganos merecem respeito.

Resta saber se é legítimo – do ponto de vista histórico – creditar ao regime leninista, e depois stalinista, a esperança religiosa suscitada pelo ideal comunista. Com o que sabemos hoje, não poderemos nos tornar cúmplices daquilo que foi, mediante um golpe de Estado, uma captação violenta da esperança socialista? Podemos silenciar diante do texto sagrado em que o homem expressa sua dor, a dor produzida pela indústria totalitária, ladra de esperanças? Temos o dever intelectual de criticar, de ficar atentos à história real, aos testemunhos. Mas na França, ao que parece, lemos menos Panait Istrati, Suvarine, Simone Weil ou Camus que Barbusse, Gorki, Romain Rolland e Sartre.

Quando lemos hoje as crônicas de Kritchevski no *L'Humanité* da época, ainda dirigido por Jaurès; quando apreciamos os testemunhos reunidos por Christian Jelen em *L'Aveuglement*; quando meditamos sobre os relatos de socialistas ou marxistas sobre a Rússia, como os do jornalista Charles Dumas, especialista da Seção Francesa da Internacional Operária em assuntos russos; ou quando examinamos os relatórios do cônsul geral da França em Moscou, sr. Grenard – vemos que aquilo que se chamou "Revolução de Outubro" não passou de um golpe de Estado, magistralmente conduzido, e aliás bem pouco sangrento (seis mortes, talvez acidentais). O próprio Lênin dizia que aquilo tinha sido tão fácil quanto "levantar uma pluma".

Contra quem foi dirigido o golpe de Estado? Não contra a burguesia ou a aristocracia (da qual, aliás, Lênin fazia parte, do mesmo modo que Djerjinski, o conde polonês que fundou a Tcheka), mas contra o regime socialista nascido da revolução de fevereiro, e contra os representantes do povo, eleitos e reunidos em congresso legislativo. Quem eram os "inimigos de classe" que em seguida lotaram as prisões? Eram basicamente socialistas. "Conforme levantamento estatístico realizado em 27 de abril de 1921 em dois pavilhões da prisão especial da Tcheka de Moscou, apenas quatro dos 105 detidos não eram socialistas. Lê-se em um apelo do Partido Socialista Revolucionário, dirigido em 6 de maio de 1921 aos partidos socialistas ocidentais: "Milhares de socialistas e anarquistas foram detidos e encerrados em prisões e campos de concentração pelo simples fato de serem socialistas e anarquistas, por não quererem seguir docilmente a orientação do Partido Comunista, por se oporem à sua política criminosa, nefasta para a revolução, por terem sua própria política, seus próprios métodos para fortalecer e desenvolver a revolução."[12]

Permanecem necessários os ideais do socialismo – justiça, igualdade, fraternidade e paz —, dos quais deve-se dizer que, na realidade, os regimes ditos "socialistas" não foram detentores exclusivos nem seus melhores defensores. São esses ideais que devemos cultivar, em resposta à falsificação histórica repetida de 1918 até hoje, que fazia do regime soviético uma ilustração certamente imperfeita, mas mesmo assim legítima, do ideal socialista. Será honesto ouvirmos, sem reagir, que o regime soviético e os regimes impostos pela URSS com a sua ocupação militar da Europa Oriental eram portadores desse ideal, que eram um misto de socialismo e totalitarismo?

É difícil acreditar que o regime nascido em 25 de outubro de 1917, cujos características foram fixadas em poucos meses pelo gênio dos seus fundadores, tenha sido um "Estado operário" e muito menos um "Estado socialista", apto a servir de modelo para os oprimidos do mundo. O que há para lamentar não é o fim do comunismo; é, isto sim, que o regime nascido do "golpe de Estado de outubro" (para repetir *L'Humanité*) tenha confiscado ou matado em germe o ideal socialista, que florescia com tanta vivacidade na Europa anterior a 1914. Várias vezes os adversários desse socialismo ergueram a mão para assassiná-lo: em agosto de 1914, em outubro de 1917 e, finalmente, na década de 30.

Sofisma

Usando como contraste o totalitarismo nazista, cujo vício radical ninguém contesta, e mostrando com razão que havia profundas diferenças entre os regimes nazista e soviético, alguns defensores da URSS apresentam-se com a seguinte conclusão: já que o regime nazista é o mal absoluto e que o regime soviético difere dele, este não pode ser o mal em termos absolutos, mesmo em suas instituições mais horríveis: os campos de concentração.

Essa demonstração seria correta se, efetivamente, o regime soviético também não tivesse lugares como aqueles que os nazistas criaram, aos quais os prisioneiros "não eram enviados para cumprir pena: eram conduzidos para ser executados". Seriam as práticas de extermínio coletivo desconhecidas na União Soviética? Seria bom poder acreditar que sim; mas é impossível. Na verdade, um enorme esforço de desinformação (palavra criada pelos russos) e de denegação acompanha, desde o início, a história do comunismo real.

Persiste até hoje em nossa cultura a convicção de que o regime soviético não era intrinsecamente mau, e que os seus horrores foram algo de acidental. Durante decênios ouvimos argumentos como os que se seguem: todos aqueles crimes não foram cometidos em vão; depois dos anos terríveis vieram tempos melhores; o Estado soviético foi para o mundo inteiro o portador de uma esperança de libertação.

Mas, "ser portador" é uma expressão com vários sentidos: pode-se portar um casaco comprado ou roubado. Pode-se achar que o Estado soviético "portava" um ideal legitimamente adquirido; ou podemos vir a saber, como já dizia em 1919 a Liga dos Direitos Humanos, que o Estado soviético "portava" um ideal roubado dos socialistas por ocasião do golpe de Estado de outubro de 1917. Como, por exemplo, qualificar de "portador" de um ideal, o Estado que criou uma nova categoria social, a dos "excluídos de nascença"? Germaine Tillion relata: "Entre os inumeráveis excluídos (sem dinheiro, sem estado civil, perdidos na Ásia) formam-se casais e crianças nascem; são os 'nascidos na exclusão', os 'excluídos de nascença', e, por incrível que pareça, alguns deles ainda estão perdidos não se sabe onde."[13]

Claro, os homens precisam de esperança. Simone Weil observou, ao lembrar como o "caráter da esperança" mudou a partir do século XVIII: "Nos séculos anteriores, as pessoas que sentiam necessidade de uma certeza apoiavam-se em Deus. A filosofia do século XVIII e as maravilhas da técnica, dando a impressão de conduzir o homem a grandes alturas, fizeram com que se perdesse o hábito de amparar-se em Deus. Mas depois, tornando-se por demais sensível à radical insuficiência de tudo que é humano, renasceu para o homem a necessidade de ter algo em que apoiar-se. Como Deus estava obsoleto, recorreu-se à matéria. O homem não podia mais suportar a condição de ser o único a querer o bem. Faltava-lhe um aliado todo-poderoso. E como já não acreditava em um todo-poderoso distante, silencioso, imaterial e secreto, restou-lhe a evidência do poder total da matéria. É esse o inevitável absurdo de qualquer materialismo."[14] Desse modo a matéria se tornou o nome último de Deus.

O outro negacionismo

A ideologia nazista suscitou revisionismos. E a ideologia soviética gerou também os que negaram os seus crimes. O mundo inteiro foi tomado de horror ao saber das câmaras de gás, mas, passados setenta anos, ainda há pessoas honestas que minimizam os crimes do comunismo real. Como rebatizar esses "revisionistas" de outro tipo, esses denegadores, esses adeptos do "outro negacionismo"?[15]

Por que essa tentativa de reduzir o intencional a acidental, por que dizer que matar pelo frio e pelos maus-tratos não é "exterminar"? Em *A Queda*, Camus considerava equivalentes as ações de deixar uma pessoa morrer de desespero e matá-la com as próprias mãos. No final das contas, é melhor enfrentar um carrasco que se apresenta como tal do que um homem que se utiliza do frio para matar. Reduzindo o intencional a acidental, introduz-se uma segregação entre os mortos. O horror que nos provoca o extermínio dos judeus não deve nos impedir de crer, sem vacilações, tanto na dignidade das vítimas quanto na indignidade dos carrascos.

Artistas e praticantes do mal

Na Europa do século XX o mal assumiu duas formas históricas bem distintas. Não se pode sustentar, de fato, que o mal perpetrado pelo regime soviético, com seus milhões de mortos, não tenha sido um mal radical; nem que no fundo se tratava de um bem, do qual – não se sabe por que –, sob o efeito das circunstâncias, o mal emergiu. De fato não é a mesma coisa matar sistematicamente todos os indivíduos pertencentes a uma raça, e matar sistematicamente indivíduos considerados inimigos de classe. No primeiro caso, como as vítimas são nominalmente designadas, o horror é mais imediato, mais explícito, mais automático; no segundo, o horror se esconde sob os procedimentos legais: toma a aparência de um castigo.

O mal radical tem dois aspectos: de um lado, a escravização ou o extermínio de outros homens; de outro, a maquiagem de tais crimes em ações virtuosas. Platão descreveu esse mecanismo e propôs um nome para aqueles que se distinguem no seu uso, aos quais recomenda que atuem como "artistas qualificados". Depois de constatar que "o supra-sumo da injustiça é parecer justo sem ser", Platão descreve com estas palavras o senhor da injustiça: "...aquele que ao cometer as maiores injustiças conserve a mais alta reputação de justo; e que caso vacile, seja bastante eloqüente ao desculpar-se; e que se algum dos seus crimes for denunciado, exerça a violência naquilo que for necessário, por meio da sua coragem e força, ou ajudado pelos amigos e a riqueza que tenha acumulado".[16]

Esta análise de Platão mostra que tais "artistas qualificados", grupo a que pertencem os senhores dos regimes totalitários, necessitam, para agir de modo perfeitamente eficaz, da máscara de militantes virtuosos e heróis devotados à causa que eles próprios traíram. É por isso que, com um só golpe, eles foram capazes de matar o socialismo e mandar para o trabalho forçado aqueles que o defendiam. Tiravam proveito da virtude dos homens que controlavam e vantagem dos vícios que eles mesmos praticavam. Essa conduta suscita um profundo desprezo por tais homens, ou melhor, por aqueles a quem Trotski tratou como "os malvados macacos sem rabo que chamam a si mesmos de homens".[17]

É muito fácil obter a devoção de alguém no meio de uma crise revolucionária, pois, como disse Trotski, "a revolução é inteiramente construída sobre a sua própria mobilidade, sobre a ousadia dos golpes que aplica, sobre as manobras que realiza".[18] Aliás, o processo revolucionário se dá de tal modo que os mais determinados – e portanto os mais úteis, mas também os mais perigosos para os senhores da injustiça – correm voluntariamente para a morte: "A revolução", observava o mesmo Trotski, "é uma grande devoradora de pessoas e de caráteres. Impele os mais corajosos para o próprio extermínio e esvazia os menos resistentes."[19]

No início, Hitler foi bem sucedido em suas operações de camuflagem: reanimando a economia, conservando as instituições da República de Weimar, fingindo respeitar a Igreja, exaltando a fidelidade e o patriotismo de um povo ferido, soube pôr em movimento o Moloch totalitário.

Estará certo quem disser que o regime soviético manteve a marca do ideal socialista, desde que se leve em conta a virtude de um grande número de militantes e cidadãos do país; mas estará errado se for esquecido que eles serviram de biombo para aqueles que desde o início haviam destruído o sonho do socialismo. Para julgar um regime político não podemos escolher segundo as inclinações do coração, entre as realidades que devemos considerar e as que devemos esquecer. Pois, pelas omissões, concorremos para aquilo que Simone Weil chamou de "a grande tragédia humana": "A perda do passado, pelo indivíduo ou a coletividade, é a grande tragédia humana, e nós jogamos fora o nosso do mesmo modo que uma criança dilacera uma rosa."[20]

Banalidade ou radicalidade do mal?

Há várias teses sobre o mecanismo de extermínio de homens por outros homens: ou, como fez Sartre em *A crítica da razão dialética*, atribui-se essa propensão a tratar o outro como um contra-homem não a uma perversão intrínseca dos indivíduos, mas às condições e em particular à *rareté*; ou, então, se supõe, como Simone Weil, que os homens, desde que lhes ofereçam uma justificativa, estarão sempre prontos a matar seus semelhantes. Criar campos de concentração, na União Soviética ou em qualquer outro lugar, é organizar, sistematicamente, a *rareté*, a criação de um mecanismo que, como Sartre disse, transforma o homem em "seu duplo demoníaco". Daí porque tal organização, qualquer que seja a ideologia que a justifique, instala os homens no inferno. Assim, mesmo na hipótese de os homens não serem afetados por alguma perversão original, os campos de concentração fazem com que irrompa neles o demoníaco.

Fez-se uma aproximação da "banalidade do mal" com o aforismo socrático: "Ninguém é mau voluntariamente." Pessoalmente, me inclino a considerar a tese da banalidade do mal como a idéia de que todo homem traz em si um assassino potencial, um pouco na linha do que Simone Weil escreveu a Bernanos, tratando de seu livro *Grands Cimetières sous la lune*: "Tive a sensação de que quando as autoridades temporais e espirituais põem uma categoria de seres humanos à parte daqueles cuja vida tem um preço, não há nada mais natural para o homem do que matar. Quando se sabe que é possível matar sem o risco do castigo e mesmo da censura, mata-se; ou pelo menos, se sorri encorajadoramente para aqueles que matam."[21] No início da Primeira Guerra Mundial, Lou Andréas-Salomé disse a Rilke algo bastante parecido: "Também descobri uma coisa estranhamente horrível: ou seja, o sentimento extraordinariamente forte de que os crimes de guerra só são possíveis porque somos todos, o tempo todo, assassinos em potencial de nós mesmos e dos outros. É uma fatalidade, sem dúvida, mas isso não torna menor a culpabilidade monstruosamente comum."[22] A reflexão de Lou sobre o mal ligado ao "curso das coisas", e sob esse aspecto banal, representa uma guinada impressionante, pois ela nos diz, ao mesmo tempo, que o mal é inevitável e que somos todos responsáveis.

Aí reside a verdadeira dificuldade: como pensar em um mal ao mesmo tempo radical e múltiplo? Como, por exemplo, pensar que o *Lager* nazista e o *gulag* soviético não têm a mesma natureza, sem deixar de lhes atribuir a mesma radicalidade no mal? Se, como fez Sartre, imputamos o mal à *rareté*, não será difícil conciliar a radicalidade e a diversidade do mal, pois o mal mais extremo leva a marca das circunstâncias históricas e singulares que o produziram. Se, ao contrário, discernimos na raiz do mal uma propensão dos homens a se tornarem – em certas circunstâncias – os assassinos de seus semelhantes, então o mal, estando na própria essência do homem, é ao mesmo tempo radical e banal. Mas tratar cada indivíduo como assassino em potencial leva ao risco de apagar a singularidade de certos crimes e de certos nomes. Concordo com aquilo que Déguy escreveu sobre o esquecimento dos nomes próprios e, em particular, com aquilo que disse de Auschwitz, da abulia dos "encavernados". Concordo tanto mais na medida em que sua reflexão mostra bem como, ao esquecer a radicalidade do mal, nós o banalizamos. Há, portanto, um dever da memória.

Há um modo "puro" de recordar os mortos?

Qual será o modo "puro", ou lícito, de se lembrar dos mortos? Qual deveria ser a nossa disposição para pensar neles e, *a fortiori*, para falar deles? Teria o sofrimento vivido pelas vítimas criado para seus descendentes, ou seus irmãos, direitos imprescritíveis, e seria o sofrimento infligido uma fonte inexaurível de culpabilidades hereditárias? Ou deveriam os homens honrar seus mortos e, ao mesmo tempo, deixá-los em paz, sem reintroduzi-los em seus conflitos e problemas?

Há dois usos distintos desse *memento*: o da dor e o do serviço. O primeiro, seja pela piedade da memória, seja pela esperança da ressurreição, reinclui na comunidade dos homens, mediante um laço poderoso mas puramente espiritual, aqueles que foram excluídos dessa comunidade ou exterminados pelo crime; o segundo se apossa dos mortos para torná-los participantes dos empreendimentos dos vivos. Os povos – mas sobretudo os Estados – têm duas maneiras de cultuar os mortos: respeitá-los pelos sacrifícios a que foram submetidos ou que voluntariamente aceitaram, e servir-se da lembrança deles para legitimar seus empreendimentos.

Os imensos sacrifícios consentidos pelos povos da União Soviética durante a Segunda Guerra Mundial serviram para apagar os crimes passados; mais do que um batismo, eles absolveram o regime de seus pecados originais. Do mesmo modo, os resistentes ou os combatentes da França Livre absolveram coletivamente a França, mediante suas ações e seus sacrifícios, da covardia e passividade da nação.

Resta uma pergunta, para a qual não tenho resposta. Quem, numa comunidade nacional, exerce legitimamente os direitos particulares da memória, e, por conseqüência, da admoestação? Haverá, por exemplo, na França de hoje, guardiães particulares, isto é, exclusivos, da memória judaica? Ou somos todos, judeus e não judeus, solidariamente responsáveis por esse dever da memória no tocante às faces monstruosas e enigmáticas de nossa história? As duas atitudes não se excluem: há evidentemente, para os franceses de origem judaica, um particular dever de piedade, de indignação e de memória; mas esse dever particular se torna responsabilidade de todos, e por isso revela a maneira como os cidadãos se comportam diante de suas obrigações e fraquezas.

Talvez ainda não tenhamos encontrado os mandamentos da memória "pura", aquela que não utilizaria, de modo algum, a lembrança dos mortos em benefício dos vivos. Bem sabemos que, nas guerras, a evocação da morte do outro é um modo de mostrar ao sobrevivente o quanto ele se expunha e era corajoso. É difícil não cometer esse tipo de erro contra os mortos. Pois o uso prático da memória, aquele que converte a lembrança dos mortos em uma energia captada e modificada pelos vivos, pode ter múltiplas aplicações: pode servir para dar a uma comunidade humana um sentido mais agudo de seus valores e do seu destino, mas pode, também, reanimar os ódios e semear a discórdia.

Balanço

O mal no século XX traz à tona um problema específico, tão metafísico quanto histórico. Será necessário admitir que recaia sobre homens toda a responsabilidade por aquilo que aconteceu? Ou devemos imaginar que quem produziu o inferno na Terra foi um mecanismo contingente e fatal, agindo sob certas circunstâncias? Nenhuma dessas duas concepções do mal, sublinhemos, exonera o homem de suas responsabilidades, mas cada uma avalia essas responsabilidades de modo diferente.

No caso dos nazistas, sabe-se que houve uma vontade de extermínio, que aconteceu uma reunião em Wannsee, que ordens foram dadas, que houve campos de concentração e vários milhões de mortos. Não se pode, portanto, sustentar a tese de um mal devido às circunstâncias, que teria se propagado monstruosamente de maneira acidental.

No caso soviético, conhecemos a localização dos campos, sabemos quais eram as condições reinantes, e sabemos também que houve execuções em massa, mas ignoramos se existiu um equivalente da reunião de Wannsee. Sendo assim, poderíamos imaginar que não houve ordem explícita para exterminar essa ou aquela categoria de prisioneiros, mas apenas "condições" que levavam à morte, não quimicamente, como nas câmaras de gás, e sim pelo frio, a fome, o excesso de trabalho e o desespero? Poderíamos, indo mais longe, conceber que as "condições" ou as "estruturas" eram uma espécie de "pregnância"; e que por efeito de assimilação, de contigüidade e de imitação elas infectaram, aos poucos, instituições "normais" ou "legais", banalizando e difundindo, assim, um mal que ninguém sistematicamente concebeu e desejou? Se esta segunda hipótese for correta, uma espécie de *clinamen* maléfico teria feito degenerar em inferno aquilo que inicialmente era previsto apenas como um instrumento de corrigir os culpados através do trabalho.

Alguns consideram os crimes do regime nazista monstruosos e intencionais, e os crimes do regime soviético monstruosos, mas acidentais. Como já vimos, essas pessoas acrescentam que o nazismo constituiu um *hápax*. Se admitirmos que o mal tem várias faces históricas, e que os campos, nos dois regimes, eram ontologicamente diferentes, teremos, do ponto de vista formal, uma argumentação impecável. A questão está em saber se esse dualismo – no tocante ao mal radical – é histórica e metafisicamente sustentável.

De fato, quando refletimos sobre o mal radical e sobre os mecanismos que o fazem aparecer na história, somos obrigados a enfrentar a seguinte questão: podemos recusar, no caso do nazismo, a tese do acidente monstruoso, e adotá-la no caso soviético? Do ponto de vista formal esta é, certamente, uma posição sustentável. Mas será sustentável também do ponto de vista antropológico e histórico? Podemos acreditar que russos e alemães não foram feitos do mesmo barro – o mesmo do qual nascemos todos nós? Se nos recusamos a aplicar aos povos a tese maniqueísta das duas naturezas, e queremos salvar a da diferença ontológica entre as duas espécies de horror, será necessário admitir que as "circunstâncias" não foram as mesmas para russos e alemães. Mas, sendo assim, não estaremos correndo o risco de voltar, nos dois casos, à idéia de um mal radical que seja também um mal contingente, produzido pelas circunstâncias, e portanto, em última análise, um mal banal? Tomar essa posição é arriscar-se a esquecer os nomes próprios de Auschwitz e Kolyma. Inclino-me a pensar que não se pode assumir uma tese

– a do crime intencional e sistemático[23] – em um caso e em outro, recusá-la: é necessário escolher.

O paradoxo da ação está no fato de que ela deve ser absoluta em suas exigências, mesmo sabendo que permanecerá relativa em suas operações e resultados. Diante das formas burocráticas, selvagens ou organizadas do mal radical, à consciência só resta jurar: "Nunca mais!" Entretanto, ela sabe que, mesmo em face do insustentável, é necessário um esforço, um sacrifício, um ato de coragem para não dar meia-volta e fingir que esqueceu.

Por isso devemos examinar qual é a natureza da ação; o que os homens podem esperar dela, isto é, deles próprios. Periodicamente, por efeito de alguma esperança – ou de alguma ilusão – messiânica, eles se supõem capazes de transformar radicalmente sua condição. Mas o que realmente está em suas mãos não será sempre absoluto e, ao mesmo tempo, limitado?

CAPÍTULO VIII

A ação no século XX

Introdução

Conforme os tempos e os lugares, tomará a razão formas variáveis ou manterá uma espécie de imutabilidade ou "invariância"? Haverá, em particular, figuras da ação próprias do século XX, ou existiria um modelo secular, ou mesmo milenar, que, adaptando-se às circunstâncias, jamais perderia sua especificidade? De outro lado, qual o objeto da ação? Seria sua finalidade corrigir, melhorar os homens, ou criaria ela novos tipos de homens? Em resumo, a ação é reformista ou revolucionária? Essas duas questões são interligadas: é necessário que a ação possua uma historicidade intrínseca, que seus efeitos se encadeiem e se acumulem, para que seu poder inovador seja efetivo. Por isso, só depois do século XVIII sua invariância foi posta em dúvida. Mas a seu respeito levanta-se uma terceira questão: nasce a ação de uma arte ou de uma ciência? Ao fazer essas interrogações admitimos implicitamente que cada ação, por menor que seja o objeto, possui todas as características daquilo que no século XVII, chamava-se uma "grande ação". De fato, da mais ínfima à mais importante, toda ação comporta quatro caracteres: é um começo; não se reduz a uma intenção, concretizando-se na execução de um projeto que, para o agente, é como se fosse uma ordem; cria irreversibilidade; enfim, não muda apenas um estado de coisas exterior, mas modifica aquele que a executa. Para o agente a ação é uma revelação; ela não se limita a instruí-lo sobre o mundo, ela o faz descobrir uma parte dele mesmo, parte essa que, sem a ação, continuaria a ignorar.

A ação aumenta a plasticidade e a variabilidade do mundo. Bergson dizia: "Não há coisas, há somente ações."[1] Se a ação tivesse a fixidez da queda dos corpos, ou do movimento dos planetas, ela poderia ter regras empiricamente codificadas, poderia mesmo ser o esboço de uma ciência. Se, ao contrário, suas formas variam segundo os tempos e os lugares, será possível pelo menos abordá-la de maneira científica? Para responder a essas perguntas, convém primeiro examinar a tese da invariância.

1. A invariância da ação, da Antigüidade à era clássica

Pelo menos na civilização nascida da Bíblia e da filosofia grega, a tese da invariância repousa sobre dois argumentos distintos, que têm sido invocados ora em separado, ora simultaneamente: a natureza humana não muda; o homem foi feito à imagem de Deus.

No decorrer dos séculos, esses argumentos teológicos foram reforçados por constatações positivas: a experiência política e antropológica dos gregos e latinos era um campo que, até o final do século XVIII, e mesmo depois, crescia com a convicção de que a leitura dos antigos constituía uma fonte inesgotável – ou pelo menos suficiente – de exemplos e reflexões. Assim como se aprendia geometria nos *Elementos* de Euclides, aprendia-se o realismo político em Salústio e a grandeza do homem nas obras de Sófocles ou Plutarco. Por sua vez, Hume perguntava: "Quer conhecer os sentimentos, as inclinações e o tipo de vida dos gregos e romanos? Estude com cuidado o caráter e as ações dos franceses e ingleses; você não se enganará muito, caso transfira para os primeiros *a maior parte* das observações que fez sobre os outros dois. Os homens são os mesmos em todas as épocas e lugares, e nesse aspecto a história nada tem de novo nem de estranho para nos mostrar. Sua principal utilidade para nós é descobrir os princípios constantes e universais da raça humana."[2]

Essa concepção das humanidades foi reforçada por Cícero e Santo Agostinho. Ao transpor para o latim a filosofia grega, Cícero proporcionou à Europa medieval, e depois, indiretamente, às línguas românicas, seu vocabulário especulativo; Santo Agostinho, recolhendo e refundindo o imenso tesouro das letras gregas e latinas – e inscrevendo-as em uma nova versão do homem, religiosa e profética –, legitimou a fidelidade do cristianismo à cultura antiga. No decorrer dos séculos, a esse trabalho dos fundadores foi juntar-se uma intensa reflexão filosófica e religiosa sobre os fins do homem, sua natureza e sua razão. E retomando a herança de Aristóteles, São Tomás de Aquino contribuiu mais do que qualquer outro para estreitar os laços da antropologia cristã com o pensamento grego.

Contudo, a ação não era analisada a partir de uma perspectiva progressiva e histórica. Não que todos os antigos tenham defendido a sua origem em um modelo fixo. Os *Ensaios* de Montaigne, por exemplo, testemunham em sentido contrário: apoiando-se nos cépticos gregos, o autor da *Apologie de Raimond Sebond*[3] evidencia a extrema transitoriedade das nossas ações, as incertezas da razão, a opacidade do julgamento, as fraquezas dos sentidos, a incerteza das nossas sentenças etc. Mas assim procedendo, o que Montaigne pretendia descrever era uma condição imutável desde os tempos mais remotos. A extraordinária variabilidade das ações individuais não desmente a invariância da condição dos agentes. Sendo assim, nenhuma ciência da ação seria possível; o melhor a fazer seria estudar o homem para extrair algumas lições dessa observação. Montaigne não afirmava que os seus ensaios encontrassem no indivíduo algo de universal, pois "cada homem leva consigo a forma inteira da humana condição". Esse método de investigação e análise se tornaria, de Pascal a Camus, a regra de ouro dos moralistas franceses.

Poderá haver, nessa perspectiva, uma ciência da ação?

Não é novidade a aplicação do termo "ciência" à ação. De fato, para os pré-socráticos o *logos* – no sentido de inteligência e sobretudo de medida – é indispensável à ação. Em uma imitação de Heráclito atribuída a Hipócrates, encontramos a imagem falante das duplas de serradores: "Um puxa neste sentido, o outro puxa naquele; cada um, puxando duas vezes menos produz duas vezes mais."[4] Platão, extraindo do *Timeu* o princípio da causalidade[5] e distinguindo dois tipos de causa[6] – a primeira "inteligente", isto é, dúctil às intenções do espírito; a segunda, "necessária" ou "errante", isto é, estranha à medida e à razão –, lançou as bases de uma "ciência" da ação. Incidentalmente, Platão nota que o estrategista tem necessidade de introduzir o número e a medida em seus planos. No *Mênon*, todavia, ele mostra que a política não tem status de ciência, originando-se no julgamento inspirado, controlado pela experiência. Da mesma forma, quando fala em "ciência" da ação, o que Cícero tem em vista é a *scientia de ordine rerum et de opportunitate temporum*,[7] a "ciência da oportunidade dos momentos favoráveis à ação". Ele diz "ciência", porém sublinhando que se trata da percepção das circunstâncias – ou *modestia* –, comparável à audição dos músicos: "E assim como no toque da lira os ouvidos do músico percebem até as menores falhas, nós, se formos perspicazes, atentos e observadores dos erros, freqüentemente descobriremos grandes fraquezas a partir de pequenas constatações."[8] O que impede a fundação de uma ciência real da ação é o peso da contingência: "De fato, o poder, as ordens, a notoriedade, as acusações, as riquezas, o poder e seus adversários, que nascem do acaso, são regidos pelas circunstâncias."[9]

É por isso que os primeiros elementos de uma ciência da ação, estabelecidos por Aristóteles, tinham um caráter normativo e eram postos a salvo do acaso: tratava-se de uma teoria das partilhas, que o autor da *Ética a Nicômaco* relacionou com a teoria matemática das proporções de Eudóxio.[10] Os antigos estavam, sem dúvida, perfeitamente conscientes de que as matemáticas ou a física podiam ajudá-los a decidir; Tales utilizou suas descobertas sobre o triângulo isósceles para medir a altura das pirâmides[11] ou para avaliar a distância dos navios no mar,[12] o que era essencial nas batalhas navais; ele também percebeu o interesse econômico das previsões meteorológicas: "Na intenção de mostrar que é cômodo fazer fortuna, ele garantiu, depois de ter previsto uma abundante safra de azeitonas, um lucro enorme com o monopólio das prensas de azeite."[13] Arquimedes descobriu os princípios da hidrostática quando procurava um meio de avaliar, sem estragar, uma coroa que Hieron de Siracusa havia oferecido aos deuses, e determinar se ela era ou não de ouro maciço. Temos aqui uma história de contrato violado, de adulteração de um bem de destinação religiosa, que a ciência ajuda a elucidar. Arquimedes tem uma iluminação: "Um dia, ocupado com aquele pensamento, [ele] estava no banheiro, e percebeu por acaso, que à medida que seu corpo mergulhava na banheira a água transbordava. Essa descoberta lhe deu a solução do problema."[14] Contudo, em tais exemplos, a decisão não se presta a um tratamento científico, a não ser na medida em que se assemelha à solução de um problema de geometria e física.

Uma decisão só se assemelhará a um problema matemático se os dados forem homogêneos. Ora, no século VI a.C., e sem dúvida até um pouco antes, os gregos já haviam se conscientizado de que os problemas mais sérios não eram desse tipo: muitas escolhas têm de ser feitas em função de critérios múltiplos, cada um de natureza diferente, moral, política, religiosa, por exemplo. E os autores trágicos, Ésquilo, Sófocles e Eurípides, iriam ilustrar em suas obras essa situação. Lembremo-nos de *As suplicantes*, de Ésquilo, ou da *Antígona*, de Sófocles. O tema de *As suplicantes* é simples. Moças estrangeiras vão pedir asilo ao rei de um pequeno estado costeiro. Ele concede. No dia seguinte, os perseguidores das jovens aparecem com seus navios e o intimam a entregá-las, sob pena de declaração de guerra. O rei hesita ante a possibilidade de envolver seu povo em um conflito. As jovens ameaçam atar-se às estátuas do templo de Zeus, protetor dos refugiados. Temos aí um dilema em três níveis, o humanitário, o político e o religioso; e o soberano deve levar em conta essas três perspectivas e hierarquizá-las. Passados 2.500 anos, sabemos que tais problemas – apesar da existência de uma teoria matemática das escolhas e critérios múltiplos – continuam de difícil solução. O herói de Ésquilo é tão consciente que chega a proclamar: "Ah, se eu pudesse ter uma intuição tão penetrante quanto o olhar do pescador de esponjas, quando o vinho ainda não lhe turvou a visão." Tem-se dito, e decerto com razão, que a dialética – a de Platão mas também a de Hegel – foi concebida como um método para instruir as escolhas de múltiplos critérios.

Os gregos, como os hebreus, viram claramente que o êxito de uma ação repousa no segredo. Com ênfase notável, Platão expôs essa idéia n'*A República*, recorrendo a um mito, o do anel de Gyges.[15] A história é a seguinte: em certo dia de tempestade e tremor de terra, um pastor descobre um anel no dedo de um morto. Põe o anel em seu próprio dedo, e durante uma reunião geral dos pastores, presidida pelo rei da Lídia, percebe, por acaso, que mudando em certo sentido a posição do anel no dedo ele se torna invisível, e que girando ao contrário volta a ser visível. Compreende logo o poder que o anel lhe dá: mata o rei com a cumplicidade da rainha e sobe ao trono na condição de tirano. Pessimista, Platão acrescenta: "Suponhamos dois anéis como aquele, um no dedo do homem justo, outro no dedo do injusto; ao que tudo indica, não haveria ninguém com têmpera bastante para permanecer fiel à justiça e resistir à tentação de se apossar dos bens alheios, sendo-lhe dado tirar à vontade o que quisesse do mercado, entrar nas casas e deitar-se com quem lhe agradasse, matar uns, quebrar as algemas de outros, em suma, fazer tudo como um deus entre os homens."[16]

Independentemente do comportamento dos homens quando se sentem invulneráveis, o problema do segredo permanece até hoje como um dos componentes maiores da teoria da ação. Como penetrar nas intenções do adversário e até mesmo nas dos parceiros? Como vigiar seus planos secretos? Durante mais de dois milênios acreditou-se que os matemáticos eram totalmente incapazes de solucionar esse problema: no início do século XVIII, eles alcançaram um primeiro resultado, mas somente em 1928 John von Neumann propôs uma solução universal para o caso simples do duelo. De fato, para edificar uma ciência da ação é necessário dar lugar ao acaso, domesticando-o ou matematizando-o em seguida. Por motivos até hoje não inteiramente explicados, os antigos não elaboraram uma teoria matemática do acaso; essa teoria só tomaria sua forma moderna em meados do século XVII, impulsionada principalmente por Pascal e Fermat. Esse mesmo período conheceu o declínio do postulado da invariância da ação.

Enfim, devemos aos antigos outra maneira de refletir sobre a ação: eles sublinharam que, para decidir razoavelmente na incerteza e no risco, o agente deve ser capaz de conservar o sangue-frio no meio do perigo. No entender deles, a sabedoria não existe sem a faculdade de julgar e decidir com serenidade numa situação perigosa, tanto quanto quando nos encontramos em segurança. Diversas escolas filosóficas propuseram diferentes técnicas de análise e relaxamento[17] cujo objetivo é claro: "Não ficar perturbado nos casos difíceis e não se deixar desconcertar, mas manter a presença de espírito e a reflexão sem se desfazer da razão."[18] Sem essa firmeza de alma, o trabalho da razão sairia prejudicado. Na ação, esse trabalho consiste em "prever o futuro mediante a reflexão e, muito tempo antes, determinar o que poderá ocorrer a uma alternativa, como reagir a um evento, e não correr o risco de ter de dizer um dia: 'Não pensei nisso.' É assim que age uma alma bem dotada, confiante em sua prudência e seu julgamento."[19] Do mesmo modo, quando se tem de escolher entre a coragem e o discernimento, deve-se preferir o segundo: *Quare expetenda quidem magis est decernendi ratio quam decertandi fortitudo*,[20] contanto que, é claro, a razão não sirva de biombo à covardia.

A força da alma é necessária pelo fato de a razão abranger todo o perímetro humano: "Nem medicina, nem navegação, nem agricultura, nem colheita e conservação de cereais, nem outros modos de produção: sem a atividade do homem nada poderia existir."[21] Cícero observava ainda: "Essa sabedoria, para mim a primeira das virtudes, é a ciência das coisas divinas e humanas, e nela reside a comunidade e a sociedade de deuses e homens entrelaçados..."[22] Cícero afirmava, então, um primado da sabedoria ativa sobre o conhecimento: "De fato, o conhecimento e a contemplação da natureza seriam de algum modo mutilados e inacabados, se deles não resultasse nenhuma ação real; essa ação é visível sobretudo na salvaguarda dos interesses humanos; ela concerne, pois, à sociedade do gênero humano; e deve, portanto, situar-se acima do conhecimento."[23]

Para Cícero, a ação deveria estar no centro da vida: e não fala de uma abstração; ele percebia – e aí entrava em cena o gênio dos latinos – que cada empreendimento é singular e, assim, uma teoria da ação é uma ciência dos casos particulares, uma *casuística*. O tratado *Dos deveres* é abundante em estudos de caso: "Digamos, por exemplo, um homem de bem que estivesse levando de Alexandria para Rhodes uma grande quantidade de trigo, em um momento em que os habitantes da ilha sofrem escassez e fome, em que os alimentos estão extremamente caros; esse homem soube que vários outros comerciantes também zarparam de Alexandria, e viu seus navios carregados de trigo dirigindo-se para Rhodes; ele contará isso aos habitantes da ilha, ou, silenciando, venderá seu trigo pelo preço mais alto possível?"[24] Cícero apresenta argumentos em favor de cada um dos lados, mas conclui: *Sine justitia nihil valebit prudentia* [Não vale ser prudente em prejuízo da justiça].[25] Aliás, tal engano seria uma imprudência, pois "até entre os bandidos há leis às quais eles devem se curvar".[26]

Os antigos viam claramente que é impossível edificar uma ciência da ação sem uma teoria causal da ação e sem uma reflexão sobre a contingência e o destino. É dessa questão que Cícero ocupa-se em *De fato*, o *Tratado do destino*. Ele procurava nessa obra discernir, em determinada ação, aquilo que resulta de uma obra que depende de nós, mesmo quando as circunstâncias não foram desejadas por nós, ou são fortuitas. Cícero observava que se tudo existe num entrelaçamento universal de causas e efeitos, a ação se esvanece. A propósito, ele cita as objeções de Carneade a Crisipo: "Se tudo vem de causas anteriores, todos os acontecimentos se entrelaçam e são trançados juntos em um encadeamento natural; se assim é, a necessidade tudo faz; e se isso for verdade, nada estará ao alcance do nosso poder."[27] Para discernir essa *aliquid*, essa alguma coisa "ao alcance do nosso poder", será necessário elucidar a natureza da causalidade e evidenciar que "a causa é o que produz efetivamente aquilo de que é a causa, como o ferimento é a causa da morte, a má digestão a causa da doença, o fogo a causa do calor" [*causa autem ea est, quae id efficit cujus est causa, ut vulnus mortis, cruditas morbi, ignis ardoris*].[28]

2. Críticas do postulado da invariância da ação

Santo Agostinho

Foi precisamente nesse ponto que o cristianismo introduziu uma revolução, ao afirmar que mesmo os desejos e as paixões são vontades. Essa mudança antropológica foi obra de Santo Agostinho: "O espírito ordena à mão que se mova, e há uma tal facilidade na obediência que mal se pode distinguir a ordem da execução da ordem; e, contudo, o espírito é espírito e a mão é corpo. O espírito manda que o espírito queira; o espírito é o mesmo, e no entanto não obedece. De onde vem esse monstruoso prodígio? Por que isso?"[29] Comentando o versículo do Gênesis segundo o qual "no começo Deus criou o céu e a terra", Hannah Arendt escreveu: "Esse novo credo especificava que o homem era a única criatura à imagem de Deus, e portanto dotado de uma faculdade semelhante à sua, a de começar. No entanto, de todos os pensadores cristãos, Santo Agostinho parece ter sido o único a tirar proveito desse modo de ser: [*Initium*] *ut esset, creatus est homo* ("a fim, pois, de que [o começo] acontecesse, um homem foi criado antes que qualquer outro fosse").[30] Assim, Agostinho quebrava o tempo cíclico e bania "esses circuitos que constrangem a alma a um fatal retorno às nossas misérias".[31] Um tempo linear na ciência e profético na história vinha disputar a hegemonia com o antigo templo cíclico. No entanto, reconhecer que o homem retira de sua semelhança com Deus a faculdade de iniciar coisas novas não impede, necessariamente, que os modos de ação mudem com o tempo. De fato, a concepção duas vezes milenar da invariância da ação só seria abalada em meados do século XVII, por efeito conjugado de várias causas independentes.

De fato, o modelo intemporal podia ser inscrito no homem interior: *Noli ires foras, in te redi in interiore homini habitat veritas* ["Ao invés de saires, volta a ti mesmo; é no homem interior que habita a verdade"]. É difícil aceitar sem discutir o conselho de Santo Agostinho. Pois a verdade é a presença do universo no limiar da alma. Agostinho está entre os pensadores que mais profundamente refletiram sobre a sensação e a memória. Não investigou ele, nas *Confissões*, o enigma da sua composição, de seu claro arranjo? A disposição verídica das sensações escolhidas, encarregadas de representar com precisão a realidade em sua diversidade, não se opera mediante a construção de conceitos, mas por discernimento e tato. Existe em nós um lugar onde a alma desnuda prepara-se para a visitação.

Talvez esteja aí uma das fontes – a religiosa – do empirismo: é necessário calar a alma ocupada para que desperte a alma visitada. O otimismo dos espíritos absorvidos bloqueia a recepção das impressões, fecha todos os guichês do corpo, todas as portas da alma. Nenhuma presença, nenhum sopro de formas sensíveis ocorre enquanto a superfície da alma assemelha-se a um mar agitado. Há muito tempo deixou-se de compreender que o empirismo não é uma filosofia da satisfação individual, mas uma ascese que prepara o indivíduo para suportar, e até para amar, as impressões que vêm de fora sem disfarces, mensagens essenciais e simples, às quais, para agir, necessitamos ouvir e obedecer.

Descartes

Nas *Meditações,* Descartes inaugurou, em filosofia, a idéia de uma responsabilidade radical do eu. Como disse Husserl, ele foi "o gênio fundador original do conjunto da filosofia moderna".[32] Na verdade, Descartes mergulhou em uma "surpreendente profundeza", na qual procurava ao mesmo tempo "os fundamentos e as decisões últimas".[33] Refletindo sobre a liberdade cartesiana, Sartre observou: "O Deus de Descartes é o mais livre dos deuses que o pensamento humano já forjou; é o único Deus criador."[34] Comentando cartas a Mersenne[35] e a Mesland,[36] ele acrescenta: "Descartes compreendeu perfeitamente que o conceito de liberdade traz em si a exigência de uma autonomia absoluta, que um ato livre é uma produção absoluta."[37] Tendo, desse modo, definido a partir da concepção cartesiana de Deus a idéia de liberdade, Sartre utiliza o velho argumento da semelhança do homem com Deus para transferir ao primeiro os poderes do segundo: "Seriam necessários dois séculos de crise – crise da Fé, crise da Ciência – para que o homem recuperasse aquela liberdade criadora que Descartes atribui a Deus."[38] Desde então, a ação vem em primeiro lugar; ela é o próprio fundamento da verdade e do ser. Em Descartes, contudo, essa concepção radical foi equilibrada por uma aguda consciência – de inspiração estóica – daquilo que na existência não depende de nós.

Malebranche e Hume

Seria Malebranche quem iria insistir no fato de que os planos de Deus, tal como as ações dos mais simples dos mortais, têm algo de inescrutável. Retomando o exemplo de Santo Agostinho sobre o movimento voluntário da mão, ele observou que simplesmente ignoramos como nossas ordens se transformam em atos. Deduziu que a noção de causa é obscura. Conseqüentemente, seria problemática uma abordagem causal da ação. Voltando aos seus argumentos, Hume concluiu: "Se examinarmos as operações dos corpos e a produção dos efeitos por suas causas, acharemos que todas as nossas faculdades jamais poderão nos levar mais longe no conhecimento dessa relação do que a simples observação de uma *conjunção constante* entre os objetos particulares e de uma tendência do espírito para passar, por *transmissão costumeira*, do aparecimento de um para a crença no outro."[39]

Os jogos: Pascal e Rémond de Montmort

Se o indivíduo é a fonte de suas ações, mas o encadeamento que leva das intenções à execução permanece opaco – como pensavam Malebranche e Hume –, é nos jogos de salão, em que a execução se reduz a quase nada, que se apreenderá melhor a essência da decisão, seus mecanismos e suas formas. Em 1654, Pascal resolveu um problema de jogo de azar proposto pelo cavalheiro de Méré,[40] e em 1713, Rémond de Montmort[41] descobriu a solução matemática de um jogo de estratégia em que se opunham apenas dois adversários – um duelo –, isto é, em que os efeitos dependem das decisões, impossíveis de serem conhecidas, de outro agente forte em inteligência. Se a distância entre essas duas datas corresponde ao estabelecimento das bases da teoria matemática dos jogos, mais de dois séculos – sublinhemos – seriam necessários para que seus princípios teóricos gerais e sua dimensão prática se tornassem claros, o que só aconteceria a partir da década de 20. Mais curioso: os autores dessas descobertas não reconheceram sua importância. Pascal limitou-se a destacar a oposição entre o espírito agudo e o espírito geométrico; e Montmort, depois de ter resolvido matematicamente o problema do duelo, a partir de um caso particular, escreveria a Bernoulli: "Quando se trata, por exemplo, de duas pessoas juntas em um negócio, e cada uma querendo reger a conduta da outra, me parece impossível prescrever algo seguro. Toda a habilidade dos mais refinados jogadores se reduz a dar àqueles com quem jogam uma falsa idéia de sua maneira de jogar, afetar uma certa conduta nos lances de pequeno valor, para mudá-la nos grandes lances, e aproveitar-se habitualmente de um erro, ou prever qual será cometido quando se der a ocasião."[42]

Bossuet

Bossuet consagraria o interesse pelos jogos ao estabelecer uma espécie de identidade entre eles e a história. Dirigindo-se ao delfim, ele notava: "Embora eu tenha observado apenas os casos particulares, a sorte parece só decidir no que toca ao estabelecimento e à ruína dos impérios, é semelhante ao que se dá no jogo, em que, com o tempo, o mais hábil acaba por levar a melhor." E o bispo de Meaux prosseguia: "De fato, nesse jogo sangrento com que os povos têm disputado o império e o poder, quem anteviu o mais distante, quem se dedicou mais tempo às grandes obras, enfim, quem soube melhor se preparar para o embate e nele se poupar, terminou em vantagem e fez a sorte atender aos seus propósitos."[43] Cournot, que foi um dos fundadores da teoria matemática dos jogos, não se enganou: elogiou Bossuet, como já vimos, por ter percebido a analogia profunda entre o jogo e a política. O jogo tornou-se, então, paradigma da história: compreender os acontecimentos políticos é entrar nas intenções dos agentes, tomar a medida dos obstáculos que eles enfrentaram, das vontades que desafiaram, das armadilhas que descobriram ou desconheceram, e perceber como o fortuito e o desejado se encadeiam e se misturam no curso orientado das coisas.

Bossuet e Tucídides convergem na maioria desses pontos. Contudo, a *História da Guerra do Peloponeso* dá a impressão de que, mesmo quando os agentes têm um comportamento racional, a soma de suas ações entrecruzadas não é um resultado racional: um irresistível desvio de projetos, uma obscuridade nos limites dos acontecimentos e das ações fazem da história um espelho em que os homens se olham sem reconhecer-se. Eles não têm os meios de totalizar e interiorizar completamente as lições, mesmo quando sonham em fazer "um bem para sempre". No mundo de Tucídides não há nenhuma providência velando pelos homens. Será necessário uma virada teológica na idéia de Providência para que a história adquira uma unidade intrínseca, metafísica e depois positiva. Também nesse ponto Bossuet desempenhou um papel importante. Pois, para ele, não se tratava de imaginar que Deus tivesse entre os dedos os fios da história dos homens, mas que Deus havia decidido: "Façamos o homem." E, comentando esse plural, Bossuet acrescentou: "Quando Deus muda de linguagem, e em certa medida de conduta, não é porque ele próprio haja mudado; assim ele nos mostra que vai começar, seguindo conselhos eternos, uma nova ordem de coisas."[44] Essa ordem tem sua lógica própria: "Deus quis também que o curso das coisas humanas tivesse sua seqüência e suas proporções; [...] e que, com exceção de certas intervenções extraordinárias, nas quais Deus quis que sua mão aparecesse nítida, ele não quis que as grandes mudanças deixassem de ter suas causas nos séculos precedentes."[45] Em suma, a história tem uma unidade, pois constitui uma "ordem", na qual as partes dependem umas das outras, e essa ordem não é perturbada, salvo exceções, por intervenções externas. Tudo obedece, portanto, ao princípio da causalidade; e tudo depende da ação dos agentes. Assim, "quem quiser entender a fundo as coisas humanas deverá observá-las do alto; e é necessário observar as tendências e os costumes, ou, para resumir em uma palavra, o caráter, tanto dos povos dominantes em geral, quanto dos príncipes em particular, e finalmente de todos os homens extraordinários que, pela importância do personagem que tiveram de representar no mundo, contribuíram bem ou mal para a mudança dos Estados e da fortuna pública".[46] Não se poderia ser mais explícito ou mais insistente em relação ao papel daqueles que decidem, bem como no que diz respeito à elevação da história ao nível da ação.

Mas os pensadores políticos da época clássica, sobretudo quando são, como Bossuet ou Fénelon, preceptores de futuros príncipes, insistem, tal como os antigos, em uma qualidade necessária ao homem de ação: a faculdade de analisar as situações e de avaliar os homens sem deixar que as paixões ou o medo alterem seu discernimento. Eles retomam, com naturalidade, os ensinamentos práticos da filosofia antiga, e em particular as lições explícitas de Aristóteles na *Ética a Nicômaco*, ou as de Platão, mais secretas e mais alusivas. "O contrário do agir conforme a razão", dizia Bossuet, "é agir conforme a paixão ou o humor. Agir conforme o humor, como agiu Saul em relação a Davi, ou possuído pelo ciúme, ou tomado pela negra depressão, leva a toda espécie de irregularidade, inconstância, desigualdade, extravagância, injustiça e atordoamento na conduta."[47] Para não cair nesses erros, o príncipe deve dominar, como já notara Cícero, "a ciência dos tempos [que] é a verdadeira ciência dos negócios [políticos]".[48] E será necessário "muita aplicação e trabalho", pois cada assunto é singular. Contudo, o sentido de um acontecimento particular não se percebe apenas pela atenção local e microscópica: "O príncipe deve sempre ver adiante, e não se fechar em seu século."[49] É trabalhoso alcançar essa amplitude e esse discernimento: "Os homens, sobretudo os grandes, só se sentem realmente felizes quando a verdade vai a eles por si mesma, procedente de uma só fonte e vencendo todos os obstáculos com que se depara."[50] Para qualificar o estado que o homem de ação deve alcançar, Bossuet sugere: "O espírito do príncipe deve ser um bloco nítido e uno, em que tudo o que a ele chega, seja de que lado for, será representado como é, conforme a verdade. Está em perfeito equilíbrio; não se desvia nem para a direita nem para a esquerda."[51] Isso equivale a dizer que a faculdade de julgar, decidir e agir não se exerce convenientemente a não ser que o sujeito – no caso o príncipe – realize em si mesmo um trabalho que atenue as particularidades ou os defeitos de seu caráter e o faça alcançar uma espécie de impersonalidade ativa. Uma transformação cuja necessidade racional transparece, mas cujo modo quase místico logo surpreende. Viver segundo a razão implica uma mudança de estado, uma forma de conversão que consuma o *eu* a fim de substituí-lo por um sujeito que levará o mesmo nome, embora não tenha mais os mesmos alicerces nem as mesmas motivações.

Fénelon

Essa dimensão mística da ação racional é perceptível em Bossuet; e mais ainda em Fénelon. Nas *Cartas espirituais,* ele dá o seguinte conselho ao homem de ação: "O que eu mais vos desejo é o recolhimento e a cessação, um pouco comum, de tudo aquilo que dissipa. A ação do espírito, quando contínua e sem a ordem absoluta de Deus, desseca e esgota o interior do homem." Ouvir Fénelon é sentir-se transportado para o niilismo cristão: "Seja um verdadeiro nada em tudo e por tudo", ele dizia, "mas nada acrescente a esse puro nada."[52] Assim, quando habitualmente se imagina que a substância de cada ser deva aumentar, descobrimos que as leis espirituais da ação ordenam o inverso, pois "no nada não há nenhum apoio". A teoria matemática dos jogos estabelece que o agente deve manter seus planos em segredo, e chega a incitá-lo, em certas situações, a decidir ao acaso sua conduta – ou sua tática –, a fim de que nenhum adversário a descubra. A concepção mística da ação vai ainda mais longe: incita o próprio agente a apagar-se, a perder sua individualidade: "O verdadeiro nada jamais resiste, não tem um eu do qual deva se ocupar."

Fénelon é mais radical do que Mach.[53] Na ação há momentos em que não é mais hora de fazer cálculo: "Sede nada, portanto", recomendava Fénelon, "e sereis tudo sem sonhar em ser." Não estaríamos diante de um subterfúgio, um ardil, um maquiavelismo disfarçado de fé? Não! Estamos diante de um convite ao sacrifício. Assim concebida, a reflexão sobre a ação apresenta duas vertentes: uma, externa, que trata dos objetivos sonhados pelos homens; e outra, interior, que se ocupa dos seus fins transcendentais ou últimos. Pode-se empregar o termo "niilismo" para designar essa perspectiva mística, cuja máxima, segundo Fénelon, era a seguinte: "Ser nada; estar entregue à destruição; sofrer e se deixar consumir por uma morte completa."

Todo laço entre o agente e seu eu deve ser desfeito: o eu será suspenso, depois sacrificado e destruído. No entanto, isso só é niilismo do ângulo antropológico e subjetivo. O agente, como o profeta Habacuc, fica pendente de um fio: "Não estava seguro o profeta Habacuc quando o anjo o transportava tão impetuosamente da Judéia para a Babilônia, pendurado por um fio de cabelo?" Assim suspenso, seria Habacuc, como o ser humano em *As leis* de Platão,[54] um títere cujos cordéis são acionados por Deus? Não exatamente, nos diz Fénelon: "Ele ia sem saber para onde e sem saber o que era que o sustentava", como acontece com um títere, mas dispunha de uma força própria: "Ele ia alimentar Daniel no meio dos leões; era conduzido pelo espírito invisível e pela virtude da fé."

O títere pode mudar, mas a sua constituição permanece invariável. Aparece de modo diferente na Sagrada Escritura: o agente, na aparência, nada faz, mas, ao contrário do títere cujos constituintes permanecem fixos, sua substância é dissociada e depois refundida. Assim, o apogeu da ação é a completa destruição do agente, e depois sua completa reconstrução.

Goethe, como sabemos, sonhou que a razão penetrava na intimidade da natureza. Fénelon, como Bossuet, atribuiu à ciência da ação um outro objetivo, ainda mais enigmático: levar o espírito, levar a totalidade do ser ao crisol em chamas, no qual o antigo agente será consumido e destruído, antes de renascer, impessoal, suspenso, como o profeta, por um fio de cabelo.

Quanta luz os dois preceptores reais lançaram sobre a ação! Os príncipes – e isso poder-se-ia estender aos súditos – não eram convidados apenas a exercer, conhecer e dominar seu poder; eram convidados a abdicar dele, a abandoná-lo e negá-lo no momento mesmo em que o exerciam. Niilismo de uma época em que o "nada" amadurecia sob o olhar de Deus. Chave inútil para compreender nosso século, que deixou de saber que "niilismo", repetimos, vem de *ne hilum*, isto é, "nem sequer um fio", nem sequer o canal alimentador que liga a ervilha ou o feijão à vagem e, por ela, às raízes.

Pensar o singular

Ainda que a razão intervenha na história, o homem de ação só pode ser medido pelas situações singulares. A rigor, nada se repete. Isso não impossibilitaria uma ciência da ação? Em carta ao marquês de Mirabeau, Jean-Jacques Rousseau externava suas dúvidas sobre a possibilidade de constituir-se uma ciência da ação: "Parece-me", escrevia, "que a evidência jamais pode estar nas leis naturais e políticas quando consideradas em abstrato. Em um governo específico, composto de muitos elementos diversos, essa evidência necessariamente desaparece. Pois a ciência do governo é apenas uma ciência de combinações, de aplicação de exceções, conforme o tempo, os lugares e as circunstâncias."[55] E concluía: "Vosso sistema é muito bom para os habitantes da Utopia; de nada vale para os filhos de Adão."

3. A "ciência da ação" no século XX

Essa visão desabusada não impediu nosso século de querer fundar uma "ciência da ação". Sabe-se que a partir de 1893 era esse o projeto de Maurice Blondel. Contudo, já que ele entendia por "ciência" uma fenomenologia e uma ontologia rigorosas, foi sobretudo às matemáticas que se teve de recorrer a fim de modelizar a ação e modificar os procedimentos.

Mesmo em uma democracia a ação exige uma unidade de concepção e conduta. Assim, é importante que se saiba ressaltar as preferências individuais (objeto da teoria das utilidades) e extrair, a partir dos desejos individuais, uma vontade coletiva (objeto da teoria do voto). Ou seja, a maioria das ações implica incerteza e risco. Também a teoria matemática das probabilidades deu lugar, já em suas origens (nos séculos XVII e XVIII) ao estudo das decisões, quer se tratasse de observar freqüências (probabilidades freqüenciais ou objetivas), ou de avaliar a força de uma crença (probabilidades subjetivas), ou de inferir, a partir de um estado de coisas constatado e em função da informação, a probabilidade das causas (teorema de Bayes). A informação, finalmente, desempenha um papel decisivo na ação. Assim, nas décadas de 20-30, quando se discutiam os méritos respectivos do plano e do mercado, o que fazia a balança pender a favor do segundo era a constatação de que, em uma economia global desenvolvida, o Comissariado do Plano (ou qualquer que fosse seu nome) deveria, apenas para fixar os preços dos bens, recolher e trabalhar permanentemente com centenas de milhares de informações relativas aos gostos e às necessidades. O que se mostrou irrealizável pelos burocratas, ao passo que podia ser facilmente realizado pelo mercado, pois ao trocar bens os indivíduos também trocam informações.

De fato, o *estilo* da matemática da ação se impôs mediante algumas obras, ou seja, graças a alguns homens. Entre os mais inventivos e representativos encontram-se, sem dúvida, alguns grandes probabilistas dos séculos anteriores e do nosso: Von Neumann, criador – após Borel[56]– da teoria dos jogos, e Kenneth Arrow, autor da teoria matemática do voto e explorador da incerteza e do risco. Tentaremos apreender o espírito de suas descobertas. Mas seus esforços especulativos não teriam alcançado tanto impacto se um novo ambiente tecnológico não houvesse contribuído para a sua recepção e propagação.

Modelização matemática e tecnologia

A invenção e generalização dos computadores modificou radicalmente as relações dos modelos matemáticos com a ação prática. Antes eram necessários dias para resolver no lápis um sistema de *n* equações do primeiro grau a *n* incógnitas; hoje isso é feito em instantes. A noção de *algoritmo* permitiu, a partir do início dos anos 30, distinguir entre as tarefas que uma máquina universal pode efetuar e aquelas que tal máquina – ou máquina de Turing – não sabe resolver. Essa distinção, essencial do ponto de vista especulativo, adquiriu, nas décadas de 40-50, uma dimensão prática, pois ajuda a medir o que a informática pode realizar.

Para que nos modelos as equações matemáticas tenham coeficientes determinados, é necessário que certas seqüências da ação possuam um caráter repetitivo e estável. Do contrário, seria impossível saber, por exemplo, quais os bens intermediários e em que quantidade seriam necessários para se fabricar um automóvel ou uma aeronave. Então, é a industrialização e a normatização da produção e das trocas que facilitam o emprego dos modelos.

Não obstante, a tecnologia tem um efeito inverso. Ela não cria apenas o que se repete, mas também o imprevisível: ao ser difundida, uma inovação exerce seus efeitos pouco a pouco, e, agindo como o acaso na concepção de Cournot, provoca a súbita colisão de mundos parciais que até então se ignoravam. Essa é, sem dúvida, a origem de um paradoxo surpreendente: as sociedades modernas que recorrem às ciências, à tecnologia e aos instrumentos da razão, também são sociedades da incerteza, da imprevisibilidade e do risco.

É certo que, de qualquer ação, desde que suas regras sejam explícitas e sua coerência efetiva, pode-se, a rigor, elaborar um modelo local, isto é, uma representação simbólica, de fatura matemática, que restitua certos traços com fidelidade. Mas esses esforços de modelização *ad hoc*, úteis para tratar de problemas particulares, não têm alcance geral. Ajudam a fazer escolhas técnicas ou táticas; são freqüentemente inoperantes quando se trata de preparar escolhas de âmbitos estratégicos e políticos.

Probabilidades estatísticas

Entre as teorias parciais da ação, algumas alcançaram desenvolvimentos consideráveis. De saída, devemos mencionar a mais antiga e aquela cujas aplicações são as mais numerosas e variadas, embora suas ligações com a arte de decidir sejam complexas: a teoria das probabilidades e a estatística. As probabilidades não são apenas o coração da física e da biologia molecular: são operantes em medicina, economia, demografia etc. Indispensáveis quando se trata de explorar e representar a realidade, é difícil, no entanto, dizer de que maneira elas constituem uma ajuda à ação. O segredo de sua eficiência está no fato de permitirem, de um lado, estender a uma população global os melhores resultados obtidos a partir de um reduzido número de elementos; e, de outro, considerando um estado de coisas presente, atribuir às suas causas possíveis certo grau de probabilidade. Passar da amostra ao conjunto; relacionar efeitos a causas, são essas as duas principais virtudes instrumentais das probabilidades e suas aplicações estatísticas. Mas a introdução de um ponto de vista probabilista na ação tem mais uma virtude, a de conscientizar os agentes de que o real não é jamais inteiramente determinado: seja porque nem tudo se reduz a leis necessárias, seja porque as condições iniciais dos fenômenos são conhecidas apenas de modo aproximado. Segue-se daí, para o homem de ação, uma moral provisória: ele deve agir como se não fosse totalmente senhor de coisa alguma, embora tenha de responder por tudo.

A programação

Em 1758 Quesnay publicou seu *Tableau économique*, e os fisiocratas conceberam a idéia de uma representação econômica da França, em que cada setor de produção figurasse com suas particularidades e suas ligações com os demais. Essa idéia, retomada por um grupo de matemáticos soviéticos do Gosplan, nos anos da Nova Política Econômica, seria uma das fontes da programação matemática. Esta vem a ser o domínio no qual o instrumento matemático revelou-se da maior eficácia. Esquematicamente, o objeto desse método é o seguinte: conseguir, gradual e metodicamente, a otimização de um modo empírico de fazer. Por exemplo, os comerciantes fazem entregas aos seus clientes, do mesmo modo que os serviços postais guarnecem os correios. Como realizar essas operações minimizando seus custos ou as distâncias percorridas? Ou, em um país dotado de planificação centralizada, como fixar, para os agentes econômicos, objetivos mediante os quais o sistema, nos limites dos recursos disponíveis, alcance seus melhores desempenhos? Todas essas questões, suscitadas em nível de empresa ou de macroeconomia, puderam encontrar, em bom número de casos, respostas matemáticas. Mas é, sem dúvida, na teoria dos jogos que a interação dos agentes – indivíduos ou coletividades – adquire sua dimensão e seu alcance.

O espírito da teoria dos jogos

Seria inexato identificar as ciências da ação à teoria dos jogos. No entanto, essa teoria constitui um fio condutor privilegiado para captar em que espírito certa modelização matemática da ação pode ser conduzida. Os autores de *Theory of games and economic behavior*, John von Neumann[57] e Oskar Morgenstern, fizeram um paralelo entre a mecânica racional e a economia. De fato, essas duas disciplinas estudam as interações. Contudo, enquanto na primeira as interações se dão entre corpos submetidos à atração universal, na segunda, elas têm lugar entre agentes inteligentes. Se estes se comportassem de maneira tão imutável quanto os corpos celestes, poder-se-ia reduzir a economia a uma espécie de mecânica racional; não é o caso, porém. Se todos os agentes econômicos obedecessem estritamente à vontade de um só indivíduo, a economia se reduziria a um problema técnico de otimização; mas não é assim, nem mesmo nos regimes em que o poder econômico se acha inteiramente centralizado, embora essa simplificação possa facilitar a solução de problemas técnicos de programação. Então, a economia apresenta um terceiro tipo de situação, em que cada agente depende, em suas ações, das ações de todos os outros. Daí Von Neumann e Morgenstern terem distinguido "a economia de Robinson Crusoe" da economia de troca. A primeira é regida por uma vontade única e procura satisfazer ao máximo um agente: "Robinson Crusoe tem certos dados (necessidades e bens) e sua tarefa consiste em combiná-los para obter a maior satisfação possível." Ele controla todas as variáveis do seu universo (ainda que apenas estatisticamente).

Em uma economia de troca, cada um dos agentes também tenta alcançar o resultado ótimo: "Esse problema, é certo, tem muitos traços semelhantes ao de um problema de maximização [...] Este não é de modo algum um problema de maximização, mas uma singular e desconcertante mistura de vários problemas de maximização em conflito."[58] E os autores acrescentavam: "Esse tipo de problema não é tratado em nenhuma parte da matemática clássica." Tal observação reforça-lhes a convicção segundo a qual "descobertas iguais em importância à do cálculo infinitesimal serão necessárias para se alcançar sucesso nessa área".[59] Meio século depois de essas linhas terem sido escritas, poderia alguém dizer que surgiria na economia uma teoria comparável ao cálculo infinitesimal em sua amplitude e inovação? Apesar dos numerosos resultados e refinamentos obtidos, é duvidoso responder positivamente.

Os autores de *Theory of games* examinaram uma objeção ao seu próprio sistema: "Imaginemos que tenhamos descoberto um conjunto de regras aplicáveis a todos os participantes [de uma economia de troca], e que seja possível recorrer a certas regras, 'ótimas' ou 'racionais', com a condição de que todos estejam de acordo em aceitá-las. Que acontecerá se algum dos participantes estiver em desacordo? Se essa violação das regras lhe for vantajosa, e desvantajosa para aqueles que as respeitam, a *solução* será muito duvidosa. Portanto, seja qual for a formulação ou a justificação que tenhamos de um *comportamento racional*, devemos levar em conta todos os comportamentos possíveis dos outros." Assim entendida, a teoria dos jogos não é *normativa*: não supõe que os agentes observem um código moral de conduta, mas apenas que tenham a compreensão dos seus interesses (o que já é uma suposição forte!).

Von Neumann e Morgenstern conceberam o projeto de estabelecer uma teoria geral dos jogos (a *n* pessoas e a soma não nula) com base na teoria do duelo. Partiam da constatação de que, em todas as ciências, o importante é isolar os fenômenos mais simples para chegar à teoria. Eles observavam que "as formas de troca entre alguns indivíduos são as mesmas que vemos nos mercados mais importantes da indústria moderna, ou no caso das trocas entre Estados, no comércio internacional".[60] Em razão dessa analogia profunda entre as formas mais elementares e as mais complexas da troca, eles esperam que "a ciência econômica se desenvolva, englobando pouco a pouco sujeitos de uma importância mais vital do que os que lhe serviram de ponto de partida".[61]

Essas predições não se realizaram exatamente como apresentadas, o que não impede que *A teoria dos jogos* seja uma das maiores obras científicas do século. Na verdade, destacam-se ali dois resultados essenciais e opostos: no caso em que dois adversários se opõem estritamente, a teoria do duelo explica sua interação de maneira perfeita, acabada e luminosa, e prova que se pode estabelecer um equilíbrio entre eles; se, ao contrário, os dois adversários tiverem interesses não estritamente opostos, ou se o número de agentes for superior a dois, poderão se formar coalizões. Nesse caso, uma espécie de instabilidade quase irredutível afeta os negócios humanos. Pode-se ainda, é claro, imaginar modelos, mas não se pode esperar, por meio deles, fazer com que desapareçam as incertezas que cercam a interação. Para diminuir a complexidade, ou para reduzir as incertezas, seremos obrigados a acrescentar aos modelos hipóteses *ad hoc*, o que não acontece na teoria do duelo. Essa é a razão pela qual vem a ser duvidoso que uma "ciência da ação", de feição matemática, venha algum dia a englobar, ainda que de forma reguladora ou normativa, o conjunto dos comportamentos humanos de troca.

Da mesma forma, devemos nos contentar em gerir o múltiplo, ou seja, tratar questões particulares sem saber como unificá-las na mesma teoria, o que, aliás, sempre aconteceu com as outras ciências. "As descobertas da mecânica ocorridas no século XVII só se tornaram possíveis graças aos progressos anteriores da astronomia, que culminaram nos trabalhos de Tycho Brahe, esse incomparável observador. Nada de semelhante ocorreu na ciência econômica. Seria absurdo, na física, esperar um Kleper e um Newton se não houvesse Tycho – e não há motivo para esperar que o desenvolvimento da economia seja mais fácil."[62]

A teoria matemática do voto

Os jogos evidenciam a importância da cooperação entre os indivíduos, mas também a fragilidade de suas alianças. É, portanto, um problema crucial o de saber desvendar um interesse geral a partir das preferências individuais. A reflexão matemática sobre o voto, iniciada por Condorcet e Borda no fim do século XVIII, mas formulada com precisão por um matemático americano, Kenneth J. Arrow, em 1951, constitui a esse respeito uma contribuição preciosa: habilita a considerar que princípios como a justiça, a igualdade ou a liberdade dos cidadãos podem ter uma expressão matemática, e mostra que a transposição das exigências jurídicas ou éticas em proposições matemáticas não é um luxo supérfluo, mas uma condição de coerência e clareza. Assim, John Rawls, em sua *Théorie de la justice*, retira dos teoremas de Arrow, ou da definição de equilíbrio de Pareto, conseqüências inéditas, ao mesmo tempo teóricas e práticas.

Como nos mostra Paul Valadier em *Éloge de la conscience*,[63] nossa época está diante de problemas e casos singulares, para os quais é preciso encontrar soluções universais. Daí a reabilitação da *casuística*, que não visa somente a moral, mas também a ação como um todo. Os matemáticos do voto e dos jogos concordam com essa dupla exigência de levar em conta a singularidade das situações e da universalidade das regras. Isso porque, mesmo quando não oferecem soluções, elas sugerem um método: tentar descobrir as mediações que reduzirão a distância – às vezes o abismo – entre os princípios abstratos e as circunstâncias concretas. Talvez tenhamos necessidade de juristas matemáticos, como alguns foram nos séculos XVII e XVIII, alguns que dominaram justamente essa arte tão difícil de aplicar o gênio das matemáticas a casos que cairiam com demasiada facilidade no espírito da sutileza, ou mais ainda, no espírito da rotina.

O gênio de Arrow, quando estuda o voto, está em logo axiomatizar as qualidades que se espera de um bom sistema eleitoral: que cada voto tenha o mesmo peso, que as preferências dos cidadãos se traduzam fielmente, que nenhuma minoria consiga impor sua vontade à da maioria etc. Ele pergunta em seguida se pode existir um sistema capaz de responder a tais exigências. E deduz, finalmente, dois teoremas: se os cidadãos podem escolher entre duas opções, é possível uma Constituição que responda a essas condições de democracia e eqüidade; se o número de opções for superior a dois, nenhuma lei puramente formal satisfará essas demandas (e será necessário recorrer a um direito positivo). Há, portanto, um teorema da existência e um da limitação. Em 1973, Alan Gibbard e Satterhwaite, em trabalhos independentes, estabeleceram que, seja qual for o procedimento escolhido, votar sinceramente é um problema.[64]

O nível das escolhas

É necessário distinguir vários níveis de decisão: as escolhas técnicas e táticas; as escolhas estratégicas e políticas; e por fim, bem mais raras, as escolhas de cultura ou civilização. Cada um desses tipos de escolha tem seus agentes, seus métodos e seus efeitos. No início do século, como na época de Tucídides, era relativamente simples distinguir esses níveis de ação: por exemplo, em Doullens, em março de 1918, o marechal Foch[65] foi encarregado da conduta estratégica das operações aliadas, enquanto o comando tático de cada um dos exércitos permanecia nas mãos do respectivo chefe. De uns tempos para cá essa hierarquização de escolhas foi atropelada: inovações técnicas revolucionam nossas sociedades e modificam nossa civilização, tanto como fizeram a Revolução Francesa ou os acontecimentos de outubro de 1917 na Rússia.

No momento, os modelos matemáticos – desconsiderando a teoria de. duelo, que desempenhou seu papel na guerra fria entre os EUA e a URSS – vêm influindo mais nas decisões técnicas e táticas do que nas decisões estratégicas e políticas ou nas escolhas de civilização. A razão é evidente. Como Simone Weil observou, e como os gregos já haviam notado, a política se desenrola em vários planos ao mesmo tempo: "O modo de ação política [...] exige que cada escolha seja precedida de um exame simultâneo de várias considerações de natureza bem diversa. Isso implica um elevado grau de atenção, quase da mesma ordem daquele exigido pelo trabalho criador nas artes e ciências..." E indo mais longe: "A composição simultânea sobre vários planos é a lei da criação artística, e dela nasce a dificuldade."[66] De fato, a ação política depende por natureza de uma teoria de escolhas com critérios múltiplos. Como se sabe, esse é um campo extremamente difícil. Portanto, os modelos utilizados para ajudar a tomada da decisão, na maioria dos casos são simplificações: o que se desenrola em várias dimensões é reduzido a configurações mais simples. Acontece que essa esquematização não altera a representação da ação, e que, ao contrário, põe em relevo a essência. Nesse caso, resulta fiel a tradução da realidade em um modelo. Mas há casos, aliás bem mais freqüentes, em que a simplificação resulta numa grave alteração da realidade. Os efeitos dessa modelização mostram-se desastrosos: pode-se dizer, por exemplo, que a exportação dos modelos de planificação centralizada à maneira soviética foi uma catástrofe em certo número de países do terceiro mundo.

Conclusão

Neste final de século, constatamos uma espécie de vazio antropológico: a razão, certamente tão hábil em imaginar instrumentos eficazes, mostra-se mais hesitante e menos inspirada quando se trata de nos instruir sobre a natureza dos agentes da ação. É como se os sucessos da antropologia empírica ou as pesquisas das profundezas pela psicologia, não conseguissem triunfar sobre a parte sombria que afeta nossa própria visão de nós mesmos. Esse estado de coisas tem uma explicação: o fato é que deixamos de acreditar que fomos feitos à imagem e semelhança de Deus, ou fundidos em um molde natural, comum a toda humanidade; isso nos deixa divididos ante a idéia de que a liberdade é um meio de nos modelar segundo os padrões que inventarmos, e a idéia, bancada pela biologia molecular, de que temos uma espécie de destino biológico e quase existencial encapsulado em nosso genoma.

Nessas condições, como falar de "natureza"? Como distinguir, no comportamento, o que é ou não "natural", uma vez que a tecnologia biológica e médica não se limita mais a ajudar o poder reparador do organismo, a *vis medicatrix naturae*, mas pode modificar a natureza? O que é mais natural: salvar uma vida com o implante de uma ponte coronariana, ou ajudar uma vida a nascer mediante uma técnica de assistência aos casais desejosos de procriar?

Como a idéia de "natureza humana" se tornou obscura e a noção de "semelhança" entre o homem e Deus ficou difícil de formular e mais ainda de ser utilizada, o que se espera de uma reflexão ética sobre a ação é que nos ajude a explicitar melhor o que significa ser e agir como homem neste final do século XX.

Do ponto de vista moral, o que há de novo em nossa época? Algo banal; de que, no entanto, devemos tirar conseqüências: a Terra acabou, e como Noé temos de embarcar na arca. O destino de todos os homens tornou-se solidário, não em conseqüência de um dever, mas por efeito da tecnologia e da história. A natureza já não consegue curar as feridas que nela são abertas pelos homens, inclusive as menores. Enquanto – como se tem dito com freqüência – a ciência moderna vem tornando o mundo mais estranho, a tecnologia está a ponto de dar à humanidade um poder causal sobre o mundo e sobre ela própria. Desse modo, a ação adquire, para além de sua dimensão existencial e histórica, uma dimensão cosmológica. Também já não vemos a natureza como a depositária de uma sabedoria implícita, a partir da qual deveríamos modelar nossas ações, mas novamente como o "receptáculo"[67] que Platão evocava no *Timeu*, como "suporte e como nutriz de tudo aquilo que nasce", elemento capaz de receber todas as marcas deixadas nela pelas ações e pelas Idéias. Pensá-la desse modo, Platão acrescentava – e sua observação continua válida – é algo "muito embaraçoso e muito difícil de entender".[68]

Após um século, a ação adquiriu características novas: além das suas faces técnica, antropológica e ética ela tem agora uma dimensão cosmológica, na medida em que a história do homem e a da natureza estão cada vez mais entrelaçadas. Poderíamos nos alegrar com tal estado de coisas e ver nele o sinal de que os homens participam da criação contínua do universo. No entanto, tudo vem se passando como se essa situação fizesse pesar sobre nós, na nossa condição de agentes, uma responsabilidade excessiva, pois não controlamos as conseqüências remotas de nossas ações. Seria possível objetar que sempre foi assim, mas isso não é exato: na Antigüidade, como na era clássica, contava-se com a natureza para compensar as desordens humanas, apostava-se no seu poder reparador, do qual a cicatrização das chagas era tomada como modelo. Aristóteles dizia: "É absurdo pensar que não há geração teleologicamente determinada, só porque não se vê a força motriz deliberar. Vejam a arte: ela não delibera. Se a arte de construir os navios estivesse na madeira, ela agiria como a natureza; portanto, se a determinação teleológica estiver na arte, estará também na natureza. O melhor exemplo é o do homem que cura a si mesmo; ele e a natureza se assemelham."[69] A tecnologia moderna, e em particular a "engenharia dos seres vivos", pôs à prova – e talvez em parte tenha derrotado – esse poder reparador da natureza, pois os efeitos da ação humana deixam doravante sobre a Terra marcas duradouras e até irreversíveis. Sobre esse feito, nem a nossa geração nem as seguintes nada terão a dizer; nossos sucessores tomarão as coisas onde as houvermos deixado. Uma espécie de comunhão material, mediatizada pela tecnologia e a condutividade da Terra, liga mais estreitamente os homens através do espaço e do tempo. Embora a tendência especializante da civilização moderna nos leve a separar os elementos técnicos dos aspectos morais da ação, está claro, neste final de século XX, que as dimensões técnica, antropológica e ética se tornaram indissociáveis. Mesmo quando uma ação parece apoiar-se apenas sobre objetos ou produtos, afeta e modifica os agentes que dela participam; ela ilustra os fins que eles perseguem ou os valores em que acreditam; deixa no mundo um vestígio e uma espécie de assinatura.

Essa complexidade da ação explica por que ela não chega a assumir a forma de uma ciência; e por que é uma arte que aprendemos com dificuldade. Mas o próprio da ação não é ser – como dizia Husserl acerca da filosofia – uma tarefa necessária e impossível? Do agente ela exige dedicação completa; mas essa dedicação só será produtiva se o indivíduo consentir que opere em si um poder capaz de conferir aos seus feitos a marca da impessoalidade.

CAPÍTULO IX

A razão no final do século XX

Introdução

O que aconteceu à razão moderna, duzentos anos depois de Kant e Goethe terem criado seus dois programas, ligados mas antagônicos? Teremos realizado o projeto goethiano de penetrar no coração das coisas, na "oficina secreta de Deus"? Terá nossa razão satisfeito a exigência kantiana de uma descoberta – mediante as mesmas operações – de sua própria constituição e da arquitetura do universo? Entre a filosofia goethiana da natureza e o conhecimento construído pelo entendimento kantiano havia uma analogia de intenção e uma divergência de método. Para Goethe, o espírito era capaz de desposar a natureza e, intimamente mesclado com ela, descobrir as coisas ocultas, os enigmas e o movimento. Ele não queria fazer projeções sobre a realidade das intenções humanas, mas manter-se fiel ao universo tal como ele se apresenta à nossa imaginação e aos nossos sentidos. Não se resignava à ruptura – embora ela estivesse inscrita na ciência de Galileu e Newton – entre o mundo da vida e do saber. Era na morfologia, no estudo das formas e seu devir, que ele pensava concretizar seu projeto.

Também Kant era dominado pela convicção de que o conhecimento ou é sensível ou nada será. Por isso, a "teoria dos elementos", como ele intitulou a primeira parte da *Crítica da razão pura*, começa pela estética, na qual se estabelece que os sentidos são indispensáveis à constituição da experiência possível. Todavia, como ele estava persuadido de que a ciência newtoniana era *verdadeira*, pretendia descobrir a dosagem correta das impressões dos sentidos e das percepções do espírito na composição dos conceitos do entendimento, na iluminação do saber fundador.

Nessa área, Kant e Goethe estavam de acordo. Afastava-os, no entanto, o fato de Goethe ver na razão um poder capaz de conhecer o devir, a formação e talvez mesmo a criação das coisas, ao passo que Kant pensava o homem à imagem de Jó, recebendo o dom de ver a criação sem contudo participar dos segredos do criador. Os dois se juntavam na convicção de que o Todo é Uno, que são possíveis uma descrição e, sem dúvida, uma explicação unificadas da realidade. O sistema das categorias é único; as leis que o espírito formula estão em ressonância com os processos da natureza; a razão certifica às investigações do entendimento; para Goethe, a razão participa ativamente das aventuras do conhecimento.

Dois séculos depois, onde estamos? O sonho goethiano de uma razão que "encontra sua alegria no desenvolvimento das coisas" continua a nos habitar, ou melhor, a nos freqüentar, pois já não ousamos reconhecê-lo e aceitá-lo. Na física e na cosmologia sonhamos com teorias de alto grau de unificação, e, como Goethe, temos o sentimento de que compreender o universo seria chegar à origem, apanhar o fio da evolução. Mas o poeta não podia mais do que exprimir uma aspiração natural do espírito humano que, como Auguste Comte observou, manifesta "espontaneamente uma predileção característica pelas questões mais insolúveis, sobre os assuntos mais radicalmente inacessíveis a qualquer investigação decisiva".[1] Como disse Husserl a propósito de Galileu, a ciência moderna "descobre e recobre". E faz com que sobressaiam as formas, os movimentos e as forças; mas ao cobrir as coisas com uma "vestimenta de símbolos", ela "substitui o mundo da vida por esse que traveste".[2] Nesse ponto ela oculta a realidade, não lhe fazendo completa justiça. Nesse aspecto, os limites – intencionais – da nossa faculdade de conhecer foram mais bem avaliados por Kant do que por Goethe.

Descobrir qual deve ser o rosto da razão no final do século XX não equivale a dizer adeus a esse espaço milenar, a essas vozes de sábios e filósofos sempre audíveis através dos tempos. Para compreender nossa época, precisamos da presença e da memória. Não da memória documental e factual, mas da reminiscência profética, que implica a intersubjetividade transcendental, como a entendia Husserl.

1. Retorno a Aristóteles

Husserl subverteu a cronologia: legitimou uma espécie de ubiqüidade filosófica que permite passar de Kant para Descartes e de Descartes para Hume, ou procurar um herói da filosofia moderna em um pensador da Antigüidade. Por isso, ele justifica um retorno a Aristóteles. Se demos essa meia-volta é porque nos parece que o Estagirita é moderno na sua maneira de abordar o problema das categorias, da causalidade, da ação e da justiça. Mas, sobretudo no tratado *Da alma*, ele analisa, com uma clareza e uma precisão jamais superadas, a maneira como tentamos pensar simultaneamente no mundo dos sentidos e no universo das formas. Pois a razão, de Aristóteles ou Platão até os nossos dias, é a faculdade de imaginar formas.

Aristóteles estabeleceu uma lista aberta de categorias; sua pretensão era aplicá-las ao conhecimento do Ser; ele mostrou, no entanto, que nosso espírito não pode formar idéias sem que o nosso corpo seja tocado pelas sensações. Por isso permanece até hoje um guia incomparável para a reflexão sobre a ciência e a ação. Ele não se fixa em nada, não prescreve nada; o que faz é limpar, diante dos nossos olhos, a história natural do espírito.

As categorias

Para Aristóteles, as categorias constituem o conjunto das modalidades segundo as quais é necessário considerar as realidades para pensá-las universalmente e contemplá-las em sua verdade, isto é, sem máscara e sem véu. "São dez ao todo: essência, quantidade, qualidade, relação, lugar, tempo, posição, possessão, ação e paixão."[3] Em lugar da palavra "essência" às vezes encontramos "substância": "As expressões sem nenhuma ligação significam a substância, a quantidade etc."[4] Aristóteles dá exemplos: "Para resumir, substância é, por exemplo, homem, cavalo; quantidade, por exemplo, é comprimento de dois côvados, três côvados; qualidade – branco, gramático; relação – duplo, metade, maior; lugar – no Liceu, no Fórum; tempo – ontem, ano passado; posição – ele está deitado, está sentado; possessão – ele está calçado, está armado; ação – ele corta, ele ateia fogo; paixão – ele está partido, está ardendo [de desejo]."[5] Como se vê, a categoria de substância é um caso à parte: é por ela que se afirma a existência de alguma coisa, da qual as outras categorias especificam os caracteres universais, aqueles que devem necessariamente comportar uma manifestação sob a luz da verdade.

De onde vem essa lista? Para Hegel,[6] ela foi "encontrada" e não engendrada; não há em Aristóteles ou em Kant enumeração sistemática e exaustiva de categorias. Comentando a opinião de Hegel sobre Aristóteles, Jean Hyppolite observou: "Assim, Aristóteles tratou a lógica como uma espécie de ciência natural, *encontrou* as formas, as leis do pensamento, e Kant, apesar de partir de um princípio inteiramente diverso, retomou essa maneira de encontrar as categorias sem apreender o movimento."[7] Hegel criticou duramente essa maneira de extrair da experiência as categorias: "Entender a multiplicidade das categorias de um modo qualquer (por exemplo, a partir de julgamentos), como se se tratasse de uma coisa encontrada, e fazer passar por boas as categorias assim encontradas, deve ser visto como um insulto à ciência."[8] Os exemplos escolhidos por Aristóteles podem nos confundir, levando-nos a crer que as categorias servem unicamente – ou principalmente – para pôr em ordem o conhecimento sensível, quando na verdade elas se destinam a pensar o Ser.

De fato, o papel das categorias é permitir ao espírito conceber o Ser. E o que especifica o Ser são os predicados. Aristóteles dizia: "Por essência, o Ser recebe tantas acepções quantas são as categorias, pois as significações do Ser são tão numerosas quanto as categorias. Ora, entre os predicados uns indicam a substância, outros a qualidade, outros a relação, outros a ação ou a paixão, outros o lugar e o tempo. O Ser se encontra, pois, no sentido de cada um desses modos."[9]

Em cada um de nós, quem pensa o Ser?

Quem, no íntimo de cada indivíduo, pensa o Ser conforme as categorias? Para responder a essa pergunta podemos ir ao tratado *Da alma*. Pois essa obra permite esclarecer a alternativa entre duas concepções de categorias: como instrumentos intelectuais criados para organizar o conhecimento empírico, ou como ações destinadas a instituir uma concepção universal do Ser. O tratado *Da alma* mostra que as duas possibilidades estão inscritas na alma. Aristóteles distingue dois regimes do pensamento, que se manifestam na vida do indivíduo, mas talvez sejam separados: o do intelecto ativo e o do intelecto passivo. Ele introduziu essa distinção mediante a comparação do jogo dos dois intelectos com o dos dois princípios que operam na natureza, como se houvesse uma analogia entre a natureza (*physis*) e o intelecto (*noûs*), talvez mesmo uma identidade essencial. Eis o que diz Aristóteles: "Já que na totalidade da natureza existe, de um lado, um princípio com a função de ser matéria para todos os tipos de coisas – e que é potencialmente todas essas coisas –, e de outro lado parte de um princípio causal e ativo que a todas elas produz – como a técnica em relação à matéria –, é necessário que na alma também existam essas diferenças."[10]

Por que "é necessário"? Talvez porque exista entre a natureza e o intelecto um parentesco último, talvez mesmo uma identidade, que a continuação do texto vai revelar: "De fato", prossegue Aristóteles, "há de um lado o intelecto capaz de vir a ser todas as coisas, e de outro o intelecto capaz de produzir todas elas."[11] Esse intelecto capaz de produzir todas as coisas é comparado por Aristóteles à ação da luz que, "também ela, faz com que as cores passem do estado de potencial ao de ato".[12] Como a natureza, o intelecto tem duas faces, uma receptiva, outra "poética". A existência de ambas é indissociável, como se o intelecto ativo não pudesse operar a não ser contra o pano de fundo de uma identificação passiva com a natureza, identificação que tem as características de um abandono, graças ao qual o intelecto fica apto a "tornar-se todas as coisas". No entanto, o intelecto ativo é descrito como algo separado: "Esse intelecto está separado, sem mistura, impassível, sendo por essência ato."[13] Aristóteles nos convida a pensar duas operações – à primeira vista contraditórias – do intelecto, que ao mesmo tempo se separa de todas as coisas e se une à natureza.

Quando assim consideramos o intelecto ativo, vemos atenuar-se, e depois desaparecer, a diferença entre o espírito e o mundo, entre o sujeito e o objeto: "A ciência em ato e seu objeto são a mesma coisa... mas não é necessário pensar que esse intelecto ora pense, ora não pense. Somente depois de separado ele vem a ser aquilo que realmente é, e só então será imortal e eterno."[14] Em outras palavras, o intelecto ativo não é a possessão – ou a operação – de um indivíduo, mesmo que ele se manifeste em Sócrates ou em Callias. Visto de fora ele é individuado; interiormente, porém, continua separado. Aristóteles empregou o particípio passado (*choristheis*), que descreve um evento já ocorrido. Como se produz tal separação? De qual intelecto (*noûs*) ele se separou? É mais fácil dar resposta à segunda pergunta do que à primeira. De fato, o texto continua assim: "Mas nós não nos lembramos, pois esse princípio é impassível, ao passo que o intelecto passivo é corruptível; e sem o intelecto ativo não há pensamento."[15] Essa passagem é singular, chegando a ter um toque místico: a alma humana, que é ligada a um corpo vivo, que é a forma, não pode se recordar da operação pela qual foi posta em estado de desapego, de separação de si mesma. Compreende-se que a lembrança de tal evento não possa ser conservada pelos seres corruptíveis, pois a memória humana tem necessidade de apoiar-se na sensação, enquanto a separação de que aqui se trata não deixa nenhum traço sensível.

Aristóteles não se limita à evocação do intelecto separado: pelo contrário, afirma que sem o intelecto passivo, que é corruptível, ele não saberia que pode pensar. Para o espírito, pensar é descer ao mundo e nele habitar. Mas é impossível pensar sem configurar esse mundo; privado dele nós nos desfaríamos em fumaça. A imagem é a substância visível dessa ligação de cada ser humano com o mundo: "Assim, pois, as formas são pensadas pela faculdade intelectual nas imagens."[16] Ele formula dessa maneira o problema de que pretende tratar: "Diremos novamente que a alma é, em certo sentido, todos os seres. Os seres, com efeito, ou são sensíveis ou inteligíveis: a ciência se identifica de algum modo aos objetos do saber como a sensação aos objetos sensíveis. Como isso acontece? Esse é o problema a ser resolvido."[17] Aristóteles começa por afirmar que a relação da alma com seus objetos será uma quando se tratar de objetos inteligíveis, e outra quando se tratar de objetos sensíveis. No primeiro caso, poder-se-á dizer que "a alma é em certo sentido todos os seres"; no segundo, não, pois o que constitui a ponte entre a alma e o mundo sensível é a *forma*: "Não é a pedra que está na alma, mas a sua forma."[18]

A alma é análoga à mão

É então que Aristóteles introduz a noção de *instrumento* aplicada à alma, e implicitamente compara a forma ao instrumento. É fácil ver por que: o artesão ou o artista modelam certa matéria informe e, com ela, produzem objetos úteis: "A alma também é análoga à mão; assim como a mão é um instrumento de instrumentos, o intelecto é a forma das formas, e o sentido é a forma das qualidades sensíveis."[19] Aqui temos quatro proposições, gramaticalmente construídas de maneira igual, exprimindo quatro verdades maiores: a alma é como a mão; a mão é um instrumento dos instrumentos; o intelecto, por sua vez, é a forma das formas; o sentido (a percepção) é a forma das coisas sensíveis. Na proposição (*ô noûs dê eidos eidôn*), temos a impressão de que o primeiro *eidos* tem um papel ativo, enquanto o segundo designa formas constituídas. Há uma operação pela qual o espírito (o intelecto) descobre a forma das realidades inteligíveis, que são, elas próprias, formas. Um pouco antes, Aristóteles havia definido o intelecto (*noûs*) pela separação, e agora diz o contrário: "Mas já que nenhum objeto, ao que parece, pode existir separado das grandezas sensíveis, é nas formas sensíveis que os inteligíveis existem."[20] Como observou Simone Weil, "o mistério da grande arte está precisamente no fato de que a doutrina do artista passa pelas suas mãos".[21]

Não se pensa sem imaginar

Compreende-se, portanto, que Aristóteles, ao tratar das categorias, peça emprestado seus exemplos ao conhecimento sensível comum. As formas inteligíveis não podem ser apreendidas diretamente, pois não temos uma intuição intelectual. Ou melhor, caso essa intuição intelectual exista de direito, como o ato próprio do intelecto ativo, a alma humana – em seu estado normal – não tem acesso a ele: "Quando pensamos, o pensamento é necessariamente acompanhado de uma imagem, pois em certo sentido as imagens são sensações, com exceção daquelas sem matéria."[22] Se, como seres humanos, não podemos pensar sem imaginar, isso ocorre porque os objetos não nos são dados fora do sensível, separados dele: "Mas já que nenhum objeto, ao que parece, pode existir separado das grandezas sensíveis, é nas formas sensíveis que os inteligíveis existem, tanto aquilo que chamados de 'abstrações', quanto todas as qualidades e atributos dos objetos sensíveis."[23] Desse estado de coisas nascem conclusões capitais, que iluminam o problema das categorias: "Eis por que, se não tivéssemos nenhuma sensação, não poderíamos aprender nem compreender."[24] De fato, o espírito abraça apaixonadamente as próprias coisas; e as domina de modo ativo: "Assim, é nas imagens que as formas são pensadas pela faculdade intelectual..."

Para Aristóteles, "a imaginação sensitiva é reservada aos animais". E esta é a prova que ele oferece: "os animais podem combinar várias imagens em uma".[25] Em compensação, os animais não têm a imaginação construtiva que procede por silogismo, e com a qual Montaigne se divertia, atribuindo-a às raposas da Trácia.[26] Aristóteles pensa que a parte da alma onde reside a ciência (*to épistémonikon*) não é importunada pelos desejos, sofrimentos etc. Sobre isso ele diz: "Por sua vez, a faculdade intelectual não se move, permanecendo em repouso."[27] É essa serenidade que a torna capaz de pronunciar afirmações universais, ou seja, de formar julgamentos que, por assim dizer, tornando-se independentes do indivíduo que os propõe, constituem conceitos: assim, a perenidade é a condição subjetiva da universalidade.

Atualidade de Aristóteles

Retornar a Aristóteles não significa copiar, mas valer-se de sua obra para reencontrar-lhe o espírito e a transpor. Trata-se de indagar: o que pensaria Aristoteles se voltasse a viver entre nós neste final de século XX? Encontraria um Grande Inquisidor para silenciá-lo, ou conseguiria algum sucesso? Como gostaríamos de ouvi-lo dialogar com Von Neumann sobre a ação! O filósofo que introduziu a medida matemática no exercício da justiça reencontrando aquele que introduziu o sorteio na estratégia! Como gostaríamos de ouvir Aristóteles deliberando em uma comissão de ética: aceitaria ele como um fato a diversidade da moral? Mostraria ele algum interesse por Habermas?[28] Levaria os membros da comissão a descobrir, por baixo de suas diferenças, uma universalidade oculta, que em relação aos agentes não seria transcendente, mas imanente? Contemplando o século XX, acrescentaria o autor da *Poética* um capítulo ao seu estudo da tragédia? Será que ele nos lembraria de que são os próprios agentes, que fazem e descrevem a ação, os que produzem o conteúdo e elaboram as normas? Ele nos faria ver que a tragédia é apenas o exercício da escolha, quando os critérios são muitos mas não decidem unificar-se. A *Poética*, de fato, não trata unicamente da arte: trata da ação, suas dificuldades, suas controvérsias, seus descaminhos. Nesse caso, o gênio de Aristóteles está em consonância com o de Husserl, pois o primeiro, mais de dois milênios antes do segundo, estabeleceu que a ficção é mais filosófica do que a história,[29] justificando por antecipação o emprego da "variação eidética" para aproximar o real. Na ação, o universo é "novo a cada dia", como disse Heráclito.[30] Não é de surpreender, pois, que no entender de Aristóteles, "a tragédia procura tanto quanto possível caber dentro de uma revolução solar, ou de pouco excedê-la".[31] A tragédia é inteiramente ação.[32] Como ele disse: "O princípio – e se podemos dizer, a alma – da tragédia é a história."[33]

A concepção aristotélica da causalidade convém perfeitamente, ainda hoje, a uma teoria da ação: Aristóteles ilumina, em particular, o fato de que, quando elabora um plano, aquele que decide analisa os procedimentos que deve cumprir partindo da finalidade e regressando até o ponto em que se encontra. É esse método dos objetivos das partidas que Pascal introduziu para resolver o problema da partilha das apostas quando o jogo é interrompido.[34] Esse mesmo método é freqüentemente utilizado na teoria dos jogos. E também nas reconstituições de naufrágios, tomadas de reféns, tentativas de chantagem, que já não nos desorientam tanto neste fim de século. Mas Aristóteles é sobretudo o pai da ética, isto é, de uma moral que, mesmo sendo universal em suas obrigações últimas, jamais perde de vista a singularidade dos seres e das circunstâncias. Vivemos, agimos e pensamos em um mundo cujas formas e forças são instáveis, trabalhadas pelo duplo fermento das nossas intervenções e de seu devir. Em outras palavras, o pensador do trágico é também um analista de crises. E ele não nos parece ultrapassado quando refletimos sobre o final do século XX, e em especial acerca das incertezas que pesam sobre a ciência como *theoria*.

2. Perplexidade da razão

Positivismo ou realismo?

O século XX tem oscilado entre duas posições: supor que o espírito humano pode pensar o real, desde que disponha do equipamento apropriado; ou acreditar que não há nada além de representações. O positivismo do século XIX, revezando-se com o empirismo lógico e um certo número de correntes lingüísticas e estruturalistas, investiu na idéia de que a realidade se oculta e que é ingenuidade procurar outra coisa que não as imagens. Muitos físicos, sensíveis ao fato de que suas hipóteses e seus conceitos não correspondem, a não ser remotamente, aos dados da experiência imediata, subscreveriam de bom grado essa ideologia. Foram os biólogos, cuja ciência vem esboçando, desde a década de 20, uma revolução profunda, que aos poucos trouxeram de volta a velha convicção aristotélica de que a ciência dos vivos tem por objeto seres e não meras representações. A alternativa entre idealismo e realismo, que parece dizer respeito somente às teorias científicas, encobre lances políticos de primeira grandeza: se tudo é "possível", se a ordem das coisas se inclina diante das idéias, impor aos homens uma organização social inventada pelo espírito é uma ambição legítima; criar um "homem novo, melhor do que o anterior", é uma tarefa justificada; forçar os indivíduos a mudar é um dever político.

Razão e religiões seculares

Por isso nasceram as "religiões seculares", designadas por Raymond Aron como "doutrinas que ocupam nas almas dos nossos contemporâneos o lugar da fé que se esvaneceu, e colocam a salvação da humanidade aqui embaixo, distante do futuro, sob a forma de uma ordem social em que se deve crer".[35] Duas dessas religiões seculares desmoronaram: uma, o nazismo, em poucos anos; a outra, o comunismo, durou três quartos do nosso século. Embora tenha se apresentado como um "materialismo científico", o comunismo não escapou do idealismo, da religião e da história. O sistema que iria triturar tantos destinos, também trazia, como qualquer religião, imensas esperanças. Simone Weil notou: "O termo religião pode surpreender quando se trata de Marx; mas acreditar que nossa vontade converge com uma vontade misteriosa que estaria operando no mundo e nos ajudaria a vencer, é pensar religiosamente, é crer na Providência."[36] Mais adiante ela sublinhava: "Desse ponto de vista, todo o materialismo, na medida em que atribui à matéria a fabricação automática do bem, deve ser classificado juntamente com as formas inferiores da vida religiosa. Ocorre o mesmo com os economistas burgueses do século XIX, os apóstolos do liberalismo, que usavam um tom verdadeiramente religioso quando falavam da produção. Isso é bem mais visível no marxismo. O marxismo é, de fato, uma religião, no sentido mais impuro dessa palavra. Em comum com todas as formas inferiores da vida religiosa, ele carrega consigo o fato de ter sido continuamente utilizado, segundo a tão correta definição de Marx, como um ópio do povo."[37] E Weil conclui: "O próprio ser do homem é apenas um esforço perpétuo por um bem desconhecido. E o materialista é um homem. Eis por que ele não pode se impedir de acabar vendo a matéria como uma máquina de fabricar o bem."[38] Não é essa a convicção de toda filosofia evolucionista, de toda moral naturalista? Não quererá isso dizer que o realismo, a atenção àquilo que é, o cuidado de evitar as ilusões, dispensam tanto a graça quanto a razão? Simone Weil achava que sim. E observava a respeito: "Somente a operação sobrenatural da graça faz uma alma passar através da sua própria anulação para ir até onde se encontra a única espécie de atenção que só permite estar atento à verdade e à infelicidade."[39]

Em outras palavras, a verdade não se fabrica nos laboratórios da razão: ela vem de fora, ainda que exija uma preparação. Os instrumentos facilitam sua visita. O realismo, entendido como uma prática da atenção, mediante a qual aprendemos que seres e coisas existem, aparece como um dever não somente da razão, mas também da pessoa. Converter a razão ao reconhecimento daquilo que é, ou pelo menos insuflar-lhe a esperança de que ela é capaz de fazê-lo, tal é a missão do espírito; tal é a operação que ajustará os instrumentos às ambições e aos fins.

Teorias ou instrumentos

Teria o nosso século feito algo nesse sentido? De quais equipamentos novos foi ele dotado para observar o real e melhor compreendê-lo? E que uso fez desses instrumentos? Registremos, de início, que alguns dos instrumentos teóricos da razão já são milenares, outros seculares, e que é difícil medir a parte ocupada pelos instrumentos totalmente novos. Em livro recente,[40] Roger Penrose, ao classificar as teorias científicas em "sublimes, úteis e provisórias", preencheu a primeira classe com menos de uma dezena de teorias, indo da geometria de Euclides à relatividade geral e à mecânica de Dirac. Destacou, assim, parentescos milenares. Em compensação, hesitou, fora do campo da física, em qualificar outras teorias de "sublimes", isto é, intrinsecamente perfeitas, límpidas, exteriormente rigorosas e precisas. Esse ponto de vista, embora nos pareça fragmentado, dá a medida da resistência que a complexidade do real opõe à razão, quer se trate de explorar, explicar, compreender ou dominar. Essas operações não se supõem mútuas: pode-se controlar efeitos sem compreender suas causas; e perceber relações causais sem ter meios de alterá-las. Contudo, embora o fundador do positivismo, Auguste Comte, tenha lançado uma espécie de interdição do uso científico do princípio de causalidade, parece, sobretudo quando se toma como fio condutor a biologia e a medicina, que estamos assistindo ao ressurgimento da atenção às causas: os homens querem arrumar a Terra, preservar o futuro, deixá-la habitável, talvez melhorada, para os filhos dos seus filhos; eles sabem, inversamente, que suas técnicas e mesmo suas idéias estão carregadas de poderes destrutivos. Portanto, fazer a retificação daqueles instrumentos de conhecimento que são, ao mesmo, idéias e forças, será também, e simultaneamente, retificar aquela razão que conhece e age, a teoria e a ética, a ciência e a ontologia.

Uma ferida da razão?

O século nos confunde. Foi grandioso em tudo que empreendeu; e todas as desgraças que suportou ou provocou tiveram algo de desmesurado. Qual o papel da razão em tudo isso? Nós a sentimos ao mesmo tempo excessiva e surpreendente; triunfante e vencida; valente e acomodada; audaciosa e desarmoniosa; crédula e desesperançada. Esforçou-se mais para servir do que para julgar; e mostrou-se mais industriosa para inventar instrumentos do que para dotar-se de princípios. Depois de mais de dois milênios aspirando a uma fusão do pensamento com a ação, que só queria realizar em Deus, eis que no curso do nosso século ela pareceu acomodar-se à dissociação entre sua atividade teórica e seus fins práticos. Como se não tivesse superado uma dúvida original; a ferida de uma separação obscura; o esquecimento de uma aliança antiga – repudiada de repente – com aquilo que é. Mas, como se sabe, os homens não podem agir sem antes fixar seus objetivos e lançar-se a uma tarefa sem esperança; pois a esperança é necessária para se discernir os sinais do século nascente.

3. Pensar o fim do século: problemas não resolvidos

O método de Hilbert

Em 1900, dirigindo-se aos colegas matemáticos reunidos em Paris no II Congresso Internacional de Matemáticos, realizado durante a Exposição Universal, David Hilbert começou assim sua conferência: "Quem não gostaria de erguer o véu que nos oculta o amanhã, a fim de dar uma espiada no progresso de nossa ciência e nos segredos de seu futuro desenvolvimento durante os próximos séculos?"[41] E, constatando que a visão direta e profética nos é impraticável, propunha um método destinado a atenuar essa deficiência. Submeteu ao auditório uma lista de vinte e três problemas ainda não resolvidos, acrescentando: "Ouvimos sempre ecoar o seguinte apelo: Eis o problema, procura a solução. Podes encontrá-la pelo raciocínio. Jamais um matemático se limitará a dizer: *Ignorabimus*."[42] Para lançar alguma luz sobre a aparência futura da razão, transponhamos o método de Hilbert e perguntemo-nos quais são os problemas em suspenso que o século XXI terá de resolver.

Lógica

Depois de Cantor ter descoberto a teoria dos conjuntos, a lógica se tornou cenário de mudanças consideráveis. Constatando, em 1787, que essa disciplina estava concluída, Kant observou que "ela deve essa vantagem unicamente à delimitação, que a autoriza – e até a obriga – a abstrair-se de todos os objetos do conhecimento".[43] Ocupando-se de objetos, aplicando-os às teorias matemáticas que tratam do infinito, das relações, da álgebra, a lógica – registra Jean Largeault – experimentou uma profunda transformação: para além do simples núcleo da lógica clássica (da teoria da quantificação) apareceram novos territórios, cuja exploração prossegue nos dias atuais. Ao mesmo tempo, a idéia que Hilbert teve no começo do século, de que todo problema matemático pode ser solucionado através de procedimentos finitos, perdeu sua característica de princípio. Parece que não existe, para julgar a veracidade e a solubilidade de uma questão, um padrão único, extraído da história das matemáticas. Não que o espírito perca suas referências e suas normas; mas estas parecem iluminar-se simultaneamente com as teorias que têm por missão legitimar ou rejeitar. Em resumo, as tábuas mosaicas de uma lógica transcendente são sucedidas pelo exercício de uma liberdade que se assemelha a do Deus de Descartes, que cria as idéias eternas e decide sobre a sua verdade.

Contudo, essa formulação seria falsa se tomada ao pé da letra. Pois a lógica, ao ocupar-se dos objetos, descobre, junto com a sua liberdade, a necessidade e a realidade das coisas ou das teorias de que trata. Ela não existe apenas na fluidez de suas operações; ela se defronta com a resistência das provas e dos objetos.

Na perspectiva antiga, uma filosofia da lógica teria por tarefa legitimar a existência e o uso de um código em si mesmo estável e transparente. Aliás, a aceitação do código era tão normal que os matemáticos nunca reclamavam dele, certos de que não teriam dificuldade em lidar com suas exigências. Neste final do século XX, ainda está para ser construída uma filosofia da lógica que seja ampla e justifique as suas pretensões. Medindo a dificuldade do empreendimento, sonha-se teimosamente com a já mencionada observação de Husserl sobre a necessidade de se ter consciência de "que o *conjunto do conhecimento do mundo*, pré-científico ou científico, constitui um *enigma inquietante*".[44] A vocação da lógica é enfrentar diretamente esse enigma e nos levar a compreender por que o mundo nos parece inteligível, e coerentes algumas das imagens que esboçamos. Um programa assim não pode ser abordado pelo espírito positivista, pelo método comparativo da história natural, ou inspecionado, como faria um engenheiro, pelas tecnologias do saber científico. É necessário, portanto, olhar em profundidade as operações mais íntimas e mais secretas do espírito, como testemunha, por exemplo, a obra de Brouwer.[45] Eis o que observa Jean Largeault, refletindo sobre a filosofia científica do geômetra de Amsterdã: "O que são as matemáticas? Brower responde: a parte exata do nosso pensamento." Largeault prossegue: "De certa maneira, o intuicionismo é a antítese do platonismo, não, como poderia se imaginar, porque as entidades matemáticas sejam concepções do espírito (dos 'seres de razão') conforme o primeiro, ou das Idéias conforme o segundo. Para Brouwer, tanto quanto para Platão, objetos e fatos matemáticos existem, mas são atos, e não coisas."[46] Husserl alimentou a esperança de que uma mesma ciência – a fenomenologia transcendental – abarcasse atos e coisas. Em matéria de lógica, tal programa ainda está por efetuar-se. É muito difícil que aconteça, e no fim de seu livro Jean Largeault cita a observação irônica de Brouwer: "Pena que o acesso ao domínio da verdade seja mais difícil que o da ilusão."[47] Com o que Husserl teria concordado, mas acrescentando que a filosofia tem por objeto exatamente as tarefas impossíveis porém necessárias.

Por que seria necessária a atualização da filosofia da lógica? Porque o racionalismo se vê constantemente ameaçado de se degradar em mera tecnologia da eficiência. E porque a atmosfera reinante tende a nos fazer considerar o espírito como uma coisa, ou no mínimo como um entre outros fenômenos da natureza. Mas só para si mesmo o homem pode responder pelos seus pensamentos e atos. Entendida nos termos em que a concebia Brouwer, a lógica é o caminho necessário para a responsabilidade radical do eu. O fato é que em dois séculos, ou talvez mesmo em uma centena de anos, a lógica passou por uma profunda transformação. Tornou-se um elemento decisivo da ética da razão e, conseqüentemente, uma peça importante da antropologia filosófica que, como veremos, nos falta.

Física matemática

Procurando distinguir quais seriam as teorias "sublimes" que os homens inventaram depois do nascimento da ciência na Grécia, o matemático inglês Roger Penrose conseguiu chegar a oito: a geometria de Euclides, a estática de Arquimedes e de Stevin, a mecânica de Newton, a teoria de Maxwell, as duas teorias da relatividade de Einstein, a mecânica quântica e, finalmente, a eletrodinâmica quântica, "extraída dos trabalhos de Jordan, Heisenberg e Pauli, cuja formulação foi obra de Dirac, entre 1926 e 1934, e Bethe, Feynman, Schwinger e Tomonaga puseram em prática nos anos de 1947-48".[48] Poder-se-ia descrever a tarefa da física dizendo que ela projeta uma teoria mediante a qual unificaria as quatro grandes forças fundamentais atualmente conhecidas. Essa "grande unificação",[49] esses "sonhos de uma teoria final"[50] constituem um dos programas mais importantes da física, seu *telos* cosmológico. Há dois séculos, Kant estava convencido de que a mecânica de Newton era verdadeira; há cem anos a teoria de Maxwell continuava a amparar modelos mecânicos;[51] hoje não dispomos de um conjunto de conceitos e de leis que abarquem, na mesma teoria, o conhecimento do universo tomado como um todo e considerado em razão de suas forças e de seus constituintes últimos. No entanto, imensos progressos foram alcançados no decorrer do século: o universo tem um rosto, uma história, uma extensão, uma composição, uma evolução. Os constituintes da matéria, em particular, experimentaram uma espécie de inflação, a partir da década de 60, e Steven Weinberg lembra que os especialistas em partículas elementares têm de recorrer ao pequeno livro publicado de dois em dois anos pelo laboratório Lawrence-Berkeley, que fornece a lista das partículas elementares conhecidas até aquele momento, com suas respectivas propriedades.[52] E acrescenta: "Como disse Abdus Salam, não é de partículas ou forças que a natureza tem escassez, mas de princípios."[53] E ainda: "É aborrecido não dispormos hoje de uma teoria em conformidade com os nossos desejos. Pouco importaria a quantidade e a diversidade de partículas ou forças que ela descrevesse, contanto que o fizesse com beleza e apresentando-as como a conseqüência inevitável de princípios simples."[54] É possível notar, no entanto, que a situação está evoluindo, que o registro das partículas elementares vem se unificando, que o número e a natureza dos elementos necessários à descrição do universo visível já foram consideravelmente simplificados.[55]

Seja qual a for a forma que venha a tomar uma "teoria final", se é que ela algum dia existirá, pode-se desde já fazer algumas observações a seu respeito: ninguém duvida de que é necessária a existência de uma teoria relevante da física matemática; e ninguém imagina que ela deixe de incorporar, a título de elementos, teorias ou partes de teorias existentes. Esses dois caracteres apresentam, ao mesmo tempo, uma evidência e um enigma. É evidente que a ciência constitui uma espécie de espaço intelectual único, no interior do qual os espíritos se movimentam e mantêm um comércio espiritual, seja qual for a distância geográfica ou temporal que os separe. A esse respeito, a idéia de que as teorias são "incomensuráveis" talvez seja justa, mas lhe falta alcance. Como já se viu, Einstein tomou emprestado a Riemann a geometria de que necessitava, e os teóricos das partículas elementares encontraram nos trabalhos de Élie Cartan, datados de 1894, sobre os grupos simples de Lie, meios de exprimir as propriedades de simetria das partículas elementares.[56] Assim, como Husserl havia sublinhado, há uma espécie de intersubjetividade, uma relação possível, em princípio, entre todos os artífices da invisível cidade das ciências. O que continua enigmático é que a língua dessa cidade, desde Tales ou desde o *Timeu*, seja a matemática. Em certo sentido, estamos sempre tentando realizar o programa do *Timeu*.

O "programa" do Timeu

Em que consiste esse "programa"? Em afirmar a unidade do universo: "No que nos concerne, Deus parece nos dar sinais de que um mundo único foi gerado."[57] Ao estabelecer a geometria, abarcando nos mesmos conceitos e nas mesmas figuras, a forma do mundo em sua totalidade e em seus elementos (essa geometria se acha inscrita especialmente na obra de Euclides). Ao imaginar que as transformações produzidas no mundo sensível tinham origem em mudanças estruturais no arranjo das configurações que caracterizam os elementos: "É preciso explicar que propriedades deveriam ter os corpos mais belos, e em número de quatro, para ser, de um lado, diferentes uns dos outros, e de outro, capazes de nascer uns dos outros quando se desfazem."[58] Ao enunciar um princípio universal de causalidade, segundo o qual "tudo que nasce, nasce necessariamente pela ação de uma causa, pois é impossível ao que quer que seja nascer sem uma causa".[59] Ao construir uma tipologia das causas, distinguindo "duas espécies de causas, a necessária e a divina",[60] também chamada causa mecânica ou errante, e a causa que responde a um projeto inteligente. Ao fazer uma hipótese sobre o nascimento do mundo, na qual intervêm esses dois tipos de causas: "O nascimento do mundo resultou da mistura das duas ordens da necessidade e da inteligência. Mas a inteligência dominou a necessidade, pois conseguiu persuadi-la a orientar para o melhor a maior parte das coisas que nascem."[61] Ao conceber que a desordem, sob a forma de causas errantes, é indissociável da própria substância do mundo. A causa errante é um fato, mas é também um sinal, o da ausência de Deus. Evocando os começos do universo, Platão indica, a propósito dos elementos: "No conjunto, permaneciam evidentemente naquele estado em que é natural tudo se achar quando Deus está ausente."[62]

A reforma desse "programa"

É claro que, no decorrer dos séculos, esse programa perdeu a maior parte de suas motivações iniciais, mas ainda é uma fonte de inspiração e uma idéia reguladora: tornar o mundo inteligível por meio das matemáticas. Como observou Steven Weinberg: "Os sólidos platônicos proporcionam um exemplo essencial da beleza matemática; essa descoberta tem o mesmo tipo de beleza presente no catálogo, elaborado por Cartan, de todos os princípios possíveis de simetria contínua."[63] E acrescentou: "Não associamos nenhuma realidade aos sólidos platônicos, mas acreditamos, por exemplo, em uma correspondência entre diferentes tipos de forças e diferentes elementos do catálogo de todas as simetrias possíveis levantado por Cartan."[64]

O que mais o alterou foi o peso atribuído à causa errante, a que hoje chamamos de acaso e de caos. Sobre esse ponto fundamental, o jogo ainda está por terminar. Depois de Pascal e Fermat sabemos que a geometria não é inimiga do acaso; que uma nova ciência, a *geometria aleae* (geometria do acaso),[65] cujo nome vem de duas fontes que se acredita sejam incapazes de se juntar, remodelou em três séculos, após os seus "começos fúteis",[66] o conjunto das ciências da natureza. Nesse caso nos encontramos longe do programa de Kant e um pouco mais perto do programa de Platão. Decerto, os poderosos instrumentos matemáticos [67] "corroem" ou "domesticam" o acaso. Os conceitos matemáticos domam as manifestações, sem contudo elucidar completamente tanto os seus significados: a tecnologia racional do acaso é extraordinariamente industriosa e fecunda; os axiomas são coerentes e operatórios; em compensação, os conceitos de base conservam a indeterminação. Nem podia ser de outro modo, pois, através da idéia de acaso, é a natureza, ou a própria existência da ordem do mundo que se vê questionada.

Tecnologia

Se não viu nascer, o século XX viu pelo menos desenvolver-se uma aliança da ciência com a técnica, a que se dá o nome de tecnologia. A tecnologia se caracteriza por um contraste: de uma precisão extrema em seus meios e resultados imediatos, ela é imprecisa em relação aos seus efeitos diferenciados e remotos. É ao mesmo tempo entusiasta e cega. É toda movimento, virtuosismo, utilidade; mas ignora para onde vai e o que está fazendo. A razão desse estado de coisas é fácil de compreender: a tecnologia age primeiro no âmbito local, ali onde ela própria começa a tomar forma; a adoção e a propagação de uma nova tecnologia passam pela industrialização e a comercialização de produtos e procedimentos. Desse modo ela deixa o lugar de nascimento e se propaga. A irrupção de uma tecnologia em um meio em que era desconhecida, assemelha-se ao acaso tal como o concebia Cournot, isto é, ao encontro de séries causais independentes. Sendo assim, uma imprevisibilidade essencial marca a história da tecnologia. Esse resultado é ampliado pelo caráter descontínuo das grandes mutações que substituem um modo antigo de fazer por procedimentos ou produtos inteiramente novos.

Quando observamos a história das técnicas, somos surpreendidos pela quantidade e a variedade das invenções: nos EUA contam-se ainda às centenas os registros de invenção de ferraduras no início do século. As tecnologias modernas, implicando os mesmos melhoramentos graduais e as mesmas reformas, produzem assim um efeito contrário: tendem a se impor pelos efeitos de dominação que reduzem a variedade e extinguem numerosos produtos. O aparecimento de prados artificiais reduziu em 95% o número de prados naturais da Inglaterra; a chegada de novos e exóticos frutos ao mercado apenas compensa o desaparecimento de variedades de maçãs e peras que hoje não são mais encontradas. Em termos mais profundos, essa deliberada redução da antiga variedade natural ou artificial torna mais frágil e mais vulnerável às agressões o suporte biológico da alimentação.

As técnicas atuais têm mais uma singularidade: tornam-se imateriais, virtuais. Não visam somente à produção de coisas, mas à criação de procedimentos, métodos, novas maneiras de fazer e de viver. Não se contentando em agir sobre a matéria, que reformam e à qual conferem uma estruturação e propriedades inéditas, elas instituem, na conduta da ação, táticas e estratégias até então desconhecidas.

Os efeitos sociais das mudanças tecnológicas são tanto mais marcantes quanto mais forte for a vocação de uma técnica para conquistar o mundo. E isso não é novo. Trata-se de um fenômeno milenar. O que se modificou foi a velocidade de propagação e os resultados da conquista. Em poucos anos, a natureza do trabalho mudou: depois de termos vivido decênios com a idéia de que o progresso tecnológico criaria empregos, embora o aumento da produtividade os suprimisse, vemos finalmente esse velho dogma vacilar. Nos países mais avançados a indústria não criou empregos, suprimiu-os. E todos sabemos que os robôs realizam mais depressa, e algumas vezes melhor do que os homens, certas tarefas manuais e mentais. Assim, por um momento poderemos chegar mesmo a acreditar que o mito da inteligência artificial traz consigo a verdade.

O poder dos Estados no cenário internacional depende da ciência e da tecnologia, como testemunham no decorrer do século os grandes programas industriais e militares. A Alemanha, como vimos antes, jamais poderia ter suportado os quatro anos da Primeira Guerra Mundial, sem os trabalhos de Fritz Haber sobre a síntese do amoníaco a partir do ar e o desenvolvimento da química. Inútil lembrar o projeto Manhattan de construção da bomba atômica pelos EUA ou os programas similares em que se empenharam a ex-URSS e vários outros países.

A engenharia biológica

Mas, no último terço do século XX, a tecnologia adquiriu uma cara nova: depois de muito tempo reinando exclusivamente sobre o mundo inanimado, agora ela passa a intervir diretamente no ser vivo, com a finalidade de o controlar e modelar. Essa engenharia biológica – que ainda não fez trinta anos – está longe de liberar todos os seus segredos e produzir todos os seus efeitos. E os seus efeitos, desde que introduzidos no genoma de uma espécie – a nossa, por exemplo –, não terão mais necessidade de nós para se propagar. Assim, a tecnologia se torna um elemento da história da Terra, de seu destino.

A razão oportunista

Esses fatos deram lugar a um debate e, até mesmo, a um processo: estaria a tecnologia moderna alinhada com a morte? Concebida como um Eros para ajudar os vivos, ela se pôs a serviço de Tanatos,[68] e trabalha para destruí-los. Mas uma outra acusação vem juntar-se a essa: o que está em causa não é somente a engenhosidade técnica, suscitada pelas necessidades vitais e conduzida pelo instinto, é a própria razão que deve responder pela sua cumplicidade com a destruição e a morte. No século XX a razão se tornou oportunista. Como não pode progredir sem os grandes meios de que só os Estados dispõem, ela perdeu sua autonomia; tornou-se uma prestadora de serviços. Sua essência já não é teórica, mas instrumental.

Foi possível instruir o processo da razão porque se dissolveu a aliança, ou até mesmo a substancialidade, de sua vocação teórica e seus deveres práticos. Chega-se a duvidar de que esse encontro tenha sido necessário, que a razão tenha repousado sobre a unidade última do poder de compreender e da faculdade de decidir. Em suma, a concepção grega e cristã da razão foi relegada ao nível de imagem.

A cisão do racional e do razoável

Produziu-se uma espécie de separação do razoável e do racional: depois de séculos em que sequer se imaginou vê-los em campos opostos, o racional e o razoável – tão acertadamente distinguidos por Raymond Aron – tomaram caminhos diferentes. O racional está cada vez mais a serviço de um pacto entre a teoria e o instrumental, em conformidade com o espírito da ciência moderna. O razoável é a prudência ou o tato no uso dos meios e na determinação dos fins. Enquanto o racional é exclusivo, imperioso e permissivo, o razoável é aberto, moderado e cuidadoso em relação aos deveres e às regras. No racionalismo clássico, ao razoável cabia apenas um papel subalterno, pois suas receitas de experiência e prudência podiam ser retomadas, esclarecidas e algumas vezes confirmadas pela razão pura.

Nos tempos atuais, para não desaparecer, o razoável teve que mudar de nome e fisionomia: e emigrou para a ética. Esta, como se sabe, deu uma aparência moderna à velha deontologia. Tornou-se indispensável ao levar à observação de que a mudança tecnológica, principalmente nas áreas da biologia e medicina, criou novos poderes e, conseqüentemente, um campo de decisão mais extenso e radicalmente novo. A medicina científica traz consigo um paradoxo: suas intervenções não se operam diretamente sobre a natureza do ser que está sendo tratado. Assim, as escolhas que ela torna possíveis necessitam, para serem cumpridas, legitimadas ou rechaçadas, de um esclarecimento que a ciência é incapaz de proporcionar. Mas também a filosofia ou a teologia, por si mesmas, não nos introduzem de maneira unívoca ao ser humano. Daí a necessidade de uma arte do razoável, já que não dispomos de uma antropologia filosófica ou de uma filosofia do ser vivo ajustadas a este final de século XX.

Um fragmento de Heráclito – o da aranha – permitirá que captemos o laço entre a tecnologia e a antropologia: "Assim como a aranha que, mantendo-se no centro de sua teia, sente quando uma mosca arruína uma de suas malhas e corre para esse local como se não suportasse o estrago causado ao seu fio, a alma do homem, ferida em qualquer parte de seu corpo, cai na completa inquietação, como se não suportasse lesão nesse corpo ao qual se acha ligada de modo firme e proporcional."[69] A tecnologia moderna é comparável a uma imensa teia de aranha com as dimensões da Terra. É a ela que recorremos para nos alimentar, para nos proteger, para estender nosso território. Essa teia é a imagem de nossa alma, ou pelo menos a condição de nossa existência: garante e sela nosso destino. Pois a tecnologia é secretada pelos homens, assim como a teia é secretada pela aranha. Não é somente uma produção: é uma parte do nosso ser, no qual ela penetra, a quem sustenta e mantém de pé mediante a alimentação, os medicamentos e todas as indústrias que trabalham para a satisfação das necessidades biológicas e sociais.

Antropologia

A tecnologia modificou radicalmente a existência dos homens. Por isso, a antropologia não pode captar o homem sem disfarces: terá de considerá-lo em sua situação, no estado em que se encontra. Mas em que deve ela apostar: na imutabilidade ou na plasticidade do homem, na sua natureza ou nas suas ações?

"Vistas na escala dos milênios", escreveu Claude Lévi-Strauss, "as paixões humanas se confundem. O tempo nada acrescenta e nada retira dos amores e dos ódios vividos pelos homens, dos seus compromissos, suas lutas e suas esperanças: antes e hoje eles são sempre os mesmos. Suprimir ao acaso dez ou vinte séculos de história não afetaria de maneira sensível o nosso conhecimento da natureza humana. A única parte insubstituível seria a das obras de arte que esses séculos viram nascer. Pois os homens não se diferenciam, e nem mesmo chegam a existir, a não ser pelas suas obras. Como a estátua de madeira dada à luz por uma árvore, somente as obras proporcionam a evidência de que no decorrer do tempo alguma coisa realmente se passou entre os homens."[70]

Assim, depois de ter projetado dissolver a etnologia nas ciências da natureza e, sem dúvida, a antropologia na biologia, Lévi-Strauss, no final de seu livro – de tom quase sartriano – invoca a obra para definir o homem. Contudo, neste fim de século XX, a obra não consiste mais apenas em transformar as árvores em estátuas, mas em modelar o homem, inclusive internamente. Não é mais somente a matéria que se vê retomada, diversificada, recriada por artifício; agora é o próprio corpo, logo será a descendência.

A idéia de natureza

Essa irrupção da tecnologia na biologia e na medicina dá um aspecto residual à postulada invariância da natureza. A fronteira entre natureza e artifício, sempre invocada por motivos éticos, não tem mais um sentido preciso. A natureza tornou-se a *materia prima* do artifício e da ação. Ainda assim ela permanece diante dos nossos olhos, lograda, retorcida, inventiva em suas fontes e suas fraquezas. Mas, em resposta ao fato de a medicina científica nos ensinar a tratá-la como coisa, ela se tornou ao mesmo tempo mais flexível e mais distante.

No entanto, como observou Georges Canguilhem, "a biologia humana e a medicina são peças necessárias em uma 'antropologia'. Pensamos", Canguilhem acrescentou, "que elas jamais deixaram de ser necessárias, mas também pensamos que não há uma antropologia que não se suponha uma moral, de maneira que, na ordem humana, o conceito de 'normal' continua a ser sempre um conceito normativo e de alcance propriamente filosófico".[71]

Sentimos, sem dúvida, que a antropologia não pode se abstrair nem do meio exterior, de modo que a tecnologia o remodele em caráter permanente, nem do meio interior, cujos segredos são progressivamente desvendados pela biologia molecular. Mas mesmo quando conhecermos os constituintes últimos de nossa individualidade, e a carta do nosso genoma estiver levantada e interpretada, ainda teremos, pelo menos, de conduzir e responder a todos esses bilhões de elementos e operações que, a cada instante, tecem no nosso corpo um destino que é também o nosso.

Devido a uma singularidade ainda não esclarecida, os fenômenos macroscópicos – para nós os mais familiares – são também os mais mal explicados: paradoxalmente, estamos mais à vontade com as partículas elementares ou os modelos cosmológicos do que com os fenômenos mais próximos da nossa dimensão, como os arco-íris e as mudanças de estado da matéria. Daí um retorno à fenomenologia e uma nova atenção ao nascimento e desdobramento das formas, essa "morfogênese" que teria encantado Goethe, o inventor da "morfologia".

A natureza do homem: uma obscuridade ontológica

Se é certo que a física das partículas e a cosmologia relativista operaram sua junção, também é verdade que sua fusão não foi inteiramente realizada; e é certo, ainda, que a biologia molecular e a fisiologia geral, apesar do número crescente de suas interferências, estão por se fundir em uma medicina científica e humana. Nesses casos, o obstáculo talvez não seja apenas conceitual e técnico; é sem dúvida ontológico. Cournot, com efeito, observou que são diferentes as estruturas que se apresentam em cada nível de organização e de grandeza. Nosso destino, sem dúvida, é pertencer a distintas ordens do real – da natureza e da história –, capazes de permanecer relativamente autônomas por um longo período, ou terem um encontro repentino e colidirem. Se assim for, o acaso não terá seu lugar somente na física, mas também na antropologia, na medicina e na história. Em nós e fora de nós, há leis invariantes e também de contingência e imprevisibilidade. E é assim, certamente, porque somos seres vivos, nascidos de um encontro e feitos para o ensaio. Para medir o homem, portanto, não basta interrogar as ciências, é necessário observá-lo em suas ações.

Conclusão

A história do homem e a da natureza estão cada vez mais entrelaçadas. Na Antigüidade, e mesmo no período clássico, contava-se com a natureza para compensar as desordens humanas, apostava-se em seu poder reparador, cujo modelo, como já vimos, era a cicatrização das feridas. Em parte, esse poder reparador da natureza vê-se minado pela tecnologia moderna. Nem a nossa geração, nem as próximas, poderão dizer: nossos sucessores tomarão as coisas no ponto em que as deixamos. Uma espécie de comunhão material, consagrada pela tecnologia e propagada pela condutividade da Terra, agora une os homens mais estreitamente tanto no espaço quanto no tempo. À medida que a tendência especializante da civilização leva à separação dos aspectos técnicos e morais da ação, fica claro, neste final de século, que se tornaram indissociáveis as dimensões técnica, antropológica e ética da ação. Os poderes separadores da divisão do trabalho nada podem contra a unificação forçada da sociedade humana. Até hoje, no entanto, a unificação do planeta vem sendo vivenciada como uma fatalidade. Como transformar o destino em resolução e nossos constrangimentos em liberdade? Esse o problema prático que nossa história atual põe diante da razão humana.

A singularidade de nossa tarefa está no fato de que teremos de reencontrar a unidade teórica da razão a partir de nossa responsabilidade em relação a uma Terra diversa e concluída, da qual, como dizia Cournot, temos apenas a concessão. Não há dúvida de que estamos às voltas com problemas insolúveis, escolhas impossíveis, ciências rivais, categorias fragmentadas. No entanto, é da própria Terra, frágil e mutilada, que nasce a necessidade de providência e justiça, que vem uma espécie de apelo em favor do Uno. É a partir dessa exigência prática que a razão de muitas faces se vê intimada a recompor tanto o seu rosto quanto a sua unidade.

CONCLUSÃO

O desafio da razão

No princípio, a razão – o *Logos* – estava envolvida pela sabedoria de Deus, "medida de todas as coisas", como dizia Platão. A Bíblia conferiu a essa visão um novo sentido. Entre Deus e o homem havia se firmado uma aliança: Deus não impunha planos às suas criaturas; entre Ele e o homem fora estabelecido um diálogo, poder-se-ia dizer uma discussão. Atributo inicialmente divino, a razão encarnou-se, expandiu-se e se fragmentou. Tornou-se histórica, individuada. O pensamento necessitava do invólucro humano.

O *cogito*, tal como vivenciado por Santo Agostinho e René Descartes, é a experiência do pensamento no homem, a ação pela qual o *Logos* se incorpora. Abre-se um novo espaço à razão: para o espírito já não se trata somente de contemplar a natureza ou discernir a ordem das coisas; ao mostrar-se capaz de agir e pensar de maneira refletida e responsável, o indivíduo passa a existir quase por si mesmo.

Assim, desde o início da história do *Logos*, a pesquisa sobre a inteligibilidade do mundo e a procura de seu autor se associaram: sem se confundirem, o religioso e o racional são dimensões de um mesmo espaço espiritual. Husserl, como já vimos, disse que Descartes havia sondado "o inquietante enigma da existência". Por que existia algo ao invés do nada? O que havia antes do começo? A partir de que formou-se o universo, com seus milhões de espécies e seus bilhões de seres? Isso a que chamamos "razão" não seria apenas uma configuração das coisas, uma entre outras, ou a assinatura, em nós, da criação das coisas? É compreensível que haja um elo entre razão e começo: se o universo é ação, a inteligência vê ou reproduz o desdobramento das coisas. Desse modo se estabeleceu uma estreita relação entre a razão e a causalidade.

Para Descartes, a noção de causa envolve dois tipos de relações: aquelas que vão dos princípios para as leis da natureza; e aquelas que, segundo as leis da natureza, ligam os acontecimentos. O primeiro tipo de causalidade tem a ver não com a razão de Deus, mas com a sua liberdade, criadora das verdades eternas. A liberdade de Deus sustenta a natureza em todos os instantes, do mesmo modo que a liberdade do indivíduo em todos os instantes sustenta o seu próprio ser: pois o tempo nada tem de inerte; e o Verbo é liberdade. Muito além daquilo que chamamos a "razão", há um poder sem nome e sem rosto; muito além do *Grund*, um *Ungrund* originário. Para nosso espírito, não há qualquer esperança de se descobrir entre as coisas, a não ser percorrendo a sombra que, antes de haver a luz, cobria todas as coisas. Sartre aceitava a idéia cartesiana da liberdade divina, mas amputando-a de sua dimensão cosmológica, de sua significação teológica. De um atributo de Deus ele fez a própria essência do homem. Essa mágica teria divertido Platão, que, entretanto, se reconheceria em Descartes. E em Descartes, como já sabemos, Husserl via o fundador da filosofia moderna. Depois de Descartes, a concepção ao mesmo tempo ontológica e operatória da causalidade desapareceu.

Kant, de fato, contribuiu para um certo enfraquecimento desse conceito: destituiu-o de suas pretensões ontológicas; restringiu à física o seu emprego construtivo – as relações causais diriam respeito apenas aos fenômenos. A natureza última das coisas nos escapa, e o poder formador dos seres vivos (*Bildungskraft*) tem origem numa força que desconhecemos. Em relação à causalidade clássica (de Platão ou Aristóteles, a Descartes ou Leibniz), há um recuo. No caso de Kant não se trata de um excesso de timidez, mas de um escrúpulo justificado: parecia-lhe que a finitude do homem o impede de imaginar a fábrica do mundo aberta para ele. Enquanto Husserl via no retorno às "próprias coisas" a realização da filosofia, Kant fazia da "coisa em si" um marco inacessível. Assim, será a importância atribuída à causalidade, expressão da estrutura das coisas, que fixará os poderes da razão.

Pois a razão não se reduz nem ao cálculo, nem ao formalismo, nem à instrumentalidade: ela é um ato de liberdade, que se nutre da esperança e da fé. Ela se apressa em reconhecer que a língua natural tem por missão consignar – e consignar com o próprio espírito – o conjunto da experiência possível. À razão repugna o arbitrário da nominação: entre o registro simbólico da representação e o registro ontológico da realidade, ela pressente uma afinidade, talvez mesmo uma comunidade de substância; sob o particularismo das línguas transparece a santa universalidade do ser. Como disse Duhem, nossas classificações artificiais da experiência podem se aproximar de uma classificação natural, capaz de recuperar as articulações e o movimento do real.

Em segundo lugar, a razão confere legitimidade ao imaginário, reconhecendo-lhe a capacidade de conduzir o espírito ao real. Aos olhos da razão, quando literatura e ciência, poesia e teoria propõem ficções, tornam-se os únicos caminhos – ou quem sabe, o caminho real – para aquilo que é.

A imaginação, como sugeriu Auguste Comte, é a grande mestra dos homens: quando nem os seus sentidos ou as suas técnicas se mostram capazes de edificar experiência efetiva, a imaginação lhes oferece "experiências do pensamento", ecos cuja fidelidade ao real não é diretamente mensurável. É ela quem torna suportável nossa finitude, quando nos murmura que, se não houver identidade entre nossas ficções e a realidade, pelo menos analogia haverá. Contudo, o imaginário é ambíguo: e sendo assim, é tão capaz de nos enganar quanto de nos esclarecer, de nos afastar do real quanto de nos iniciar nele. Usá-lo, portanto, só será válido se tomarmos por base o seu poder de julgar, isto é, de escolher e recusar. É a imaginação que ressalta a necessidade do negativo.

Por último, a razão descobre que, em certas condições, o finito pode representar, quase adequadamente, o infinito: embora as qualidades dos fenômenos sejam inumeráveis, a razão as destila em um alambique matemático, que transforma as qualidades em quantidades, as particularidades em conceitos e os eventos singulares em elementos gerais, sob a alçada de um juízo comum.

Embora ao longo do século XIX as categorias tenham se difratado e fragmentado, a idéia de razão permanece inseparável de certa fé em um Pentecostes do espírito, em que a diversidade das línguas e dos sistemas parciais encontrariam sua unidade, em que as ordens da realidade se comunicariam, mesmo guardando sua especificidade. Para que tal programa da razão tenha alguma possibilidade de tornar-se real, é necessário que todas as possíveis visões de mundo sejam postas em perspectiva e inscrevam-se em uma composição unitária final.

Enquanto o espírito aspira ao Uno, seus métodos de pesquisa o levam a distinguir em concessões separadas o conjunto da experiência. Não é ilusório querer a unidade, se a marcha da ciência caminha para o múltiplo? Para que essa tensão não termine em uma fratura, que princípio invocaremos, de que esperança poderemos nos alimentar?

Uma observação de Aristóteles parece sugerir um caminho para a solução dessas questões. Ele observa que o espírito só domina ativamente um objeto, ou um problema, se de saída abraçar passivamente sua forma e seu sentido. Sem essa plasticidade, sem esse curso fluido através das coisas, ele nada capta e nada discerne. É necessário imaginar que existe uma espécie de comunhão entre a razão e a natureza. Como sabemos, a natureza se compõe de ordens distintas, cujas relações são mais ou menos frouxas, e cujas estruturas peculiares diferem. Há na realidade, portanto, uma inexaurível multiplicidade. Daí se deduz o dever transcendental da razão: ela deve ordenar, renunciando aos seus interesses imediatos, os diferentes lugares de sua experiência; e também desenvolver os conceitos que os estruturam e a experiência que os aperfeiçoa. Existe aí uma exigência de descrição, de reminiscência fundadora. O empreendimento crítico implica que a genealogia das idéias seja reescrita, que lhes seja exigida a revalidação dos seus direitos, de modo a merecer nossa confiança. Contudo, a finitude do indivíduo – e das coletividades a que ele está ligado – interdita a unificação direta, em um mesmo sujeito, da totalidade da experiência vivida.

Se assim for, somente um comércio espiritual entre os indivíduos poderá responder ao desafio do múltiplo. De fato, o real só encontrará sua unidade, e principalmente sua natureza inteligível, se a comunidade dos homens – a comunidade das liberdades associadas através do espaço e do tempo – responder pela unidade do mundo e sua humanidade. Essa unidade, contudo, nada tem de automática nem de necessária. Nem a constituição das coisas ou a conduta dos homens dá suporte a tal esperança; a esperança deve ser desejada e praticada todo dia; ela resulta de uma visão e de um juramento.

Tal é o paradoxo da razão clássica (a única, para falar a verdade, que à luz do dia ousou declinar sua identidade e confessar seu mistério): ela não atribui apenas a Deus nem a sorte da Terra, nem a salvação das cidades, nem a intelecção do universo; ela não aposta nem na existência de uma medida intangível e perfeita de todas as coisas, nem na idéia de uma arquitetônica universal e imutável da razão pura; ela tem na memória os efeitos da trágica abjuração niilista; ela verifica que o mal, como disse Agostinho, resulta mais de causas deficientes do que eficientes. A deficiência do homem na racionalização clássica toma duas formas opostas e conjuntas: a recusa da finitude (que leva aos excessos analisados por Kant na *Crítica da razão pura*), e a recusa da garantia divina ao pensamento humano. Para os grandes racionalistas, a idéia verdadeira possui uma característica dupla: embora seja uma produção humana, ela recebe fiança divina. Pois um pensamento só é verdadeiro se restabelecer fielmente uma realidade; na qual deverão fundar-se a ordem das idéias e a ordem das coisas. Kepler, por exemplo, agradecia a Deus por lhe ter revelado uma das faces de sua criação. A grande mudança ocorrida no Século das Luzes é que se passou a ver no racionalismo apenas a produção humana das idéias.

Por isso, nossa razão sente-se hoje mais segura de seus instrumentos que de sua finalidade; está mais à vontade com as formas e os mecanismos, do que com as forças e seus significados. Após três séculos de um exílio triunfal na quantidade, ela sabe também que, sem a linguagem das qualidades, não encontrará o caminho do real. A exigüidade da Terra e o impacto de suas ações revelam ao agente que seu pensamento não saberá ser inocente. As marcas da ação humana já não se desfazem como pegadas na praia: as feridas abertas na Terra cicatrizam com dificuldade. A responsabilidade dos indivíduos começa gradualmente a ultrapassar a duração de sua existência.

Que razão veremos surgir dessas novas responsabilidades? Uma razão que deverá individuar-se nas mais diversas culturas, sem, no entanto, jamais abdicar de sua universalidade. Ser-lhe-á necessário reaprender as linguagens da esperança e da necessidade, sem renunciar às suas exigências lógicas e matemáticas. Terá de se tornar flexível e plástica na medida em que o real o exigir, sem consentir, todavia, em dividir-se. Ela decidirá que finalidade terá nos casos particulares, sem deixar, porém, de aspirar que alcancem a unidade. Essas postulações antinômicas significam que a razão só se manterá de pé se sustentada pela multiplicidade dos indivíduos e das cidades.

Os Estados utilizam a ciência e a tecnologia como uma força. Mas a atividade espiritual não tem nenhum dos caracteres da ação política: são duas ordens distintas. Por sua própria natureza, a força cria ou mantém a divisão. Assim, caso não queira se colocar a serviço da força, a razão estará condenada a encontrar seu espaço unicamente na fraqueza, pois lhe é impedido, sob pena de se autodesfazer, preferir as armas do poder às da verdade.

Como a seus olhos existe uma analogia entre a razão humana e a razão divina, o racionalismo clássico – nascido da Grécia e da Bíblia – pode, sem inconveniente, chegar até a negação do eu. Esse niilismo cristão até autoriza o agente a conferir à sua ação uma espécie de impessoalidade criadora. Se Deus se retira da história ou se sua idéia se faz presa de uma ilusão, o homem torna-se o único ser em condições de reaver a herança da razão.

Eis onde estamos: temos um mundo terminado sob os nossos olhos; e um outro mundo está, sem dúvida, em vias de nascer, mas ainda não sabemos qual será a sua fisionomia. O século XX exaltou o conhecimento e minimizou a razão: substituiu a legitimação interna de suas idéias e seus atos por uma certificação externa de suas representações e seus feitos. Chegou o momento que Husserl chamou de uma *épochê*: não exatamente uma "suspensão", mas uma espécie de retomada, pelos homens, da substância do mundo habitável, do mundo criado, do mundo percorrido, explorado, trilhado e descrito. Estudando a razão através dos indivíduos e das cidades, quisemos lembrar uma evidência: cada um dos nossos pensamentos, cada um dos nossos atos traz um certificado de origem, uma assinatura; vemos a realidade pelos olhos de algumas dezenas de homens. Essa comunidade – essa intersubjetividade – dos espíritos só existe como medida destinada a conciliar a unidade do real com a multiplicidade dos pontos de vista. Mas ainda resta evidenciar a constituição e as leis desse elo substancial entre os seres e a Terra, o único capaz de esclarecer nosso destino.

Essa constituição já não poderá ser exatamente a arquitetônica kantiana da razão pura, pois a intersubjetividade, com sua dupla exigência de unidade e historicidade, integra a idéia atual da razão. Ela não pode mais depender do empirismo, mesmo que este se pretenda fiel à totalidade da experiência, cuja abundância ele regula pela unidade formal da lógica. De fato, o positivismo chegou ao esgotamento da causalidade, ao passo que a responsabilidade dos homens obriga a insistir sobre o seu status de agentes.

Ou a razão humana é uma coisa ou é algo que transcende a ordem das coisas. Se admitirmos a primeira eventualidade, só existirá o entendimento – ou a inteligência –, produto de uma seleção de tipo darwinista, e a razão será apenas uma ilusão. Se admitirmos a segunda eventualidade, a consciência – a razão individuada ou encarnada – fará parte de uma ordem original da realidade. Decidir entre os dois ramos dessa alternativa implicará uma aposta ou uma escolha justificável? Será necessário escolher cegamente a razão, ou no momento da escolha ela estará conosco para nos guiar? Essa é a questão que nos falta examinar.

O estranho é que a razão possa calar sua voz sem que alguém note: pois ela é, de fato, diferente do entendimento ou da inteligência que está à disposição das necessidades terrestres dos homens, guia a ação, interpreta o mundo, anima e regula a imaginação. Não é dever da razão produzir idéias ou realizar ações: ela verifica a súmula das idéias e o valor dos princípios. Ela pode se aposentar, se demitir ou se calar, sem que nenhum sinal visível o indique. O século freqüentemente nos surpreende: como, nos perguntamos, puderam coabitar tanta racionalidade instrumental e tanta ideologia homicida? Não há mistério nisso: a inteligência, como Bergson a concebeu, é uma faculdade prática. E se as atuais pesquisas sobre as ciências cognitivas levarem a conversão da mente (*mind*) em uma coisa entre as coisas, ou uma faculdade própria de certas espécies como a nossa, algo comparável à aptidão dos pássaros para voar, isso não será uma grande revolução. Percebemos apenas que nossa idéia da matéria é demasido pobre para saber explicar nossa vida mental. Se dissermos, por exemplo, que "a mente, com seus desejos, emoções, pulsões e pensamentos é uma realidade biológica, um elemento da natureza", nada será mudado nas ciências da natureza, na preparação e no modo de conduzir a ação na tarefa de administração técnica da Terra.

A razão – se é que existe – não se confunde com a inteligência ou o entendimento. Pode-se mesmo conceber que a seleção das idéias resulte de um processo de tipo darwinista; e que isso a que chamamos "julgamento" difere bem pouco do tino dos animais, que sabem o que fazer, inclusive diante do sofrimento e da doença. Seria até gratificante nos sentirmos aceitos sem restrições no reino animal. Um "materialismo" desse tipo não me incomoda: quando muito, aumentaria minhas dúvidas sobre a minha capacidade moral de assumi-lo. Pois olhar assim a natureza liquida as ilusões compensatórias. Se possuíssemos a grandeza muda do animal, seríamos capazes de viver por inteiro os anseios e os sofrimentos do presente. Conheceríamos a união e a separação, uma vez que jamais somos inteiramente nós mesmos.

Não falta grandeza a tal hipótese: ela está no espírito do materialismo. De fato, o "método materialista" – no qual Simone Weil enxergava uma atitude ao mesmo tempo racional e mística – leva o espírito, quando este pesquisa as causas, a jamais pensar no "eu" como uma faculdade criativa: somos todos "efeitos", e de "causas segundas", jamais de "causas primeiras", jamais de seres que "começam" o que quer que seja. De fato, na superfície há indivíduos que comandam, que produzem, que criam; mas, na realidade, o mundo não é uma criação contínua. Isso é tão verdadeiro, que o materialismo dialético, a fim de ultrapassar tal limite, teve de creditar à Matéria atributos já não apenas físicos, mas também metafísicos de criação e ação. Daí porque alguns dão as costas ao materialismo, que, segundo as palavras de Ernst Bloch, fica como uma "explicação do mundo por si mesmo". Na filosofia materialista, são impressionantes a nudez, a vontade de despojamento, a busca da impessoalidade. Mas, pelo fato de esse convite ao heroísmo não vir acompanhado de compensações e gratificações, é claro que o materialismo raramente foi praticado como método e como doutrina. A maior parte dos "materialismos" modernos se apóia em uma esperança histórica ou em um reducionismo hedonista, mais do que na reflexão intrépida sobre aquilo que é. Assim entendido, o materialismo é um método heurístico e uma filosofia crítica: ele nos incita a reexaminar e a apresentar, sob novos aspectos, a constituição aparente das coisas. Este é um dos poucos programas que se pode conceber para o espírito. São necessárias razões muito fortes para deixar de praticá-lo com uma fidelidade infalível.

Temos a ilusão de que o fim do comunismo é também a morte do materialismo. Não é: enquanto não tivermos, correndo riscos e perigos, chegado ao limite do materialismo metodológico, não veremos o próximo rosto da razão. O materialismo é, a um só tempo, nossa estrela polar e nossa "noite escura": pois ele implica uma atitude ética precisa. Ele faz de nós os únicos concessionários da Terra e os únicos responsáveis por ela e pelos vivos. Ele nos dissuade de sonhar com alguma espécie de socorro vindo de fora. Ele não nos permite, hoje, recorrer ao poder reparador da natureza para cicatrizar as nossas feridas. Não surpreende que Simone Weil tenha visto o materialismo tão próximo de Platão (que para ela encarnava ao mesmo tempo a atitude racionalista e mística): o espírito só se conhece a si mesmo – e ao universo – quando renuncia a pensar ou agir como se fosse beneficiado por uma ajuda externa. O materialismo é a escola do desnudamento e da autonomia trágica. Será ele a palavra final da honestidade filosófica?

Se apostarmos na razão, é conveniente que isso aconteça sem que tenhamos em vista alguma consolação. A razão não se confunde com a imaginação consoladora: ela existe para adelgaçar – e até para romper – nossa adesão natural ao mundo. Ela a vê, a prova e a descarta. Há, pois, alguma coisa que a assemelha à faculdade de decidir e morrer: ela começa e ela acaba. Ela só pode ver o mundo através dos conceitos do entendimento e das impressões dos sentidos. Ela é, portanto, dependente do espírito e do corpo (que uns crêem idênticos, outros distintos). Ela, porém, não se reduz a esses dois. Nenhum teste empírico permitirá dizer se um homem, cujo entendimento funciona, está privado da razão; pois, mesmo privado da razão o indivíduo ainda é um autômato inteligente. Eis por que na razão existe necessariamente um elemento interior. Essa é a trilha de Agostinho, Descartes e Husserl.

A interioridade assim concebida não se confunde com a vida psíquica, com nossos pensamentos e ações na medida em que são eventos mentais que sobrevivem no decorrer de nossa vida intelectual ou afetiva. O termo "interioridade" significa que todo pensamento e toda ação devem ser autenticados por um sujeito que os reclame como seus. Não que ele revele diante desses eventos um amor-próprio de autor, mas porque a máxima suprema da razão é a de que um pensamento ou uma ação só serão qualidades humanas se trouxerem uma assinatura. E contudo muitos dos pensamentos que nos habitam, ou melhor, que nos percorrem, não são evidentemente produzidos por nós: vieram de fora e foram depositados em nós; nós os percebemos e os aceitamos. Nesse aspecto, somos como pombais, onde pousam pássaros, idéias ou ações vindos de longe. Temos a tarefa de descobrir de onde vêm esses mensageiros que, em alguns casos, atravessaram séculos. Sabemos, com efeito, que nosso olhar, e até mesmo nosso coração, receberam instruções milenares, misturadas a concepções recentes. Hoje a "crítica da razão" repousa sobre um trabalho de genealogista: às idéias, aos métodos e às hipóteses não se pede simplesmente que provem sua eficácia, mas também que revelem suas origens. É aí, com efeito, que são vistas e avaliadas as trocas e as fecundações das quais as concepções originais são o fruto. Mais do que a uma "arquitetônica" da razão pura, é a uma "cidade" da razão que devemos nos referir, ainda que, como disse Descartes, as cidades dos homens pareçam desprovidas de planos. É esse, decerto, o paradoxo da razão: membros de cidades às vezes "à deriva", como disse Platão, participamos, desde que assim tenhamos decidido, de uma segunda "cidade", cuja arquitetura não segue planos, que cresce na liberdade desordenada e que, no entanto, mostra ter sentido, ordem e liberdade.

NOTAS

Introdução

A razão no espelho das metrópoles

1 Platão, *Lois*, IV, 716 c: "Deus deve ser para nós, e no mais alto grau, a medida de todas as coisas; Ele, muito mais do que o homem, como alguns querem."

2 "Ecce in memoria meae campis et antris et cavernis innumerabilibus atque innumerabiliter plenis innumerabilibus rerum generibus..." (Santo Agostinho, *Confessions*, X, XVII, 26). No livro X das *Confissões* há extraordinárias análises da memória.

3 Kant, *Critique de la raison pure*, Théorie transcendantale de la méthode, cap. III, in *Oeuvres philosophiques*, Gallimard, coleção "Bibliotèque de la Pléiade", t. 1, p. 1.384.

4 *Ibid.*, p. 1.385.

5 *Ibid.*, p. 1.390.

6 *Ibid.*

7 "De qualquer forma era conveniente redigir de maneira explícita as atas desse processo e depositá-las nos arquivos da razão humana, a fim de que no futuro sejam evitados erros semelhantes"(*ibid.*, p. 1.291).

Capítulo 1

A razão moderna: Kant e Goethe

1 Kant, *Critique de la faculté de juger*, parág. 46, in *Oeuvres philosophiques*, Gallimard, col. Bibliothèque de la Pléiade, t. 2, p. 1.090.

2 *Ibid.*

3 *Ibid.*, parág. 71.

4 *Ibid.*, Introdução, IV, trad. de Alexis Philonenko, Vrin, 1984, p. 28; col. "Bibliotèque de la Pléiade", t. 2, p. 933.

5 Goethe, *Maximes et réflexions*, citado por Paul-Henri Bideau, *Goethe*, PUF, coleção "Que sais-je?", p. 115. O original alemão diz: "Die Vernunft ist auf das Werdende, der Verstand auf das Gewordene angewiesen; jene bekümmert sich nicht: Wozu? Dieser fragt nicht: Woher? – Sie erfreut sich am Entwickeln; er wünscht alles festzuhalten, damit er es nutzen könne" (*Maximen und Reflexionen*, in *Schriften zur Naturwissenschaft*, Reclam, 1977, p. 36).

6 Goethe, *Le Jugement intuitif* (Anschauende Urteilskraft) (1817-1820), citado in P.-H Bideau, *op. cit.*, p. 115.

7 Goethe, *La Métamorphose des plantes*, trad. de P.-H Bideau, Triades, 2. ed., inteiramente revista e aumentada, 1992, p. 76 ss.

8 Goethe, *Le Jugement intuitif*, citado in P.-H Bideau, *op. cit.*, p. 115.

9 Goethe, Morphologische Schriften, Wilhelm Troll, Iena, 1932, p. 349. Passagem extraída de Vorträge über die drei ersten Kapitel des Entwurfs einer allgemeinen Einleitung in die vergleichende Anatomie, ausgehend von der Osteologie (1796), parág. II, 3ª alínea. O termo "morfologia" aparece no diário de Goethe em 10 de novembro e 6 de dezembro de 1806, mas só em 1817 irá reaparecer em uma publicação, como registra Michael Böhler na edição que organizou dos Schriften zur Naturwissenschaft de Goethe, op. cit., p. 256.

10 No século XX essas idéias foram retomadas de maneira completamente nova por sábios como d'Arcy Thompson, em On growth and form (trad. francesa: Forme e croissance, Éd. du Seuil, 1994) ou por matemáticos como Alan Turing e René Thom.

11 P.-H Bideau, op. cit., p. 118.

12 Novalis, Fragments/Fragmente, Aubier-Montaigne, coleção "Bilingue", 1973, p. 221.

13 Wilhelm Dilthey, Das Erlebnis und die Dichtung. Lessing, Goethe, Novalis, Hölderlin (A experiência vivida e a poesia), 1905, Vandenhoeck & Ruprecht (Göttingen), coleção "VR Kleine Vandenhoeck-Reihe", 1985, p. 128: "Welches ist nun das Verhältnis zwischen der angesammelten Erfahrung und der frei schaffenden Phantasie, zwischen der Reproduktion von Gestalten, Situationen und Schicksalen und ihrer Schöpfung?"

14 *Ibid.*, p. 129: "Kurtz: wie es keine Einbildungskraft gibt, die nicht auf Gedächtnis beruhte, so gibt es kein Gedächtnis, das nich schon eine Seite der Einbildungskraft in sich enthielte."

15 Kant, *Critique de la raison pure*, prefácio da primeira edição, *op. cit.*, p. 727-728.

16 Kant elogia Torricelli (1608-1647), matemático e físico florentino, discípulo de Galileu, por ter "impelido para o alto um peso que, antes, lhe parecera igual ao de uma coluna de água dele conhecida" (*Critique de la raison pure*, prefácio da segunda edição, *op. cit.*, p. 737).

17 Jean-Paul Dumont, *Les Présocratiques*, Gallimard, Bibliothèque de la Pléiade, 1988, p. 4, e *Les Écoles présocratiques*, Gallimard, FolioÉssais, 1991, p. 13.

18 Chamisso de Boncourt, *La Merveilleuse histoire de Peter Schlemihl*, 1814. [Embora nascido na França, Chamisso (1781-1831) passou à história da literatura como escritor alemão, assinando suas obras com o nome de Adalbert von Chamisso. N. da T.]

19 Montaigne, *Essais* [Ensaios], II, XII, Gallimard, Bibliothèque de la Pléiade, p. 636.

20 *Ibid.*, p. 682-683.

21 Bernadette Bensaude-Vincent e Isabelle Stengers, *Histoire de la chimie*, La Découverte, 1992, p. 79-80. Segundo as autoras, "a grande inovação de Stahl" foi a seguinte: "A corrosão dos metais e a combustão da madeira ou do carvão levam ao mesmo fenômeno. O metal "queima" (lentamente), a corrosão faz-lhe perder o flogístico, leve e volátil, do mesmo modo que acontece ao carvão de pedra. A única diferença está em que, no caso do metal, é possível um retorno ao estado primitivo, mediante a reabsorção do flogístico." Foi exatamente isso que Kant lembrou no prefácio da segunda edição da *Crítica da razão pura*: "Stahl transforma metais em cal e esta, por sua vez, em metal."

22 Kant, *Crítica da razão pura*, Teoria transcendental do método, cap. 1, *op. cit.*

23 *Ibid.*

24 *Ibid.*, p. 1.296.

25 *Ibid.*

26 *Ibid.*

27 *Ibid.*

28 *Ibid.*

29 *Ibid.*, p. 1.296-1.297.

30 *Ibid.*, p. 1.323.

31 *Ibid.*, p. 1.359.

32 Joseph Conrad, *Nostromo,* primeira parte, cap. VI, in *Oeuvres*, Gallimard, Bibliothèque de la Pléiade, t. 2, p. 614-615.

33 Hölderlin, *La Morte d'Empédocle*: "E abertamente voto meu coração à terra grave e sofredora, e freqüentemente, na noite sagrada, prometo amá-la fielmente até a morte, sem medo, com seu pesado fardo de fatalidade, e de não desprezar nenhum dos seus enigmas. Assim, ligar-me-ei a ela com um laço imortal."

34 Novalis, *Fragments/Fragmente*, *op. cit.*, p. 215.

35 Leibniz, *Discours de métaphysique*, parág. XXXIII.

36 Kant, *Rêves d'un visionnaire expliqués par des rêves métaphysiques* (1766), primeira parte, cap. II, in *Oeuvres philosophyques*, *op. cit.*, p. 548.

37 *Ibid.*, primeira parte, cap. III, p. 556.

38 *Ibid.*, primeira parte, cap. IV, p. 567.

39 *Ibid.*, p. 568.

40 *Ibid.*, p. 571.

41 *Ibid.*, p. 572.

42 Michel Alexandre, *Lecture de Kant* (1961), PUF, 2. ed., 1978, p. 221. Michel Alexandre era socialista, no sentido que se dava a essa palavra antes de 1914, no tempo das grandes esperanças. Fora amigo dos fundadores do primeiro Partido Comunista francês, que seriam marginalizados em 1924. Quando ensinava Kant ou Platão, não era a palavra de um professor o que ouvíamos; de fato, sentíamos a presença estimulante e secreta do filósofo que ele evocava. E este, por sua vez, era para ele apenas o mediador de uma expressão definitiva e simples, que cada um de nós, segundo ele, tinha o dever de constituir. Somente a tal preço teria se tornado realidade a frase, que lhe parecia universal: *Et homo factus est*.

43 "Deus quis que todas as coisas fossem boas: excluiu, portanto, daquilo que estava em suas mãos, toda imperfeição, e assim tomou toda aquela massa visível que se achava privada de repouso e mudava constante e desordenadamente, e a conduziu da desordem para a ordem, pois em seu entender a ordem é infinitamente melhor do que a desordem" (Platão, *Timée*, 30 a).

44 Kant, *Histoire générale de la nature et théorie du ciel*, 1754, prefácio, in *Oeuvres philosophiques*, *op. cit.*, t. 1, p. 44.

45 De fato, a atração entre dois corpos diminui proporcionalmente ao quadrado de sua distância, e a quantidade de luz recebida pela unidade de superfície diminui proporcionalmente ao quadrado da distância da fonte luminosa. Essas duas relações estão em estreita afinidade com as propriedades da esfera euclidiana. Assim, a estética transcendental não descreve apenas a estrutura antropológica do espaço do sujeito que percebe, mas também a estrutura cosmológia do espaço para o físico.

46 Kant, *Critique de la faculté de juger*, parág. 47, *op. cit.*, p. 1.091.

47 *Ibid.*

48 Particularmente em *Das Erlebnis und die Dichtung* (1905), em que o autor, nascido no ano de 1838, retoma, no fim de sua vida, um conjunto de estudos que havia dedicado a Lessing, Goethe, Novalis e Hölderlin, aos quais acrescenta, em 1905, uma reflexão introdutória sobre o "curso da literatura européia dos tempos modernos" (*Gang der neuren europaïschen literatur*).

49 Kleist em carta à sua noiva: "Acabo de descobrir a filosofia de Kant, e agora sinto necessidade de te comunicar um pensamento. Pois não temo que ela te perturbe tão profundamente, tão dolorosamente como fez a mim: Não podemos saber por nós mesmos se aquilo que chamamos a verdade é verdadeiramente a verdade ou uma simples aparência. Nesta última hipótese, toda a verdade que entesouramos aqui embaixo deixa de existir após a morte, e é em vão que nos esforçamos para adquirir um bem capaz de nos fazer companhia na sepultura. Se a ponta desse pensamento não te ferir o coração, não sorrias porém daquele que se mantém atento, inclusive no santuário íntimo de seu ser." Nietzsche, que cita esse fragmento de carta na terceira das *Considerações intempestivas* (parág. 3), acrescenta: "Bom, eu pergunto, quando reencontrarão os homens esse modo elementar e kleistiano de sentir, quando reaprenderão a avaliar o sentido de uma filosofia relacionando-a com o seu 'santuário interior' [*heiligsten Innern*]?" (*Considérations intempestives/Unzeitgemässe Betrauchtungen*, III-IV, Aubier-Montaigne, coleção "Bilingue", 1976, p. 47-49).

50 Kant, *Critique de la raison pure*, Théorie transcendentale de la méthode, cap. II, Canon de la raison pure, *op. cit.*, p. 1.359.

51 *Ibid.*, p. 1.360.

52 *Ibid.*, p. 1.361.

53 *Ibid.*

54 *Ibid.*

55 *Ibid.*

56 No prefácio de seu romance *O negro do Narcissus*, Joseph Conrad escreveu que "a arte pode ser definida como a tentativa de um espírito resoluto no sentido de ser o mais justo possível para com o universo visível".

57 "Leibniz chamava o mundo dos seres racionais, que em suas relações seguem leis morais, sob o governo do bem soberano, de o *reino da graça*, distinguindo-o do *reino da natureza*, no qual esses seres, sem dúvida, são submetidos a leis morais, mas não esperam de sua conduta outra conseqüência além daquela que segue o curso natural do nosso mundo sensível" (Kant, *Ibid.*, p. 1.370).

58 *Ibid.*, p. 1.381.

59 *Ibid.*, p. 1.383-1.384.

60 *Ibid.*, p. 1.384.

61 *Ibid.*

62 Montaigne, *Essais*, II, XII, *in fine, op. cit.*, p. 682-683.

63 Kant, *Critique de la raison pure*, *op. cit.*, p. 1.359.

64 Ibid., p. 1.384.

65 Misturando ironia e consideração, Goethe costumava brincar com Kant e o nome de sua cidade, Königsberg [literalmente, Montanha do Rei], referindo-se ao filósofo como "O Velho da Montanha". O caso é relatado por P.-H. Bideau em seu *Goethe* (*op. cit.*).

66 Kant, *Critique de la raison pure*, Théorie transcendentale de la méthode, *op. cit.*, p. 1.384.

67 *Ibid.*, p. 1.423.

68 *Ibid.*

69 *Ibid.*, Cap. III, p. 1.385.

70 *Ibid.*

71 *Ibid.*, p. 1.389.

72 *Ibid.*

73 Em carta a Rilke (12.9.1914), Lou Andreas-Salomé escrevia: "Só no mês passado essa questão me veio à mente, *porque* e *em que* a análise pode ser fatal à produtividade como um todo; pois na produção o que importa são precisamente essas coisas não controladas, pouco numerosas mas fortemente determinadas, e mantê-las intactas, por mais perigoso que isso possa parecer. É algo loucamente importante" (Rainer Maria Rilke/Lou Andreas-Salomé, *Correspondance*, Gallimard, 1980, p. 330).

74 Era essa a definição de Ernst Bloch para o materialismo: a explicação do mundo por si mesmo.

75 Ernst Mach, *Antimetaphysische Bemerkungen* (Observações antimetafísicas), em *Die Wiener Moderne. Literatur, Kunst und Musik zwischen 1890 und 1910*, Reclam, 1981, p. 145.

76 *Ibid.*

77 Arthur Rimbaud, *Les Illuminations*, Génie.

78 Rilke, *Elegias de Duíno* (Primeira elegia).

Capítulo II

Movimentação e diversificação das categorias no século XIX

1 Xavier Tilliette, *Schelling. Une philosophie en devenir*, Vrin, 1970, t. 2, p. 237.

2 A presença de Kierkegaard na aula inaugural de Shelling, em Berlim, tem um valor simbólico, pois Kiekergaard, em plena esgrima contra Hegel, iria conferir à noção de categoria a plenitude do sentido existencial, que os filósofos da

existência continuariam a lhe atribuir no século XX. Em *O conceito de angústia*, por exemplo, ele mostra em que a concepção lógica das categorias era insuficiente para se pensar a existência. Kierkegaard dava ao termo "categoria" outro sentido e outra legitimidade filosófica, alheia à sua concepção lógica. Recordava, assim, que "a categoria de *instante*" havia custado "um grande esforço a Platão" (p. 121), ou que em Hegel a passagem da lógica à vida real esbarrava em obstáculos intransponíveis: "Em lógica, nenhum movimento deve devir; pois a lógica, e tudo que é lógico, limita-se a ser, e essa impossibilidade da lógica é a passagem da lógica ao devir, em que a existência e a realidade aparecem. Assim, quando a lógica submerge na concreção das categorias, tudo continua a ser a mesma coisa, aquilo que era desde o início" (*Le Concept d'angoisse*, Gallimard, 1935, p. 20).

3 X. Tilliette, *op. cit.*, p. 237-238.

4 Em dois artigos intitulados "Zu einer Theorie des Pessimismus" e "Socialismus und Pessimismus", publicados no jornal *Die Zeit*, de Viena, em 20 de janeiro e 3 de fevereiro de 1900, Simmel analisava de maneira penetrante as origens do pessimismo no final do século XIX, e mostrava, em particular, como esse pessimismo engendrava um novo tipo de crueldade. Cf. G. Simmel, *Vom Wesen der Modern. Essays zur Philosophie und Ästhetik*, Junius (Hamburgo), 1900, p. 90.

5 Essa evolução, Simmel dizia em essência, leva-nos a ver as leis da natureza como indiferentes a todos os seres, em particular o homem, a negar que o mundo seja organizado em função do seu bem-estar. A partir daí, torna-se impossível qualquer visão otimista das coisas. De fato, a visão que nesse caso prevalece é a de que não há nenhum laço original entre as aspirações do homem e as forças que lhe oferecem ou lhe negam sua proteção (*op. cit.*, p. 86).

6 Bossuet, *Traité de la conaissance de Dieu et de soi-même*, cap. I parág. 8.

7 Antoine Augustin Cournot, *Matérialisme, vitalisme, rationalisme* (1877), Vrin, 1979, p. 197.

8 O fato em questão é o da impossibilidade de se observar a paralaxe das estrelas; ou seja, nós as vemos do mesmo ângulo, ainda que as observemos com intervalos de seis meses; isso, pensava Arquimedes, não deveria ocorrer se a Terra girasse ao redor do Sol, consideradas as dimensões então atribuídas ao universo.

9 A. A. Cournot, *Considérations sur la marche des idées et des événements dans les temps modernes* (1872), Vrin, 1975, p. 100.

10 *Ibid.*

11 A. A. Cournot, *Essai sur les fondements de nos conaissances e sur les caractères de la critique philosophique* (1851), Vrin, 1975, p. 360.

12 Descartes, *Principes de la philosophie*, parág. 205: "E se alguém, a fim de descobrir o que há em uma cifra escrita com letras [e não com algarismos],

resolve ler B em todos os lugares onde houver A, e ler C sempre que houver B, e assim substituir cada letra por aquela que a sucede na ordem do alfabeto, dessa maneira encontrando palavras dotadas de sentido, não duvidará de que foi o verdadeiro sentido da cifra o que assim encontrou, embora pudesse fazer com que aquilo que escreveu tivesse um sentido de todo diferente, desde que desse outro significado a cada uma das letras: isso dificilmente poderá ocorrer, principalmente quando o número contém muitas palavras, o que não é moralmente imaginável" (*Oeuvres et lettres*, Gallimard, Bibliothèque de la Pléiade, p. 668). N. B.: Deve-se levar em conta que "cifra" [*chiffre*] quer dizer aqui "mensagem cifrada" [*message chiffré*].

13 Descartes, carta a Mersenne, 11 de março de 1640.

14 A. A. Cournot, *Considérations sur la marche des idées et des événements dans les temps modernes*, *op. cit.*, p. 173-174.

15 *Ibid.*, p. 174.

16 *Ibid.*, p. 90-91.

17 *Ibid.*, p. 182.

18 *Ibid.*, p. 101.

19 *Ibid.*, p. 195.

20 A. A. Cournot, *Traité de l'enchaînement des idées fondamentales dans les sciences et dans l'histoire* (1861), Vrin, 1982, p. 45.

21 A. A. Cournot, *Considérations sur la marche des idées et des événements dans les temps modernes*, *op. cit.*, p. 101.

22 Bossuet chamou a atenção para o fato de que "a verdadeira ciência da história consiste em notar, em cada época, essas secretas disposições que prepararam as grandes mudanças, e as importantes conjunturas que as fizeram acontecer". Por isso, ele introduziu uma homologia entre a história e o jogo: "Desse modo, aprende-se aquilo que é necessário saber: que embora vejamos apenas os combates isolados, parece-nos que a sorte só decide a fundação e a ruína dos impérios; em suma, as coisas se passam um pouco como no jogo, em que o mais hábil ganha com o tempo." E Bossuet insistia em comparar história e jogo, chegando ao ponto de vê-los como se fossem idênticos: "De fato, nesse jogo sangrento em que as partes têm disputado o domínio e o poder, aquele que anteviu mais cedo, que foi mais perseverante, que despendeu mais tempo com as grandes obras, enfim, que soube ousar ou se poupar conforme a natureza do combate, foi o que lucrou no final, fazendo com que a sorte se ajustasse exatamente aos seus planos." (*Discours sur l'histoire universel*, 3ª parte, cap. II, *Oeuvres*, Gallimard, col. "Bibliotèque de la Pléiade", p. 953 e 954.)

23 A. A. Cournot, *Considérations sur la marche des idées et des événements dans les temps modernes*, *op. cit.*, p. 12-13.

24 Sobre esse problema vale lembrar a conferência de Henri Guitton, "Como Cournot pôs a matemática a serviço da economia: economia matemática e econometria", pronunciada no centenário da morte de Cournot e publicada em *A. Cournot. Études pour le centenaire de sa mort (1877-1977)*, Actes de la Table Ronde (Dijon-Gray, 21-23 de abril de 1977), Économica, 1978.

25 A. A. Cournot, *Essai sur les fondements de nos connaissances e sur les caractères de la critique philosophique*, *op. cit.*, p. 375.

26 Dilthey escreveu uma hoje famosa biografia de Schleiermacher, na qual expôs sua célebre concepção de *Verstehen*, da compreensão no oposto da explicação. Sobre a renovação da hermenêutica no início do século XIX pode-se consultar *La naissance du paradigme herméneutique. Schleiermacher, Humboldt, Boeck, Droysen*, org. André Laks e Ada Neschke, Presses Universitaires de Lille, 1990.

Em *Le concept de l'angoisse*, Kierkegaard observa, ao fazer uma comparação entre Schleiermacher e Hegel: "A verdade de tudo isso será reconhecida quando chegar o tempo de compreender o mérito imortal de Schleiermacher [neste ponto Kierkegaard menciona *Der christliche Glauber* (A fé cristã), de Schleiermacher] nesse conhecimento. Há muito se abandonou Hegel, embora ele tenha sido quem foi; um pensador, no belo sentido grego da palavra. Schleiermacher só falava do que sabia, ao passo que Hegel, apesar de todos os seus altos dons e sua colossal erudição, não passa, no fundo, com sua pretensão de tudo explicar a qualquer preço, com a sua remissão constante à própria obra, de um professor (em sentido alemão) de filosofia, embora de qualidade superior" (*op. cit.*, p. 30).

27 A. A. Cournot, *Considérations sur la marche des idées et des événements dans les temps modernes*, *op. cit.*, p. 97.

28 *Ibid.*

29 "Die Zeichen sind für das Denken von derselben Bedeutung wie für die Schiffahrt die Erfindung, den Wind zu gebrauchen, und gegen den Wind zu segeln" (*Funktion, Begriff, Bedeutung Fünf logische Studien*, Vandenhoeck & Ruprecht [Göttingen], 1966, p. 92; trad. franc. Claude Imbert, *Écrits logiques et philosophiques*, Ed. Du Seuil, 1971, p. 63-64. O ensaio intitula-se "A ciência justifica o recurso a uma ideografia" e data de 1884.

30 W. Dilthey, *Das Erlebnis und die Dichtung. Lessing, Goethe, Novalis, Hölderlin*, *op. cit.*

31 W. Dilthey, *Das Wesen der Philosophie*, Reclam, 1984, p. 165-166.

32 W. Dilthey, *L'Édification du monde historique das les sciences de l'ésprit*, Cerf, 1988, p. 54.

33 *Ibid.*

34 *Ibid.*, p. 55.

35 *Ibid.*

36 *Ibid.*, p. 54.

37 W. Dilthey, *Das Wesen der Philosophie*, "Die Identität des logischen Zusammenhangs mit der Natur der Dinge", *op. cit.*, p. 48-49.

38 *Ibid.*, p. 49.

39 W. Dilthey, *L'édification du monde historique dans les sciences de l'esprit*, *op. cit.*, p. 49.

40 *Ibid.*

Capítulo III

Os novos instrumentos da razão nas ciências do século XX

1 Kurt Gödel, "Russell's mathematical logic", in *The Philosophy of Bertrand Russel* (org. Arthur Schilpp, 1944), Harper Torchbooks, Harper & Row, col. "Living philosophers", 1963, p. 125.

2 *Ibid.*, p. 125-126.

3 *Ibid.*, p. 126.

4 Bertrand Russell, "My mental development", em *The Philosophy of Bertrand Russell*, *op. cit.*, p. 47.

5 Gottlob Frege, *Les Fondements de l'arithimétique* (1884), trad. francesa de Claude Imbert, Éd. du Seuil, 1969, p. 125.

6 *Ibid.*

7 Jean-Luc Verley, "Cantor Georg", *Encyclopaedia universalis*, Corpus, ed. 1988, v. 4, p. 166.

8 *Ibid.*

9 *Ibid.*

10 G. Frege, "Que la science justifie le recours à une idéographie", in *Écrits logiques et philosophiques*, *op. cit.*, p. 63-64.

11 *Ibid.*, p. 64: "...denn da er an sich unanschaulich ist, bedarf er eines anschaulichen Vertreters, um uns erscheinen zu können. So erschliesst uns das Sinnliche die Welt des Unsinnlichen."

12 Giuseppe Peano (1858-1932) publicou, entre 1895 e 1908, seu *Formulaire de mathématique*, cuja proposta mais destacada, a de adoção de escritura de operações lógicas e de uma axiomatização da aritmética, alcançou larga repercussão.

13 B. Russell, "My mental development", *op. cit.*, p. 13.

14 B. Russell, *Introduction to mathematical phylosophy*, edição de 1920, p. 169, citado por Gödel in "Russell's mathematical logic", *op. cit.*, p. 127.

15 B. Russell, "My mental development", *op. cit.*, p. 11-12.

16 W. Dilthey, *Das Wesen der Philosophie*, *op. cit.*, p. 48.

17 *Ibid.*, p. 47.

18 *Ibid.*, p. 49.

19 Poincaré observou que no desenrolar de certos processos, variações muito pequenas das condições iniciais levam a evoluções fortemente diferenciadas dos fenômenos. Como as condições iniciais só são conhecidas apenas de modo aproximado, uma parte da imprevisibilidade continua a acompanhar a evolução de tais sistemas, ainda que as causas de sua evolução sejam de tipo mecânico.

20 Sobre o assunto, pode-se ler com proveito o excelente *Chaos et déterminisme*, organizado por A. Dahan Dalmedico, J.-L. Chabert e K. Chemla (Éditions du Seuil, 1992). O livro traz os resultados recentes das pesquisas nesse campo e amplia a história da teoria do caos, pondo no devido (e essencial) lugar os seus grandes precursores russos Sinaï e Kolmogorov. Também vale a pena consultar a bela apresentação feita por Janus Gleick, *Chaos*, The Viking Press (New York), 1987 (trad. francesa de Christian Jeanmougin, *La Théorie du chaos. Vers une nouvelle science*, Albin Michel, 1989), e David Ruelle, *Hasard et chaos*, Odile Jacob, 1991.

21 Esse conceito permanece obscuro. Ainda não se sabe como a massa chega a partícula. O bóson [partícula fundamental] de Higgs, ainda um tanto mítico, talvez venha a explicar como ela aparece; mas para a sua evidência são necessários grandes aceleradores de partículas, e alguns projetos americanos, considerados excessivamente caros, continuam em discussão. Atualmente, o padrão de massa é o único ainda não definido entre as constantes fundamentais; continua a ser representado pelo cilindro de platina do pavilhão de Breteuil, em Sèvres.

22 Einstein dedicou muita energia à pesquisa de uma teoria unitária, que abarcasse ao mesmo tempo o universo visto como um todo e as leis dos seus constituintes elementares. Essa ambição sempre fez parte do "programa" das ciências físicas. Mais do que isso, os físicos expressam hoje a convicção de que essa situação de crise, já com vários decênios de duração, e que apesar de tudo não impediu uma inusitada colheita de descobertas, pode ser o prelúdio de uma próxima transformação das nossas concepções básicas. Entre outras obras que recentemente trataram do assunto, indicamos o excelente livro de David Lindley, *The end of physics. The myth of an unified theory*, Basic Books, Harper Collins, 1993.

23 Pierre Duhem, *La Théorie physique. Son objet – Sa structure* (1906), Vrin, 1981, p. 75-76.

24 *Ibid.*, p. 76.

25 Hippolyte Taine, *Les Origines de la France contemporaine*, Robert Laffont, col. "Bouquins", 1986, t. 2: *Le Régime moderne*, livro I, cap. 1, p. 393.

26 P. Duhem, *op. cit.*, p. 84.

27 *Ibid.*, p. 87.

28 *Ibid.*

29 *Ibid.*, p. 88.

30 *Ibid.*

31 *Ibid.*

32 *Ibid.*

33 *Ibid.*, p. 89.

34 *Ibid.*, p. 105.

35 *Ibid.*, p. 108.

36 Gassendi, *Disquisitio metaphysica, seu dubitationes et instantiae adversus Renati Cartesii Metaphysicam, et responsa.*

37 Gassendi, *Dubitationes in Meditationem secundam.*

38 Cartesii, *Responsam ad Dubitationem V in Meditationem secundam.*

39 P. Duhem, *op. cit.*, p. 127-128.

40 *Ibid.*, p. 136-137.

41 Henri Poincaré, *Électricité et optique, I. Les théories de Maxwell et la théorie électro-magnétique de la lumière*, introduction, p. IX.

42 P. Duhem, *op. cit.*, p. 133.

43 *Ibid.*, p. 148.

44 *Ibid.*, p. 151.

45 *Ibid.*, p. 152-153.

46 Josef Boussinesq (1842-1929) foi um físico de extraordinária fecundidade. Nascido em uma aldeia do Hérault, estudou sozinho para os exames de habilitação à universidade e os de graduação. Quando era professor no colégio de Agde, um inspetor geral ficou surpreendido ao ver sobre sua mesa um volume anotado das *Oeuvres* de Laplace. Morreu aos 87 anos, membro do Instituto, responsável pela eleição de novos integrantes. Seus trabalhos abrangem "elasticidade, dinâmica dos fluidos, hidráulica, áreas nas quais enfrentou problemas apresentados muito antes dele, mas para os quais seria o primeiro a dar solução" (*Histoire de la science*, Gallimard, coleção "Bibliothèque de la Pléiade", 1963, p. 677-678). Interessou-se também pelo problema das bifurcações. Em suas

reflexões sobre a bifurcação procurava um meio de conciliar a ação da liberdade sobre o mundo físico e o determinismo desse mesmo mundo.

47 P. Duhem, *op. cit.*, p. 129.

48 H. Poincaré (*Les Méthodes nouvelles de la mécanique céleste*, Gauthier-Villars, 1897, t. 3, p. 389; Blanchard, 1987) aponta para a dificuldade da dinâmica do problema dos três corpos: "Nada mais apropriado para nos dar uma idéia da complicação do problema dos três corpos e em geral de todos os problemas da dinâmica em que não há integral uniforme e em que as séries de Bohlin são divergentes."

Em *Science et méthode* (1908), Poincaré aborda o problema da sensibilidade de certos processos da natureza a pequenas variações das condições iniciais: "Uma causa muito pequena, capaz de nos passar despercebida, determina um efeito considerável, que não podemos ver, e então dizemos que esse efeito é devido ao acaso. Se conhecêssemos com exatidão as leis da natureza, poderíamos dizer de modo exato a situação desse mesmo Universo em um momento posterior. Mas, se as leis naturais não tivessem mais segredos para nós, só poderíamos conhecer de modo aproximativo a situação inicial. Se isso nos permite prever a situação ulterior com a mesma aproximação, então isso é tudo o que nos falta, e dizemos que o fenômeno foi previsto, que é regido por leis; mas nem sempre é assim, pode vir de pequenas diferenças nas condições iniciais, que produzem grandes diferenças nos fenômenos finais; um pequeno erro nas primeiras produzirá um erro enorme nas derradeiras. Predizer torna-se impossível" (cf. J. Gleick, *op. cit.*, p. 401).

49 P. Duhem, *op. cit.*, p. 208-210.

50 *Ibid.*, p. 210.

51 Stephen Hawking, *A brief history of time. From the big bang to black holes*, Batans Press (Nova York), 1988 [*Uma breve história do tempo. Do big bang aos buracos negros*]. Tratando de um problema muito difícil, o autor declara: "Sabemos hoje que é impossível ter um modelo estático do universo infinito no qual a gravitação seja sempre atrativa" (p. 22 da ed. francesa, trad. Isabelle Naddeo-Souriau, Flammarion, 1989). Sobre esses problemas, e em particular sobre o ponto de vista de Poincaré (e de Duhem), ver "La stabilité du système solaire", de Jacques Laskar, em *Chaos et Déterminisme*, *op. cit.*, p. 170-211.

52 P. Duhem, *op. cit.*, p. 294-295.

53 *Ibid.*, p. 295.

54 William James escreveu à sua mulher no outono de 1882: "Mach veio ao meu hotel e passei quatro horas com ele: fizemos uma caminhada e jantamos em seu clube. Sua conversa é inesquecível. Creio que nenhum outro me deixou, tanto quanto ele, a impressão de estar diante de um gênio intelectual puro. Ele parece ter lido tudo; é sorridente e suas maneiras são de uma delicada simplicidade. Quando iluminado, seu rosto se torna encantador."

55 Ernst Mach, *La Mécanique. Exposé historique et critique de son dévelopement* (1903); trad. fr. Émile Bertrand, Hermann, 1904; reed. Jacques Gabay, 1987, p. 10.

56 *Ibid.*

57 Simon Stevin, conhecido como Simon de Bruges, celebrizou-se notadamente por haver demonstrado a impossibilidade do movimento perpétuo. Na *Mécanique* (cap. 1), Mach evoca em tom de admiração os seus trabalhos sobre a estática.

58 *Ibid.*, p. 21.

59 O eco da conferência de Mach é perceptível, por exemplo, nas *Recherches logiques* e, no decorrer de 1907, em "Espace et chose". É fácil compreender por que: pode-se ler a *Mecânica* de Mach como um conjunto de análises noemáticas e noéticas [de *noema* e *noese*, termos da fenomelogia husserliana, N. da T.] dos atos fundadores de uma ciência milenar. Assim, por acumulação, o leitor experimenta a unidade espiritual da ciência grega e sua posteridade moderna, segundo a intenção e o programa do autor de *Krisis*.

60 E. Mach, *op. cit.*, p. 37.

61 *Ibid.*, p. 486.

62 *Ibid.*, p. 37.

63 Steven Weinberg, em *Dreams of a final theory. The search for the fundamental laws of nature* (Hutchinson Radius, Londres, 1939), escreveu: "O fato de as leis da natureza parecerem distinguir entre os marcos de referência fixos ou em rotação perturbava Isaac Newton e continuou, pelos séculos posteriores, a tirar o sono dos sábios. Na década de 1880, [...] Ernst Mach sugeriu uma possível reinterpretação do problema. Ele destacou o fato de que entre um laboratório clássico e um giratório, existe, além da rotação, algo mais para os distinguir: vistos por um astrônomo situado no carrossel do segundo laboratório, o sol, as estrelas, as galáxias – enfim, toda a massa do universo – parecem girar em torno do zênite. Você, como eu, poderia dizer que isso acontece porque o mecanismo rotativo gira em torno desse observador. Mach pergunta se não parece claro que esse grande movimento circular e aparente da matéria foi o responsável pela força centrífuga. Se assim foi, então as leis da natureza já descobertas com o emprego do carrossel poderiam ser as mesmas descobertas nos laboratórios mais convencionais; suas aparentes diferenças vêm da diferença do ambiente visto por observadores a partir de seus diferentes laboratórios" (p. 114).

64 E. Mach, *op. cit.*, p. 32.

65 *Ibid.*, p. 33.

66 *Ibid.*, p. 34.

67 *Ibid.*, p. 35.

68 *Ibid.*, p. 37.

69 *O Homem sem qualidades*, de Musil, retém alguns ecos das concepções – e da sabedoria – de Mach.

70 E. Mach, *Antimetaphysische Bemerkungen*, reproduzido em *Die Wiener Moderne*, *op. cit.*, p. 142.

71 *Ibid.*, p. 141.

72 *Ibid.*, p. 141-142.

73 Expressão usada por Goethe e retomada por Mach.

74 Jean Perrin, *Les atomes* (1913), Gallimard, col. "Idées", 1970, com apresentação e complementos de Francis Perrin. Esse grande livro também foi fundador em outra dimensão: no prefácio o autor expôs o conceito de curvas fractais que Mandelbrot iria "apresentar" meio século mais tarde.

75 Ludwig Boltzmann, *Theoretical physics and phylosophical problems* (ed. Brian McGuinness), D. Reidel Publishing Company, 1974, p. 52, nota 8. Extraído de *Popüläre Schriften*, ensaio 10, publicado em *Annalen der Physik und Chemie*, 60 (1897), p. 231.

76 *Ibid.*, p. 145 (ensaio 17).

77 *Ibid.*, p. 33 (ensaio 5).

78 *Ibid.*, p. 36 (ensaio 5).

79 Joseph Fourier, *Théorie analytique de la chaleur* (1822), Jacques Gabay, 1988. Esse livro despertou a admiração de Auguste Comte e dos positivistas em geral, pois chegava a formular matematicamente as leis da propagação do calor, sem recorrer a nenhuma hipótese sobre a natureza ou as causas do calor. Em seu "Discurso preliminar" o autor declarava: "As causas primordiais não são conhecidas por nós; mas elas estão submetidas a leis simples e constantes, que podem ser descobertas mediante a observação, e cujo estudo é objeto da filosofia natural."

80 L. Boltzmann, *op. cit.*, p. 43 (ensaio 10).

81 *Ibid.*, p. 125 (ensaio 16).

82 L. Boltzmann, *Popüläre Schriften*, cit. em Michel Serres, "Vienne, début d'un siècle", *Critique*, agosto-setembro 1975.

83 L. Boltzmann, *op. cit.*

84 Boltzmann refere-se a uma dificuldade surgida em 1806, quando Denis Poisson, em sua "Mémoire sur les solutions particulières des équations différentielles et des équations aux différences" (*Journal de l'École Polytechnique*, n. 6, cad. 13, 1806, p. 62-63), ressaltou "a dificuldade que, do ponto de vista de um determinismo absoluto, resulta das integrais singulares". Pode-se consultar, a respeito, "L'Histoire du principe du déterminisme et ses rencontres avec les mathématiques", de Giorgio Israël, em *Chaos et déterminisme*, *op. cit.*, p. 262-267.

85 L. Boltzmann, *op. cit.*

86 *Ibid.*

87 *Ibid.* Boltzmann explicitou essa relação. A equação S = k. log W foi gravada em sua sepultura (S representa a entropia; k, aquilo que chamamos a constante de Boltzmann; e W, o número de configurações moleculares possíveis que correspondem a um estado observado de um dado sistema físico). Cf. Harold Morowitz, *Entropy and the Magic Flute*, Oxford University Press, 1993, p. 3. O autor chama a atenção para a biografia de Boltzmann escrita por Engelbert Broda (1910-1983), que repousa, como Boltzmann e Beethoven, no cemitério central de Viena.

88 L. Boltzmann, *Nature*, n. 51 (1895), p. 413-415 (cit. em L. Boltzmann, *Theoretical physics and philosophical problems*, *op. cit.*, p. 201).

89 L. Boltzman, *op. cit.*, p. 100.

90 *Ibid.*, p. 99.

91 *Ibid.*, p. 168.

92 *Ibid.*

93 *Ibid.*

94 Bernadette Bensaude-Vincent, em um estudo sobre Mendeleiev, relata com muita vivacidade a visita dele a Marie Curie, que nos primórdios de sua carreira havia ensinado no Instituto Smolni, de São Petersburgo, cidade onde Mendeleiev realizara suas pesquisas.

95 Em suas lembranças, Erwin hesita entre Copérnico e Newton.

96 Max Planck, *Physikalische Abhandlungen und Vorträge*, Braunchweig, 1958, cit. por Armim Hermann, *Planck*, Rowohlt Taschenbuch, col. "RoRoRo", 173, p. 27.

97 M. Planck, *Initiations à la physique*, Flammarion, p. 18.

98 *Ibid.*, p. 19.

99 M. Planck, *Physikalische Abhandlungen und Vorträge*, cit. por A. Hermann, *Planck*, *op. cit.*, p. 29.

100 M. Planck, *Vorträge*, p. 181, cit. por A. Hermann, *op. cit.*, p. 29-30.

101 P. Duhem, *op. cit.*, p. 235.

102 Quem visitar a Universidade de Berlim-Dahlem verá que o seu Instituto de Química leva até hoje o nome de Fritz Haber (o gás e a Primeira Guerra Mundial foram esquecidos, o banimento de Haber por Hitler, não). Cf. Joseph Borkin, *The crime and punishment of I.G. Farben. The startling account of the unholy alliance of Adolf Hitler and Germany's great chemical combine*, The Free Press (Nova York) e Collier MacMillan Publishers (Londres), 1978, p. 17.

103 *Ibid.*, p. 18.

104 *Ibid.*

105 Albert Einstein, *Notes autobiographiques*, em *Albert Einstein* (org. Arthur Schilpp), Harper Torchbooks, col. "The library of living philosophers", 1949, p. 189.

106 Abraham Pais, *Subtle is the Lord... The science and the life of Albert Einstein*, Oxford University Press, 1982, p. 461 e ss.

107 A expressão canônica desse "mito" foi proporcionada por Laplace em seu *Essai philosophique sur les probabilités* (1814, revisado até 1825), Gauthier-Villars, col. "Maîtres de la pensée scientifique", 1921, p. 3-4. Ver nota 109.

108 Na Société Française de Philosophie, sessão de 25.4.1953, Louis de Broglie se ocùpa do seguinte assunto: "A física quântica continuará não determinista?" Após ter dito que durante vinte e cinco anos havia ensinado a interpretação de Copenhague, a de Bohr e Heisenberg, Louis de Broglie concluiu: "Podemos perguntar se não é para a clareza das representações espaço-temporais que devemos nos voltar. De qualquer maneira, é certamente útil retomar o dificílimo problema da interpretação da mecânica ondulatória para ver se aquela que é atualmente a ortodoxia é de fato a única que podemos adotar."(*Bulletin de la Societé Française de Philosophie*, out.-dez. 1952-1953, Armand Colin, p. 158). Durante o debate, M. Destouches observou: "Para a maioria dos físicos a realidade física é aquela acessível à experiência, aquela que apreendemos pela experiência; esta concepção está na base da concepção positivista. Com esse sentido dado à palavra realidade, uma teoria quântica é essencialmente impossível de ser completada. [...]

"Pode-se adotar outro ponto de vista e dizer: aquilo que chamo 'realidade física' não se limita ao que é diretamente acessível à experiência, é uma realidade física como a do cartesiano ou do filósofo realista; uma realidade que existe independentemente de nós, que está lá independentemente dos nossos meios de experiência, e que descobrimos aos poucos com os nossos métodos experimentais. Para um positivista, tal realidade física não passará de uma realidade metafísica, mas depois do sr. Louis de Broglie podemos admitir uma tal concepção. Nesse caso, mostrei que se pode transformar toda teoria apresentada sob a habitual forma quântica ortodoxa em uma teoria realista determinista , mas com uma condição: acrescentar parâmetros que são inacessíveis à experiência" (*ibid.*, p. 169-170).

109 Em 1990, *Le Débat* (Gallimard) publicou *La Querelle du déterminisme*. Em exergo, aparece o texto de Laplace, extraído do *Essai philosophique sur les probabilités* (1814), no qual se encontra a célebre frase: "Uma inteligência que por um instante viesse a conhecer todas as forças que animam a natureza e a situação dos seres que a compõem, e se além disso fosse bastante vasta para

submeter todos os seus dados à análise, abarcaria na mesma fórmula os movimentos dos maiores corpos do universo e os do mais leve dos átomos: nada seria incerto para ela, e tanto o futuro quanto o passado estariam diante dos seus olhos." No debate em questão intervieram Stefan Amsterdamski, Henri Atlan, Antoine Danchin, Ivar Ekeland, Jean Largeault, Edgar Morin, Jean Petitot, Krzystof Pomian, Ilya Prigogine, David Ruelle, Isabelle Stengers e René Thom. A contribuição de Thom veio sob um título chamativo: "Halte au hasard, silence au bruit."

110 A. A. Cournot, *Considérations sur la marche des idées et des événements dans les temps modernes*, *op. cit.*, p. 101.

111 *Ibid.*

112 *Ibid.*, p. 88.

Capítulo IV

Os instrumentos da razão na literatura e nas ciências sociais

1 Cf. Dilthey, *Le Monde de l'esprit*, Aubier-Montaigne; a propósito, vale a pena consultar Raymond Aron, *Introduction à la philosophie de l'histoire* (Gallimard, 1938), em particular na nova edição de 1986; também será valioso consultar *La Naissance du paradigme herméneutique. Schleiermacher, Humboldt, Boeckh, Droysen*, *op. cit.*

2 A célebre obra de Leopold Ranke (1795-1886), *Histoire de la papauté pendant les XVIe et XVIIe siècles*, traduzida pela primeira vez em 1837, foi novamente publicada em 1986 por Robert Laffont, col. "Bouquins".

3 Georg Simmel, "Vom Wesen des historischen Verstehens" (Da essência da compreensão histórica), em *Das Individuum und die Freiheit. Essais*, Klaus Wagenbach (Berlim), 1984, p. 65.

4 *Ibid.*

5 *Ibid.*, p. 71.

6 *Ibid.*, p. 80.

7 *Ibid.*, p. 73.

8 *Ibid.*, "Das Problem des Schicksals", p. 12-18.

9 *Ibid.*, p. 18.

10 G. Simmel, "Zu einer Theorie des Pessimismus", em *Vom Wesen der Moderne*, *op. cit.*, p. 83-95.

11 "Meu sofrimento se tornará ira contra o divino,
Viverei minha dor como um fora-da-lei,
Corrompendo sentir-me-ei um contra-criador."

12 G. Simmel, "Vom Wesen des historischen Verstehens', *op. cit.*, p. 76.

13 G. Simmel, *Philosophische Kultur. Über das Abenteuer, die Geschlechter und die Krise der Moderne. Gesammelte Essais*, com um posfácio de Jürgen Habermas, Klaus Wagenbach (Berlim), 1983, p. 185.

14 *Ibid.*, p. 166.

15 Sigmund Freud, *La Naissance de la psychanalyse* [O nascimento da psicanálise], PUF, 1969, p. 315.

16 No original: "Die Traumdeutung aber ist die Via Regia zur Kenntnis des Unbewussten im Seelenleben."

17 S. Freud. *Die Traumdeutung* (L'Intreprétation des rêves, 1900), Fischer Taschenbuch, 1989, p. 235.

18 W. Dilthey, *Das Erlebnis und die Dichtung*, *op. cit.* Como já vimos, esses estudos datam dos anos da juventude de Dilthey.

19 S. Freud, carta a Arthur Schnitzler, em *Die Wiener Moderne*, *op. cit.*, p. 651.

20 Hugo von Hofmannsthal, *Ein Brief*, em *Die Wiener Moderne*, *op. cit.*, p. 431-444 (*Une lettre de Lord Chandos* foi publicado em 1º de março de 1927 pela *NRF*, e depois pela Gallimard, col. "Poétique", 1992).

21 S. Freud, *Malaise dans la civilisation*, PUF, 1971, p. 107.

22 Em *Masse et Puissance*, Elias Canetti observa que, para os ingleses, a imagem mais adequada da liberdade é a do comandante de um pequeno veleiro no meio do oceano.

23 Maurice Blondel, *L'Action* (1893), PUF, 1973, p. XXIII.

Capítulo V

A idéia de estrutura e os estágios do estruturalismo

1 Repetimos esta admirável citação: "Deus quis que todas as coisas fossem boas: excluiu, portanto, daquilo que estava em suas mãos, toda imperfeição, e assim ele tomou toda aquela massa visível que se achava privada de repouso e mudava constante e desordenadamente, e a conduziu da desordem para a ordem, pois em seu entender a ordem é infinitamente melhor do que a desordem" (*Timée*, 30 a).

2 Falando da visão, da formação das imagens nos espelhos e das causas mecânicas em geral, Platão observa: "Tudo isso faz parte das causas adjuvantes, das quais Deus se serve como de auxiliares para que realizem na medida do possível a idéia do melhor. A maioria, no entanto, estima que não se trata de causas acessórias, mas das causas principais de todas as coisas. Na verdade, são graças a elas que os corpos se resfriam ou se aquecem, se contraem ou se dilatam, e que ocorrem todos os outros efeitos semelhantes" (*Timée*, 45 c-d). Desses casos particulares o filósofo extraiu uma distinção entre a necessidade e a inteligência: "De fato, o nascimento deste Mundo resultou da mistura das duas ordens da necessidade e da inteligência. Contudo, a inteligência dominou a necessidade, pois foi capaz de persuadi-la a orientar para o melhor a maioria das coisas que surgem. Foi assim, pela ação da necessidade, cedendo à persuasão da sabedoria, que desde o início este Mundo se formou" (*ibid.*, 48 a). É essa necessidade não regulada pela finalidade que se classifica de "causa errante".

3 *Struo* quer dizer construir; e a desinência *ura* em *structura* indica o futuro, a realização de um projeto, a ação e seu resultado. O termo aplicou-se, primeiro, à arquitetura, mas depois, por extensão, também à retórica: "*Verborum quasi strutura*, por assim dizer, a construção da frase", dizia Cícero. Já *strus*, acúmulo, mistura, foi aplicado aos soldados na seguinte frase de Tito Lívio: "*Confusa stru implicantur*, eles haviam caído em uma confusa mistura." O *structor* é também o mestre-de-cerimônias que sabe pôr cada um dos convidados no devido lugar.

4 Platão observa: "Pois bem: o que na realidade era eterno, como vimos, era a substância do Vivente modelo, que se julgava eterno, e é impossível adaptar inteiramente essa eternidade a um Mundo gerado. Eis porque seu autor teve a preocupação de fabricar uma espécie de imitação móvel da eternidade, e, ao organizar o Céu, fez, à semelhança da eternidade imóvel e una, essa imagem eterna que progride segundo a lei dos Números, essa coisa à qual chamamos Tempo" (*Timée*, 37 d-e).

5 Aristóteles, *Métaphysique*, IV, 2, 1.013 a. 24-33.

6 Kant escreve: "Na minha teoria, [...] vejo a matéria ligada a certas leis necessárias. No interior e a partir de sua completa dissociação e dispersão, vejo um todo de ordem e beleza desenvolver-se com a mais completa naturalidade. Isso não acontece por acaso nem de modo fortuito, mas o que se nota é que as propriedades naturais levam-nas, necessariamente, a esse desenvolvimento" (*Histoire générale de la nature et théorie du ciel*, *op. cit.*, p. 44).

7 Aristóteles escreveu: "Assim como as produções do homem são efeitos de sua arte, os seres vivos são claramente produtos de uma causa, ou princípio, de natureza análoga; causa não externa, mas interna, cuja origem se acha, entretanto, tal como a do calor e do frio, no universo que nos rodeia" (*Parties des animaux*, I, 1).

8 Étienne Gilson expôs de maneira luminosa – e espiritual – o problema filosófico suscitado pela organização dos seres vivos. Cf. *D'Aristote à Darwin et retour. Essai sur quelques constantes de la biophilosophie*, Vrin, 1971.

9 Nas *Conversações de Goethe com Eckermann*, lê-se o seguinte registro, datado de 2 de agosto de 1830:

"E então, ele exclama vindo ao meu encontro, o que pensa desse grande acontecimento? O vulcão entrou em erupção: tudo está em chamas, não se trata mais de um caso entre quatro paredes!

– É uma história terrível, repliquei. Mas, com tais circunstâncias e com um tal ministério, só se pode esperar mesmo que acabem por expulsar a família real que está no trono.

– Parece, meu caro amigo, que não estamos falando da mesma coisa, replicou Goethe. Não falo daquelas pessoas; meu assunto é outro. Falo da querela que acaba de explodir publicamente na Academia, entre Cuvier e Geoffroy Saint-Hilaire, e que é de uma grande importância para a ciência" (Gallimard, 1949, p. 522).

10 Théophile Cahn, *La vie et l'oeuvre d'Étienne Geoffroy Saint-Hilaire*, PUF, 1962, p. 196.

11 Cuvier, *Considérations sur les mollusques et en particulier les céphalopodes*, trabalho apresentado à Academia em 22 de fevereiro de 1830, cit. por Théophile Cahn, *op. cit.*, p. 198.

12 Étienne Geoffroy Saint-Hilaire, cit. por T. Cahn, *op. cit.*, p. 200.

13 Cuvier, sessão de 5 de abril de 1830, cit. por T. Cahn, *op. cit.*, p. 202.

14 Essa observação de Jean-Baptiste Dumas (1800-1884) foi lembrada por Brunetière em seu *Évolution de la poésie lyrique* e retomada por T. Cahn, *op. cit.*, p. 202-203.

15 P.H. Bideau, *Goethe*, *op. cit.*, p. 112: "Em 1817, [Goethe] proporia, para designar o campo do estudo dos seres vivos, o neologismo *morfologia*. O termo *morfologia* entrou para o inglês em 1830 e para o francês em 1840. O adjetivo *estrutural*, por sua vez, apareceria em inglês no ano de 1834.

Em *A origem das espécies* Darwin escreveu a propósito da morfologia: "Vimos que os membros da mesma classe, independentemente de seus hábitos de existência, assemelham-se no plano geral de sua organização. Essa semelhança é freqüentemente expressa pelo termo *unidade de tipo*, o que significa que nas diferentes espécies da mesma classe as diversas partes dos diversos órgãos são homólogos. O conjunto dessas questões toma o nome geral de *morfologia*, e constitui uma das partes mais interessantes da história natural, podendo ser considerada a sua alma" (Cap. XIV).

16 Goethe, *Conversations avec Eckermann*, 2 de agosto de 1830, cit. por T. Cahn, *op. cit.*, p. 212. No original: "Von un na wird auch in Frankreich bei der Naturforschung der Geist herrschen und über die Materie Herr sein. Man wird Blicke in grosse Schöpfungsmaximen tun, in die geheimnisvolle Werkstatt Gottes!" (Johann Peter Eckermann, *Gespräche mit Goethe*, Reclame, 1994, p. 764-765).

17 Kant observou: "Faz-se pouco da natureza, e de sua força nos produtos organizados, quando a denominam de *analogon* da arte; pois nessas ocasiões o que se pensa é em um artista (um ser razoável) exterior a ela. A natureza prefere se organizar a partir dela mesma, e isso acontece em cada espécie dos seus produtos organizados, segundo um mesmo exemplar no conjunto, mas também com os desvios convenientes e exigidos, segundo as circunstâncias, para a conservação da espécie.

[...] Em termos estritos, a organização da natureza não tem nenhuma analogia com qualquer uma das causalidades que conhecemos" (*Critique de la faculté de juger*, secção 65, t. 2, *op. cit.*, p. 1.166).

18 Ernst Nagel escreveu a propósito do olho: "Se este é um exemplo típico da maneira como os biólogos se exprimem, a oposição entre estrutura e função é, evidentemente, uma oposição entre a organização *espacial* das partes anatômicas de um órgão e a organização *temporal* (ou espaço-temporal) das mudanças que se produzem em suas partes. O que se procura sob qualquer um dos termos antagônicos dessa dupla é um modo de organização ou um tipo de ordem... É portanto evidente que estrutura e função (no sentido em que os biólogos empregam tais termos) são inseparáveis"(*The structure of science*, Routledge and Kegan Paul, 1961, p. 425).

19 Mendeleiev escreveu em seus *Principes de chimie*: "A lei periódica e o sistema periódico, tal como aqui os exponho, tornaram-se públicos na primeira edição desta obra, iniciada em 1868 e terminada em 1871. No início de 1869 enviei a muitos químicos meu "Essai d'un système de classification des éléments basé sur leur poids atomique e leur ressemblance chimique". Cit. em *Cahiers pour l'analyse*, n. 9, verão de 1968, p. 195-196.

20 François Dagognet, *Rematérialiser. Matières et matérialismes*, Vrin, 1985, p. 15.

21 Jean-Marie Lehn, aula inaugural no Collège de France, em 7 de março de 1980.

22 A.A. Cournot, *Considérations sur la marche des idées e des événements dans les temps modernes*, *op. cit.*, p. 101.

23 Ver p. 35-36.

24 Ver p. 75-76.

25 E. Mach, *Antimetaphysische Bemerkungen*, cit. em *Die Wiener Moderne*, *op. cit.*, p. 142.

26 Na introdução de *Fondements de la géométrie* (1899) David Hilbert escrevia: "Tal como a aritmética, a geometria exige para a sua elaboração apenas um pequeno número de proposições fundamentais simples. Essas proposições são os axiomas da geometria. A partir dc Euclides, o estabelecimento desses axiomas e o estudo de suas relações tem sido objeto de numerosos e excelentes trabalhos. Até aí o problema é o da análise de nossa intuição do espaço.

O presente trabalho representa uma nova tentativa de constituir, por meio da geometria, um sistema de axiomas, completo e tão simples quanto possível, e demonstrar os teoremas mais importantes, de modo a evidenciar o papel dos diversos grupos de axiomas e o alcance de cada um deles" (Dunod, 1971).

27 Hilbert escreveu: "Pensamos em três sistemas diferentes de coisas: às coisas do primeiro sistema daremos o nome de *pontos*, e as designaremos com as maiúsculas *A*, *B*, *C*...; chamaremos de *linhas* as coisas do segundo sistema, e as designaremos por meio das minúsculas *a*, *b*, *c*...; daremos o nome de *planos* às coisas do terceiro sistema."

Hilbert continuava mostrando que as *coisas* assim definidas não extraiam sua essência das relações entre elas: "Entre os pontos, as linhas e os planos imaginamos a existência de certas relações...; a descrição exata e apropriada ao fim da matemática dessas relações é dada pelos *axiomas da geometria*" (*Fondements de la géométrie*, cap. 1).

28 Em seu prefácio à edição das obras de Albert Lautman, Jean Dieudonné escreveu: "Desde o título, vamos encontrar nessas obras, como em exergo, as duas idéias força que dominaram toda a evolução posterior, o conceito de *estrutura matemática* e o profundo sentimento de *unidade* essencial que subjaz à aparente multiplicidade das diversas disciplinas matemáticas" (*Essais sur l'unité des mathématiques et divers écrits*, UGE, col. 10/18, 1977).

Examinando os sentidos que o termo *estrutura* tinha na década de 30, Dieudonné continua: "A palavra 'estrutura' é uma das que têm sido mais aviltadas no decorrer dos últimos decênios; para os matemáticos, no entanto, ela adquiriu um sentido absolutamente preciso. Em 1935, esse sentido ainda não estava completamente explicitado; mas a realidade que ele recupera já se encontrava inteiramente na consciência de numerosos matemáticos, em particular daqueles que se inspiravam nas idéias de Hilbert sobre a concepção axiomática das matemáticas. Nessa concepção, o ponto essencial era o de que uma teoria matemática ocupa-se antes de tudo das *relações* entre os objetos que considera, e não da natureza desses objetos: por exemplo, na teoria dos grupos o mais freqüente é que seja secundário saber se os elementos do grupo são números, funções ou pontos de um espaço; importa saber se o grupo é comutativo, finito ou simples etc."

29 Émile Borel, *Éléments de la théorie des probabilités*, nota 1: "Sobre os jogos psicológicos e sobre a imitação do acaso", Albin Michel, 1950, p. 251-263.

30 John von Neumann, "Zur Theorie der Gesellschaftsspiele", *Mathematische Annalen*, v. 100, 1928.

31 Pierre Rémond de Montmort, *Essay d'analyse sur les jeux de hazard*, 2. ed., 1713.

32 Texto redescoberto por G.-T. Guilbaud, e por ele comentado em *La Décision*, CNRS, 1961, p. 171-182, sob o título "Faut-il jouer au plus fin? (Notes sur l'histoire de la théorie des jeux)".

33 E. Borel, nota de 19 de dezembro de 1921, *C.R. de l'Académie des Sciences*, t. 173, p. 1.304-1.308.

34 K. Gödel, *Über formal unentscheidbare Sätze der Principia Mathematica und verwandter Systeme I* (Sobre as proposições formalmente indetermináveis dos *Principia Mathematica* e dos sistemas aparentados I), 1931, em *Collected Works, v. I*, Publications 1929-36, Oxford University Press (Nova York) e Clarendon Press (Oxford), 1986; trad. fr.: *Le Théorème de Gödel*, Éd. Du Seuil, 1989.

35 A exposição mais clara de Tarski sobre esse ponto é a que consta de seu estudo "The semantic conception of truth and the foundation of semantics", em *Philosophy and phenomenological research*, v. IV, 1944, e em *Readings in philosophical analysis*, de Herbert Feigl e Wilfrid Sellars, Appleton-Century-Crofts (Nova York), 1949.

36 Newton, *Philosophiae naturalis principia mathematica*, Londres, 1687, definições: "O tempo absoluto, verdadeiro e matemático, em si mesmo e por sua própria natureza, flui uniformemente sem nenhuma relação com algo externo, e também leva o nome de Duração."

37 Sir Arthur Eddington escreveu: "Em 1919, o fato de que o conhecimento na física deveria ser um conhecimento da estrutura era apenas uma inferência desejada, embora bem pouco plausível sob a forma com que se apresentava. De maneira geral, o conhecimento estrutural não se mostrava de maneira explícita em física. Via-se nela o nódulo de verdade destinada a sobreviver às teorias mutantes que a envolviam. Em 1919, como hoje, reconhecia-se o quanto era importante despojar a estrutura de seus ornamentos supérfluos; percebia-se que a teoria dos grupos, que depende das matemáticas puras, trazia o instrumento necessário. A idéia de estrutura, até então bastante vaga, foi julgada capaz de receber uma definição matemática rigorosa. De fato, hoje não é mais uma simples verdade oculta no conhecimento físico, mas é o próprio conhecimento, em sua forma normal, que reconhecemos como estrutura" (*The Philosophy of physical science*, cap. IX: "O conceito de estrutura" [1939], Ann Arbor Paperback, 1958, p. 152-153).

38 Eddington acrescenta: "Isso não é uma conjectura sobre a natureza da ciência física; é exatamente o que a física, tal como se encontra nas teorias atuais, se propõe a ser. Na pesquisa fundamental, a idéia de estrutura de grupo constitui indubitavelmente o ponto de partida; decorre daí que só se pode admitir aquilo que deriva dessa estrutura de grupo" (*ibid.*, p. 142-143).

39 *Ibid.*, p. 143.

40 Auguste Comte, 56ª lição (escrita de 20 de maio a 17 de junho de 1841) do *Cours de philosophie positive*, ed. original, t. 6, Hermann, 1975, t. 2, cit. em *Discours sur l'esprit positif* (1844), Garnier, 1949, t. 2, p. 41.

41 Entre as mais antigas leis de estruturas podem ser mencionadas as da escala, tão importantes no item resistência de materiais. Tomemos uma esfera: se dobrarmos seu raio, quadruplicaremos sua superfície e multiplicaremos por nove o seu volume.

42 Como é o caso das leis sobre as transições de fase que tratam da passagem de um corpo (a água, por exemplo) de um estado a outro (do gelo ao estado líquido, e depois ao de vapor).

43 Sobre esse ponto, pode-se consultar, de Gerald Holton, *L'Imagination scientifique* (1973), Gallimard, 1981, cap. VI: "L'élaboration théorique selon le modèle einsteinien".

44 Stephen Hawking, *Une brève histoire du temps. Du Big Bang aux trous noirs*, *op. cit.*

45 "Daher ist auch nie ein Versuch gelungen, die Natur, Zahl und Ordnung dieser Kategorien festzustellen" (Wilhelm Dilthey, *Leben un Erkennen*, republicado em Dilthey, *Das Wesen der Philosophie*, *op. cit*, p. 172).

46 Sobre esse ponto, pode-se consultar o belo livro de Jean Quillien, *L'Anthropologie philosophique de G. de Humboldt*, Presses Universitaires de Lille, 1991.

47 Max Weber, *Le Savant et le Politique* (introdução de Raymond Aron), UGE, col. 10/18, 1959.

48 Albert Lautman, *Essai sur l'unité des mathématiques et divers écrits*, *op. cit.*, p. 23.

49 *Ibid.*

50 Raymond Ruyer, *Esquisse d'une philosophie de la structure*, Alcan, 1930.

51 R. Ruyer, "Sur quelques arguments nouveaux contre le réalisme", em *Recherches philosophiques*, IV, 1934-1935, Boivin, p. 42.

52 A. A. Cournot, *Considérations sur la marche des idées et des événements dans les temps modernes*, *op. cit.*, p. 195.

53 R. Ruyer, "Sur quelques arguments nouveaux contre le realisme", *op. cit.*, p. 42.

54 Émile Meyerson, *Identité et Réalité* (1907), Alcan 4. ed., 1932, p. 439.

55 *Ibid.*, p. 438.

56 Claude Lévi-Strauss, entrevista com André Parinaud, 1962.

57 C. Lévi-Strauss, *La Pensée sauvage*, Plon, 1962, p. 348.

58 *Ibid.*, p. 355.

59 A. Comte, *Cours de philosophie positive*, *op. cit.*, 52, lição.

60 C. Lévi-Strauss, *La Pensée sauvage*, *op. cit.*, p. 355.

61 "Seria necessário distinguir melhor entre a troca, tal como se exprime espontânea e imperiosamente na *praxis* dos grupos, e as regras conscientes e premeditadas por meio das quais esses mesmos grupos – ou seus filósofos – se empenham em codificar e controlar. Se há um ensinamento a extrair das pesquisas etnográficas dos últimos vinte anos, é o de que o segundo aspecto é muito mais importante do que os observadores [...] haviam geralmente imaginado" (*ibid.*, p. 333).

62 Carta de Husserl a Lévy-Bruhl, 11 de março de 1935: trad. Philippe Soulez, "A criança e o presente", *Les Cahiers de l'éducation*, Universidade Paris-VIII, 1985, p. 83 e ss.

63 *Ibid.*

64 *Ibid.*

65 Claude Lévi-Strauss, *De près et de loin*, Odile Jacob, 1988, p. 64.

66 C. Lévi-Strauss, *Les Structures élémentaires de la parenté*, PUF, 1947, p. 611.

67 C. Lévi-Strauss, *Le Cru et le cuit* [O cru e o cozido], Plon, 1964, p. 345.

68 *Ibid.*, p. 346.

69 *Ibid.*

70 Paul Ricoeur, *De l'interprétation. Essai sur Freud*, Éd. Du Seuil, 1969, p. 31-51.

71 Thomas Pavel, *Le Mirage linguistique*, Éd. De Minuit, 1988, p. 48.

72 Claude Lévi-Srauss escreveu: "Foi necessário esperar até a metade deste século para que se cruzassem caminhos longamente separados: aquele que dá acesso ao mundo físico pela via da comunicação, e aquele, só recentemente conhecido, que pela via da física dá acesso ao mundo da comunicação. Todo o processo do conhecimento humano adquire, assim, a característica de um sistema fechado", "Vingt ans aprés", *Les Temps Modernes*, n. 256, set. 1967; tema retomado em *De près et de loin*).

73 C. Lévi-Straus, entrevista com André Parinaud, 1962.

74 Georges Canguilhem, *Le Normal et le pathologique* [O normal e o patológico], PUF, col. "Quadrige", 1966, p. 208.

75 *Ibid.*, p. 210.

76 *Ibid.*

77 *Ibid.*, p. 211.

78 *Ibid.*

79 C. Lévi-Strauss, *La Pensée sauvage*, *op. cit.*, p. 326.

80 *Ibid.*, p. 327-328.

81 *Ibid.*, p. 326, em nota.

82 De outro lado, como me advertia Robert Jaulin (editor e co-autor de *Anthropologie et calcul*), durante uma das reuniões do seminário de filosofia de André Lichnerowitcz, em 17 de outubro de 1992, a teoria matemática dos jogos inspira-se basicamente nos jogos de guerra, essenciais em nossa cultura de competição e conflito, mas de importância menor, ou até desconhecidos, em outras culturas. Assim, é muito improvável que modelos inspirados na teoria dos jogos, compreendida dessa maneira, pudessem ter servido para modelizar matematicamente as estruturas de parentesco. É verdade; podemos observar, no entanto, que em *L'Essai sur le don*, Marcel Mauss ao tratar das trocas dos princípios de rivalidade, igualdade e eqüidade evidencia de que não parecem estranhos à inspiração da teoria de Von Neumann.

83 Em um artigo intitulado "Mathématiser les sciences de l'homme?", André Régnier escreveu: "Que se pode esperar da matemática quando se trata de construir um modelo em ciências humanas? Sendo a formação de conceitos a necessidade primordial, talvez nos sintamos tentados a pedi-los emprestados à matemática. Nesse ponto, será útil refletir sobre o fracasso do sr. Lévi-Strauss.

"Este autor escrevia em 1955: 'Assim, no período de alguns anos, especialistas aparentemente tão distanciados entre si quanto os biólogos, os lingüistas, os economistas, os sociólogos, os psicólogos, os engenheiros da área de telecomunicações e os matemáticos se reencontram subitamente no mesmo campo e de posse de um formidável aparelho conceitual que progressivamente descobrem, é para eles uma linguagem comum.' Nove anos mais tarde, ele [i.e., Lévi-Strauss] confessava: 'Mais do que qualquer outro, temos consciência das acepções demasiado frouxas que demos a termos como simetria, inversão, equivalência, homologia, isomorfismo. Utilizamos esses termos para designar grandes conjuntos de relações, nos quais percebíamos confusamente a existência de alguma coisa em comum. Mas, se existe algum futuro para a análise estrutural dos mitos, a maneira como, em seus primórdios, ela escolheu e usou esses conceitos deverá ser objeto de uma crítica severa.' [...] Dito de outra maneira, o 'formidável aparelho conceitual' pré-fabricado não passava de miragem..." (*Anthropologie et calcul*, textos selecionados e apresentados por Philippe Richard e Robert Jaulin, UGE, col. 10/18, 1974, p. 31-32).

84 C. Lévi-Strauss, "Vingt ans après", *Les Temps modernes*, *op. cit.*, 406.

85 A. A. Cournot, *Considérations sur la marche des idées et des événements dans les temps modernes*, *op. cit.*, p. 182.

86 *Ibid.*

87 C. Lévi-Strauss, "Vingt ans aprés", *Les Temps modernes*, *op. cit.*, p. 404.

88 *Ibid.*, p. 405.

89 A evocação de Cournot nada tem de gratuita. Ele foi o primeiro a lançar as bases – na primeira metade do século XIX – de uma teoria matemática dos jogos estratégicos, os de duopólio, em suas *Recherches mathématiques sur la théorie des richesses* (1838).

90 Bergson assim esclarece essa afinidade do politeísmo e da fonologia estrutural: "É mais habitual ao politeísmo impor a prece uma forma estereotipada, com a idéia dissimulada de que não é apenas a significação da frase, mas também o encadeamento das palavras com o conjunto dos gestos concomitantes, o que lhe dará sua eficácia" *(Les Deux Sources de la morale et de la religion*, PUF, 1932, p. 213).

91 *Le Messager européen* 2, POL, 1988, folha de rosto.

92 Simone Weil, *Oppression et liberté*, Gallimard, 1955, p. 227.

93 Claude Lévi-Strauss observa: "[...] Em matéria de análise estrutural, é impossível dissociar a forma do conteúdo. A forma não está na parte externa, mas na interna" (*Le Totémisme aujourd'hui*, PUF, 1962, p. 130).

94 Talvez eu esteja exagerando na esquematização, uma vez que Lévi-Strauss fala de "diferentes níveis" de realidade que têm entre si relações dialética. Contudo, ele acrescenta: "Em cada um dos seus empreendimentos, a antropologia nada mais faz do que revelar uma homologia de estrutura entre o pensamento humano em exercício e o objeto humano a que se aplica. A integração metodológica do fundo e da forma reflete, a seu modo, uma integração mais essencial: a do método e da realidade" (*ibid.*, p. 131).

95 Claude Lévi-Strauss escreveu: "O método comparativo consiste, exatamente, em integrar um fenômeno particular em um conjunto que o avanço da comparação vai tornando cada vez mais geral" (*Le Totémisme aujoud'hui*, *op. cit.*, p. 122).

96 Claude Lévi-Strauss assinalava: "Como Durkheim parece ter claramente percebido, é em uma 'sócio-lógica' que reside o fundamento da sociologia" (*La Pensée sauvage*, *op. cit.*, p. 101).

97 *Le Totémisme aujourd'hui*, *op. cit.*, p. 147).

98 Depois de citar a glosa de um sábio Sioux e uma passagem de *Deux sources*, Lévi-Strauss prossegue: "Os dois textos coincidem com tamanha exatidão que sem dúvida parece menos arriscado, depois de os ter lido, admitir que Bergson compreendeu o que se esconde por trás do totemismo, porque seu próprio pensamento, sem que ele o soubesse, estava ligado pela simpatia ao das populações totêmicas" (*ibid.*, p. 141). Em seguida, comparando Bergson e Radcliffe-Brown, observa: "Esse encontro entre um etnólogo de campo, admirável conhecedor da maneira de pensar dos selvagens, e um filósofo de gabinete que, não obstante, de certa forma pensava como os selvagens, só podia se dar no tocante um ponto fundamental, que convém assinalar" (*ibid.*, p. 141-142).

99 Acreditando que o estruturalismo moderno iria "tirar a psicologia associacionista do descrédito em que caiu", Lévi-Strauss continuava: "O associacionismo teve o grande mérito de traçar os contornos dessa lógica elementar, que é, digamos, o menor denominador comum de todo o pensamento, e só resta reconhecer que se trata de uma lógica original, expressão direta da estrutura do espírito (e, por trás do espírito, certamente do cérebro), e não um produto passivo da ação do meio sobre uma consciência amorfa" (*Le Totémisme aujourd'hui*, *op. cit.*, p. 129-130). Observe-se que as explicações pela lógica e pela biologia se superpõem e supostamente coincidem entre si, pois nessa perspectiva a "estrutura do espírito" reflete a do cérebro.

100 A. Comte, *Cours de philosophie positive*, 52. lição. Essa citação aparece fora do texto em *Totémisme aujourd'hui*.

101 Isso equivaleria, como disse Lévi-Strauss, a "lançar os fundamentos de uma verdadeira lógica sociológica".

102 Michel Foucault descreveu nos seguintes termos a maneira como a etnologia iria operar sua junção com a psicanálise: "Ela definirá como sistema dos inconscientes culturais o conjunto das estruturas formais que tornam significativos os discursos míticos, dão sua coerência e sua necessidade às regras que regem as necessidades, fundamentando as normas não apenas na natureza, mas em puras funções biológicas" (*Les Mots et les choses*, Gallimard, 1966, p. 391).

103 Sobre esse último ponto, Lévi-Strauss mostra-se de acordo com Durkheim, a quem cita: "Portanto, não há um abismo entre a lógica do pensamento religioso e a lógica do pensamento científico. Um e outro são feitos dos mesmos elementos essenciais, mas desigual e diferentemente desenvolvidos. O que parece caracterizar a primeira é sobretudo um gosto natural tanto pelas confusões desregradas quanto pelos contrastes chocantes. Ela aprecia os excessos nas duas direções. Quando censura, confunde; quando realça, é para se opor. Ignora a medida e o matiz, procura sempre os extremos; em decorrência, emprega os mecanismos lógicos com uma certa falta de habilidade, embora não ignore nenhum" (Durkheim, *Les Formes élémentaires de la vie religieuse. Le système totémique en Australie*, 2. ed. revista, Alcan, 1925, p. 324, cit. por C. Lévi-Strauss em *Le Totémisme aujourd'hui*, *op. cit.*, p. 138).

104 "Vers l'intellect é o título do Capítulo IV de *Totémisme aujoud'hui*.

105 Claude Lévi-Strauss, *Le Totémisme aujourd'hui*, *op. cit.*, p. 128.

106 *Ibid.*, p. 129.

107 De fato, tanto o tom quanto o próprio título de *Tristes Tropiques* nos lembram Conrad; e a busca de uma lógica das categoria concretas assemelha-se à vontade de "dar a mais alta forma possível de justiça ao universo visível", como disse Conrad no prefácio de *O Negro do Narciso*. Há, porém, uma radical incompatibilidade metafísica entre a obra do romancista e a do etnólogo: para o primeiro, a função da arte é explorar "o universo visível", mostrando como os

indivíduos o enfrentam e se debatem, ignorando a norma secreta que legitima ou desqualifica suas ações; para o segundo, a ciência finalmente anulou a idéia de ação e a noção de agente.

108 Museu Nacional de História Natural/Museu do Homem, guia catálogo da exposição "Índios do Mato Grosso" (expedição Claude e Dina Lévi-Strauss), novembro de 1935-março de 1936, organizada na galeria da *Gazette des Beaux-Arts* e de *Beaux-Arts*, de 21 de janeiro a 3 de fevereiro de 1937, apresentação de Claude e Dina Lévi-Strauss, p. 5-6.

109 Claude Lévi-Strauss publicou um conjunto de fotografias feitas no decorrer de suas expedições: *Saudades do Brasil*, Plon, 1994.

110 Claude Lévi-Strauss, *Le Totémisme aujourd'hui*, *op. cit.*, p. 142.

111 Tomo emprestado a Dina Dreyfus, desviando-a sem dúvida do seu sentido, esta bela e enigmática expressão.

112 M. Foucault, *Les Mots et les Choses*, *op. cit.*, p. 390.

113 Como já vimos, para Claude Lévi-Strauss "Em cada um de seus empreendimentos práticos a antropologia nada mais faz do que revelar uma homologia de estrutura entre o pensamento humano em exercício e o objeto humano ao qual se aplica. A integração metodológica do fundo e da forma reflete, à sua maneira, uma integração mais essencial: a do método e da realidade" (*Le Totémisme aujourd'hui*, *op. cit.*, p. 131).

114 M. Foucault, *Les Mots et les Choses*, *op. cit.*, p. 392.

115 *Ibid.*, p. 394.

116 "Mais do que a morte de Deus – ou melhor, na esteira dessa morte e segundo uma correlação profunda com ela –, o que o pensamento de Nietzsche anuncia é o fim do seu matador; é o estilhaçamento do rosto do homem no riso e o retorno das máscaras; é o desaparecimento da profunda corrente do tempo pela qual ele se sentia levado, e da qual lhe parecia vir a pressão sobre o próprio ser das coisas; é a identidade do Retorno do Mesmo e a absoluta dispersão do homem" (*ibid.*, p. 396-397).

117 *Ibid.* e Michel Foucault, *L'Archéologie du savoir*, Gallimard, 1969, p. 183.

118 Em 1919, a propósito de "A nova poesia russa", Roman Jakobson escrevia: "Assim, o objeto da ciência da literatura não é a literatura, mas a literalidade (*Literaturnost*), ou seja, aquilo que faz de determinada obra uma obra literária." Até então, ele observava, "os historiadores da literatura valiam-se de tudo: vida pessoal, psicologia, política, filosofia. Em lugar de uma ciência da literatura, criava-se um conglomerado de pesquisas artesanais..." E concluía: "Se os estudos literários querem se tornar ciência, devem reconhecer o *procedimento* como seu 'personagem' único" (*Huit questions de poétique*, Éd. Du Seuil, 1977, p. 17).

119 *Theory of games and economic behavior*, de John von Neumann e Oskar Morgenstern, publicada em 1944, que retomava a teoria matemática dos jogos elaborada por von Neumann em 1926-28, constitui uma das maiores obras científicas do século XX. Foi uma fonte de inspiração e um modelo tanto para os economistas quanto para os estrategistas.

120 Sobre esse ponto vale consultar *Anthropologie et calcul*, *op. cit.*

121 Qualificar de "erro" a escolha do paradigma fonológico na constituição de uma teoria geral das trocas em nada diminui o seu valor na esfera dos estudos literários, e na compreensão das constantes das línguas através dos tempos. Jakobson observava: "A fonologia da gramática da poesia oral apresenta um sistema de correspondências complexas e elaboradas, que nascem, tornam-se aplicáveis e são transmitidas de geração a geração sem que ninguém tenha consciência das regras que governam essa complicada rede" (*Huit questions de poétique*, *op. cit.*, p. 125-126). A fonologia estrutural traz à luz um novo objeto da ciência e um conjunto inédito de questões fundamentais sobre a poesia. Por exemplo, os estudos que o autor consagrou a Khlebnikov (1885-1922) tendem a esclarecer o poeta sobre o fato de que "um mecanismo lingüístico complexo pode ser inerente à sua obra, independentemente de sua apreensão ou de sua vontade" (*ibid.*, p. 111). Mais ainda, no final de seu estudo sobre as estruturas Jakobson notava: "Tais estruturas, particularmente poderosas no nível subliminal, podem funcionar sem nenhum auxílio do julgamento lógico ou do conhecimento manifesto, tanto no trabalho criador do poeta quanto na sua percepção pelo leitor sensível, o *Autorenleser*, para retomar o apropriado neologismo de Eduard Sievers, esse corajoso pesquisador das estruturas fônicas na poesia" (*ibid.*, p. 126). Não se trata, portanto, de levar o autor ao desaparecimento, mas de discernir nele uma espécie de função de escolha, em matéria de sons e de geometria, que não depende da lógica, mas do tato e do gosto.

122 É provável que um dia se venha a escrever sobre a ilusão estruturalista um livro semelhante ao que Claude Lévi-Strauss dedicou à "ilusão totêmica" (*Le Totémisme aujourd'hui*, p. 3). No presente, *Le Mirage structuraliste*, de Thomas Pavel, ocupa-se desse objeto. A *Histoire du structuralisme*, de François Dosse (La Découverte, 1991), recenseia, organiza e analisa as informações essenciais de 1945 até hoje. Antes de tudo, porém, deve-se mencionar o célebre diálogo de Paul Ricoeur com Lévi-Strauss, em 1963, na revista *Esprit* (incluído em Ricoeur, *Lectures III*, Éd. Du Seuil, 1994).

123 Tucídides declara que se limitou, "enquanto pôde, a não dizer nada além daquilo que cada um efetivamente disse".

124 Hannah Arendt declarou: "Proponho o termo *vita activa* para designar três atividades humanas fundamentais: o labor, o trabalho e a ação. As três são fundamentais porque cada uma corresponde às condições de base nas quais a vida terrena é dada ao homem" (*La Condition de l'homme moderne*, Calmann-

Lévy, 1961, e coleção "Presses Pocket", 1983 [prefácio de Paul Ricoeur], cap. 1: "La *vita activa* et la condition humaine").

125 John Langshaw Austin, *Quand dire, c'est faire*, Éd. Du Seuil, 1962.

126 Maurice Blondel, *L'Action*, *op. cit.*, p. XXIII.

127 David Hilbert, *Les Fondements de la géométrie* (1899), trad. de Paul Rossier, Dunod, 1971. Consideramos fundamental essa citação e por isso a repetimos.

128 A. Lautman, *Essai sur les notions de structure et d'existence en mathématique*, reproduzido em *Essai sur l'unité des mathématiques et divers écrits*, UGE, col. "10/18", 1977, p. 24.

129 A. A. Cournot, *Considérations sur la marche des idées et des événements dans les temps modernes*, *op. cit.*, p. 101.

130 A. Comte, *Discours sur l'esprit positif*, *op. cit.*, tomo 2, p. 9. O autor prossegue: "A preponderância da imaginação sobre o sentimento conduz à preponderância da razão sobre as faculdades afetivas."

131 Michel Deguy, *Choses de la poésie et affaire culturelle*, Hachette, 1986, p. 23.

132 Platão observou: "As coisas múltiplas são vistas, e não concebidas; as idéias são concebidas, e não vistas" (*República*, VI, 507 b-c).

Capítulo VI

Configurações da razão em meados do século XX

1 Kant, *Critique de la raison pure*, *op. cit.*, p. 1.384.

2 "Jules Lagneau, *Célèbres Leçons et Fragments*, PUF, 1950, p. 310.

3 Ver Capítulo I, nota 49.

4 P. Duhem, *Sôzein ta phainomena. Essai sur la notion de théorie physique de Platon à Galilée*, Vrin, 1990, p. 23.

5 "Por mais de um motivo", Duhem escreveu, "seria permitido aproximá-la do Positivismo; no estudo da Natureza ela separa, como o Positivismo, os objetos que são acessíveis ao conhecimento humano dos que, em absoluto, não podem ser conhecidos pelo homem; mas para Proclus e Stuart Mill a linha de demarcação não faz o mesmo trajeto" (*ibid*, p. 23-24).

6 *Ibid.*, p. 23.

7 J. Fourier, *Théorie analytique de la chaleur*, "Discours préliminaire", *op. cit.*, p. I.

8 *Ibid.*, p. III.

9 *Ibid.*

10 *Ibid.*

11 *Ibid.*, p. I.

12 A. Comte, *Cours de philosophie positive* em *Discours sur l'esprit positif*, *op. cit.*, t. 2, p. 32.

13 *Ibid.*, p. 33-34.

14 *Ibid.*, p. 34.

15 *Ibid.*, p. 35.

16 *Ibid.*, p. 32.

17 Émile Boutroux, *De la contingence des lois de la nature* (1874).

18 Depois de mencionar o matemático, o físico e o lógico como "artistas da razão", Kant observou: "Também existe um senhor no ideal, que a todos eles emprega e deles se serve como instrumento, para acelerar os fins essenciais da razão humana. É somente a ele que deveríamos chamar de filósofo." Mas acrescentava: "Ele próprio não se encontra em lugar nenhum, ao passo que a idéia da sua legislação se acha em toda a razão humana" (*Critique de la raison pure*, Théorie transcendentale du méthode, cap. III, *op. cit.*, p. 1.390).

19 *Projet de paix perpétuelle* [A paz perpétua]. *Oeuvres philosophiques*, 1er supplément, Gallimard, Bibliothèque de la Pléiade, 1986, t. 3, p. 360.

20 Santo Agostinho observa: "O espírito manda que o espírito queira. O espírito não é algo diferente de si mesmo, e, contudo, o espírito não executa a ordem. Qual a origem de semelhante absurdo? Por que procede assim? Ele manda que ele próprio queira, e não mandaria se não quisesse. Mas não manda totalmente, porque não quer totalmente" (*Confissões*, VIII, 9, 22).

21 Kant, *Sur l'insuccès en matière de théodicée. Oeuvres philosophiques*, Gallimard, Bibliothèque de la Pléiade, 1985, t. 2., p. 1.409.

22 Sob o termo "mobilismo" foram reunidas as doutrinas segundo as quais nada é fixo na realidade.

23 Antonia Soulez, *Manifeste du Cercle de Vienne et autres écrits. Carnap-Hahn-Neurath-Schlick-Waismann-Wittgenstein*, PUF, 1985.

24 *Ibid.*, p. 108.

25 *Ibid.*, p. 109.

26 *Ibid.*

27 *Ibid.*

28 *Ibid.*

29 *Ibid.*, p. 111.

30 *Ibid.*, p. 108.

31 *Ibid.*, p. 115.

32 *Ibid.*

33 *Ibid.*

34 *Ibid.*

35 *Ibid.*

36 *Ibid.*

37 *Ibid.*, p. 116.

38 *Ibid.*

39 *Ibid.*

40 *Ibid.*

41 *Ibid.*

42 *Ibid.*

43 *Ibid.*, p. 118.

44 *Ibid.*, p. 119.

45 *Ibid.*, p. 119-120.

46 Willard Van Orman Quine, em *Men of ideas*, British Broadcasting Corporation, 1978, p. 172.

47 Alfred J. Ayer, "Demonstration of the impossibility of Metaphysics", *Mind*, 1934.

48 Jean Cavaillès, *Revue de Metaphysique et de Morale*, ano 42, jan. 1934, p. 137.

49 Jean Nicod, autor de um notável ensaio sobre a indução, discutiu Wittgenstein com Bertrand Russell (Brian McGuiness, *Wittgenstein: a life*, Duckworth, 1988, p. 289, e Bertrand Russell, *Autobiography*, George Allen and Unwin, t. 2, p. 95 e ss.).

50 Jean Cavaillès, *op. cit.*, p. 138.

51 *Ibid.*, p. 140.

52 *Ibid.*, p. 14.

53 *Ibid.*, p. 148.

54 *Ibid.*, p. 145.

55 *Ibid.*, p. 149.

56 H. J. Pos também fez um relato do Congresso de setembro de 1934: "A Escola de Viena tinha realizado um pequeno Congresso nos dias que antecederam o VIII Congresso Internacional de Filosofia, realizado em Praga no mês de setembro de 1934." Assinalando "a extrema tendência antimetafísica daquele grupo", o autor assinala "a grande importância das múltiplas atividades do Congresso, cujas principais diretrizes foram as seguintes: a formalização das matemáticas e das ciências, os problemas axiomáticos, o problema do papel do dado e do pensado no conhecimento, e a crítica da linguagem. Foi graças a esse último tema que a filosofia científica atraiu, mais do que qualquer outro método, os interesses dos cientistas, historiadores do pensamento e sociólogos." H. J. Pos destaca a intervenção do sr. Massignon, e também a do Sr. Chevalley "sobre a transformação da linguagem natural em linguagem matemática". O autor acrescenta uma nota interessante: "É natural que os críticos da linguagem científica, que pela boca do sr. Neurath gostam de se considerar continuadores dos enciclopedistas, inclinem-se mais a apoiar os novos princípios do que a sustentar uma tradição que conscientemente já ultrapassaram" (*Les recherches philosophiques,* V, 1935-1936, p. 444-445). As Atas daquele Congresso foram publicadas pela Ed. Hermann.

57 J. Cavaillès, *Sur la logique et la théorie de la science*, PUF, 1947.

58 "Die Mathematik ist mehr ein Tun als eine Lehre."

59 Charles Du Bos: *Qu'est-ce que la littérature?* L'Age d'Homme, 1988, p. 24-25.

60 Husserl, *La crise des sciences européennes et la phenomenologie transcendentale*, trad. fr. Gérard Granel, Gallimard, 1976, p. 114.

61 *Ibid.,* parág. 16, p. 85.

62 *Ibid.*, parág. 23, p. 101.

63 *Ibid.*, parág. 23, p. 102.

64 *Ibid.*, parág. 24, p. 103.

65 *Ibid.*, parág. 23, p. 101. Husserl continua, em sua enumeração das ficções: "Ele chega até às pessoas: um 'eu' idêntico não é um *datum*, é um amontoado de *data* em perpétua mudança. A identidade é uma ficção psicológica. A ficções desse gênero pertencem também a causalidade, a sucessão necessária."

66 "A Europa é um lugar de nascimento. Em termos de geografia não sonho com um território, seja ele qual for, mas com uma língua espiritual de nascimento, com uma nação, ou com o coração de alguns homens isolados e de grupos pertencentes a essa nação. Essa nação é a Grécia antiga, dos séculos VII e VI antes de Cristo. Foi lá que apareceu uma nova atitude em relação do mundo circundante; isso resultou na irrupção de um tipo absolutamente novo de criações espirituais [*geistiger Gebilde*] que rapidamente tomaram as proporções de uma forma cultural claramente delimitada. Os gregos deram-lhe o nome de filosofia; corretamente traduzido conforme seu sentido original, esse termo é

um outro nome da ciência universal, a ciência do todo do mundo, da totalidade única, que abrange tudo que existe. Rapidamente o interesse dirigido no início para o todo, e portanto para a questão do porvir que engloba todas as coisas, e do ser que subsiste no porvir, começa a cindir-se em função das formas gerais e das regiões do ser; e assim a filosofia, a ciência única, ramifica-se em uma diversidade de ciências particulares. [...] A irrupção da filosofia, tomada nesse sentido, o de incluir todas as ciências, é pois, a meu ver, e por paradoxal que pareça, o fenômeno original [*Urphänomen*] que caracteriza a Europa do ponto de vista espiritual" (*La crise de l'humanité européenne et la philosophie*, trad. Paul Ricouer, Aubier-Montaigne, col. "Bilingue", 1977, p. 34-37).

67 Clemente de Alexandria, *Les Stromates*, VI, 42, 44, 106 (em Étienne Gilson, *L'Esprit de la philosophie médievale*, 2. ed. rev., Vrin, 1944, p. 21, n. 2).

68 Em 1919, numa longa carta a Arnold Metzeger, Husserl, recordando sua estada em Viena no ano de 1882, escrevia, a propósito de sua "vontade de trabalhar quase exclusivamente na teoria": "Mochten auch die entscheidenden Antriebe (die mich von der Mathematik in die Philosophie als Berufsstätte gedrängt hatten) in übermachtigen religiösen Erlebnissen un völligen Umwandelungen liegen. Denn die gewaltige Wirkung des NT auf den 23 jährigen lief doch in dem Triebe aus, mittels einer strengen philos. Wissenchaft den Weg zu Gott und zu einem wahrhaften Leben zu finden [É possível que os ímpetos decisivos (que me forçaram a substituir a filosofia pela matemática como atividade profissional) tivessem suas origens nas experiências religiosas muito intensas e em uma completa reviravolta. Com efeito, a poderosa ação do Novo Testamento sobre o jovem de 23 anos levou a uma entusiástica busca do caminho de Deus e de uma vida verdadeira permeada por um conhecimento filosófico rigoroso]" (Carta cit. por Helmut Vetter, "Brentano und Husserl", *Austriaca. Cahiers universitaires d'information sur l'Autriche*. Université de Rouen, n. 28, junho 1989, p. 49).

69 Husserl, *La crise des sciences européennes et la phénoménologie transcendentale, op. cit.*, parág. 25, p. 106.

70 Sigmund Freud, *Das Unbehagen in der Kultur* (1929) [O mal-estar na civilização], trad. fr. *Malaise dans la civilisation*, *op. cit.*, p. 65.

71 *Ibid.*, p. 64.

72 *Ibid.*, p. 107.

73 Husserl, *La crise de l'humanité européenne et la philosophie*, ed. bilíngüe, trad. Paul Ricoeur, Aubier-Montaigne, 1977, p. 105.

74 Pierre Trotignon, *Le coeur de la raison. Husserl et la crise du monde moderne*, Fayard, 1986.

75 Husserl, *La crise des sciences et la phénoménologie transcendentale*, op. cit., parág. 7, p. 23.

76 Simone Weil e Joe Bousquet, *Correspondance*, L'Age d'Homme, 1982.

77 Kant, *Critique de la raison pure*, apêndice da Dialética transcendental, t. 1, *op. cit.*, p. 1263.

Capítulo VII

O mal no século XX

1 Jean-Paul Sartre, *Critique de la raison dialectique*, Gallimard, 1960, p. 208.

2 Pierre-François Verhulst (1804-1849) foi um demógrafo e matemático belga. Criou regras para prever a evolução das populações em períodos longos.

3 David Rousset, Kravtchenko e outros haviam informado a opinião pública sobre esses massacres.

4 Michel Deguy, *Shoah*, em *Aux heures d'affluence*, Éd. Du Seuil, 1993, p. 136 ss.

5 Danièle Sallenave, "Fin du communisme: l'hiver des âmes", *Les temps modernes*, n. 548, mar. 1992, p. 4.

6 S. Weil, "La situation en Allemagne", *L'École émancipée*, n. 19, 12 fev. 1933; publicado novamente em *Oeuvres complètes II. Écrits historiques et politiques*, Gallimard, 1988, t. 1, p. 172.

7 *L'École émancipée*, n. 23, 5 mar. 1933; e *ibid.*, p. 188.

8 *L'École émancipée*, n. 31, 7 maio 1933; e *ibid.*, p. 212.

9 *L'École émancipée*, n. 23, 5 mar. 1933; e *ibid.*, p. 185.

10 Joseph Rovan, *Le Monde*, 19-20 abril 1992.

11 S. Weil, *Opression et liberté*, *op. cit.*, p. 15.

12 Christian Jelen, *L'Aveuglement. Les socialistes et la naissance du mythe soviétique*, Flammarion, 1984, p. 238-239.

13 Germaine Tillion, *Le Monde*, 6 jun. 1992.

14 S. Weil, *Opression et liberté*, *op. cit.*, p. 227.

15 A expressão é de Pierre Oster, que a emprega de modo ainda mais preciso: "Esse denegacionismo é silencioso..."

16 Platão, *République*, 361 a.

17 Trotski, *Ma vie*, Gallimard, col. "Folio", p. 485.

18 *Ibid.*, p. 515.

19 *Ibid.*, p. 477.

20 S. Weil, *L'Enracinement*, Gallimard, col. "Idées", 1949, p. 154.

21 S. Weil, Lettre a Georges Bernanos, em *Écrits historiques et politiques*, Gallimard, 1960, p. 223.

22 Rainer Maria Rilke/Lou Andréas-Salomé, carta de 12 set. 1914, em *Correspondance*, *op. cit.*, p. 330-331.

23 Apresentou-se a seguinte questão: "Não teria sido um estado avançado das tecnologias de destruição o que tornou o genocídio possível?" O fato é que enquanto a organização desempenhou um papel determinante, as técnicas de extermínio utilizadas foram as mais elementares (se ousamos nos exprimir assim): as agências de viagem participaram do transporte dos deportados, que foram mortos pelo óxido de carbono fornecido pelos motores de caminhões ou de tanques, por um pesticida à base de cianureto, do qual se havia retirado o cheiro (o ziklon B) ou por armas utilizadas pelos exércitos. Poder-se-ia dizer outro tanto dos campos soviéticos, onde simplesmente se deixava que o frio fizesse seu trabalho.

Capítulo VIII

A ação no século XX

1 Henri Bergson, *L'Évolution créatrice* (1907), PUF, col. "Quadrige", 1981, p. 294.

2 David Hume, *Enquête sur l'entendement humain*, Aubier-Montaigne, 1947, p. 131.

3 *Essais*, II, 12.

4 Jean-Paul Dumont, *Les Présocratiques*, Hippocrate, "Du régime", *op. cit.*, p. 128.

5 "Tudo aquilo que nasce, nasce necessariamente pela ação de uma causa, pois é impossível que alguma coisa possa nascer sem causa" (Platão, *Timeu*, 28a).

6 "Devemos falar de duas espécies de causas, tratar separadamente aquelas que produzem, pela ação da inteligência, efeitos bons e belos, e daquelas que, carentes de reflexão, fazem qualquer coisa, ao acaso e sem ordem" (*ibid.*, 46e).

7 Cícero, *De Officiis*, trad fr. Maurice Testard, Les Belles Lettres, 1984, I, 142.

8 *Ibid.*, I, 153. Esse texto nos lembra o começo de *Lord Jim*, de Joseph Conrad, em que o futuro destino do herói se anuncia mediante um primeiro sinal:

embora sonhe com ações heróicas, ele não salta com a necessária rapidez no bote que parte para socorrer uma embarcação em dificuldade. Lá também, "Magna saepe [vitia] intelligimus ex parvis" (Freqüentemente compreendemos as grandes [fraquezas] por intermédio das pequenas).

9 *Ibid.*, I, 115.

10 G.-Th. Guilbaud notou a relação entre o livro V da *Ética a Nicômaco, de Aristóteles* – que desenvolve a teoria da justiça distributiva –, e o Livro V dos *Elementos*, de Euclides, que desenvolve a teoria das proporções de Eudóxio.

11 Diógenes Laércio relata esse fato, como já vimos: "Hierônimo declara ainda que mediu as pirâmides a partir de sua sombra, no momento em que o comprimento de nossa sombra é igual a nossa altura" (Jean-Paul Dumont, *Les Présocratiques*, *op. cit.*, p. 5).

12 Proclus, em *Commentaire sur le premier livre des Élements d'Euclide*, cita Eudêmio, que na sua *História da geometria* teria dito: "Tales mostrou como medir a distância dos navios no mar" (*ibid.*, p. 20).

13 *Ibid.*, p. 4.

14 A solução é a seguinte: vendo a água transbordar de sua banheira, Arquimedes teve a idéia de que bastaria imergir a coroa suspeita em um recipiente cheio de água para saber, medindo a quantidade de água que transbordaria, qual era o seu volume. Conhecendo o peso específico do ouro e da prata, seria fácil saber se ela era de ouro puro ou feita de uma liga de ouro e prata. Essa célebre história foi relatada por Vitrúvio: "Hieron reinava em Siracusa. Após uma bem-sucedida expedição ele ofereceu uma coroa de ouro aos deuses imortais e quis que ela fosse depositada em um certo templo. Acertou o preço da mão-de-obra com um artesão, ao qual entregou a quantidade de ouro necessária. No dia aprazado a coroa foi entregue ao rei, que aprovou o trabalho. Ela teria o mesmo peso do ouro que fora dado ao ourives.

Mais tarde, porém, houve algum indício de que o artesão havia se apoderado de uma parte do ouro, substituindo-o na coroa por uma quantidade de prata com peso igual ao do ouro subtraído. Indignado com o logro, e não tendo como provar que roubo acontecera, Hieron pediu a Arquimedes para pensar no caso" (*De Architectura*, Livro IX, comentado por E. Mach em *La mécanique*, *op. cit.*, p. 83 ss.).

15 Platão, *A República*, II, 359b-360d.

16 *Ibid.*, 360b-c.

17 Pierre Hadot, *Exercices spirituels et philosophie antique*, Études augustiniennes, 2. ed. rev. e aumentada, 1987.

18 Cícero, *De Officiis*, I, 80.

19 *Ibid.*, I, 81.

20 *Ibid.*, I, 80.

21 *Ibid.*, II, 12.

22 *Ibid.*, I, 153.

23 *Ibid.*, I, 153.

24 *Ibid.*, III, 50.

25 *Ibid.*, II, 34.

26 *Ibid.*, II, 40.

27 Cícero, *De fato*, trad. fr. Abert Yon, *Traité du destin*, Les Belles Lettres, 1991, parág. 31.

28 *Ibid.*, parág. 34.

29 Santo Agostinho, *Confissões*, VIII, IX, 21.

30 Hannah Arendt, *La vie de l'esprit* [A vida do espírito], t. 2: *Le vouloir* [O querer], p. 31-32. A citação de Santo Agostinho é extraída de *La Cité de Dieu* [A Cidade de Deus], XII, XXI.

31 Santo Agostinho, *La Cité de Dieu*, XII, XXI; trad. fr. G. Combès, Desclée de Brouwer, 1959, p. 226-227.

32 Husserl, *La crise des sciences européennes et la phénomenologie transcendentale*, *op. cit.*, parág. 16, p. 85.

33 *Ibid.*, parág. 27, p. 114.

34 J.-P. Sartre, *Situations I*, "La liberté cartesienne", Gallimard, col. "Idées", 1947, p. 403.

35 Em 15 de abril de 1630 Descartes escrevia a Mersenne: "As verdades matemáticas, a que chamais eternas, foram estabelecidas por Deus e dele dependem inteiramente, assim como acontece a tudo mais que foi criado. É o mesmo que falar de Deus como se falássemos de um Júpiter ou Saturno, e sujeitá-lo ao Styx e ao destino, dizer que suas verdades são independentes dele... Foi Deus que estabeleceu as leis da natureza, como um rei estabelece as leis de seu reino."

Em 6 de maio de 1630, ele escreveu ao mesmo Mersenne: "No caso das verdades eternas, digo mais uma vez que só são verdades ou possibilidades porque Deus as conhece como verdades ou possibilidades, e que ao contrário elas não são conhecidas como verdades por Deus como se fossem verdades independentemente dele. E se os homens entenderem corretamente o sentido de suas palavras, não poderão jamais dizer, sem blasfemar, que a verdade de qualquer coisa precede o conhecimento que Deus tem dela, pois em Deus tudo é querer e conhecer; de modo que, pelo fato de ele querer uma coisa, ele a conhece, e só por isso essa coisa é verdadeira. Não é necessário dizer, portanto, que se não houvesse Deus essas verdades não poderiam ser verdadeiras..."

Sartre menciona uma terceira carta de Descartes a Mersenne, de 27 de maio de 1630, sobre o mesmo assunto: "Perguntais que necessidade teve Deus de criar essas verdades; e eu digo que ele também foi livre tanto para fazer com que todas as linhas nascidas do centro para a circunferência fossem iguais ou não, como para criar ou não criar o mundo. E é certo que essas verdades não são necessariamente mais integradas à sua essência do que as outras coisas que foram criadas..."

36 Sartre cita passagem de uma carta de Descartes a Mesland, de 2 de maio de 1644: "E embora Deus tenha determinado que algumas verdades fossem necessárias, não se pode dizer que fossem necessariamente do seu querer; pois é bem diferente querer que elas fossem necessárias e querer necessariamente ou ter necessidade de querer."

37 J.-P. Sartre, *Situations I*, *op. cit.*, p. 405.

38 *Ibid.*, p. 407.

39 Hume, *Enquête sur l'entendement humain, op. cit*, p. 140-141.

40 Pascal, *Oeuvres complètes, Gallimard,* Bibliothèque de la Pléiade, 1954, p. 77 e ss. Carta a Fermat, 24 jul. 1654. A questão consistia em saber como num jogo de azar dois jogadores que interrompem uma partida devem dividir a parada.

41 Pierre Rémond de Montmort, *Essay d'analyse sur les jeux de hazard* (1708), 2. ed., 1713, p. 404.

42 Carta de Montmort a Nicolas Bernoulli, em 15 nov. 1713, cit., em Montmort, *Essay d'analyse sur les jeus de hazar*, *op. cit.*, p. 407. Os textos em questão foram encontrados e comentados por G.-Th. Guilbaud, em "Faut-il jouer au plus fin?" (Notas sobre a história dos jogos, em *La Décision*, *op. cit.*). Ver também Bertrand Saint-Sernin, *Les Mathematiques de la décision*, PUF, 1973, p. 165 e ss.

43 Bossuet, *Discours sur l'histoire universelle*, parte 3, cap. II, em *Oeuvres*, *op. cit.*, p. 954.

44 *Ibid.*, parte 2, cap. I, p. 768-769.

45 *Ibid.*, parte 3, cap. II, p. 953.

46 *Ibid.*

47 Bossuet, *Politique tirée des propres paroles de l'Écritures Sainte*, em G. Lanson, *Bossuet. Extraits des oeuvres diverses*, Librairie Ch. Delagrave, 1899, p. 250.

48 *Ibid.*, p. 252.

49 *Ibid.*

50 *Ibid.*, p. 253.

51 *Ibid.*, p. 254.

52 Fénelon, *Lettres spirituelles*, carta CLIX.

53 Quando Mach diz: "Das Ich ist unrettbar."

54 "Façamos de conta que cada um dos seres vivos, nós, é como um títere produzido pelos deuses; se isso é um passatempo da parte deles, ou se tem uma finalidade séria, eis algo que não temos como saber" (Platão, *As leis*, I, 644d).

55 Rousseau, Carta ao Marquês de Mirabeau, Trye, 26 jul. 1767.

56 Émile Borel observou, a propósito dos jogos sociais (ou, como se diz hoje, de estratégia), nos quais "são considerados ao mesmo tempo o acaso e a habilidade dos jogadores": "Esses jogos são por demais complexos para que se possa extrair deles uma teoria matemática completa (o que, aliás, roubaria uma grande parte do interesse que despertam); pode-se, porém, levar em conta que tal teoria conduziria a fixar regras de probabilidade, isto é, indicar que, em determinada circunstância, *o jogador deve escolher entre duas ou mais maneiras de jogar e efetuar sua escolha com as probabilidades fixadas* (grifado por mim) (nota "Sobre os jogos psicológicos e sobre a imitação do acaso", de 1921, publicada no final de *Élements de la Théorie des probabilités*, *op. cit.*). Vê-se que esse resultado é o mesmo que será dado a conhecer sete anos mais tarde por von Neumann, ou seja, em 1928, com a diferença de que este fará uma demonstração geral.

57 John von Neumann nasceu em Budapest no dia 28 dez. 1903, de uma família de origem judaica e, desde sua primeira juventude, revelou-se um prodígio, dotado, entre outras coisas, de extraordinária memória. Fez seus estudos secundários no colégio luterano da cidade, de onde saíram vários prêmios Nobel. Suas obras tratam de lógica, matemática, mecânica quântica, economia, meteorologia, fabricação de armas atômicas, estratégia, concepção de computadores e funcionamento do cérebro. A cada uma dessas áreas ele deu contribuições de primeira grandeza. Segundo testemunhas, era impressionante pela rapidez e aptidão para transformar questões opacas em problemas solúveis. Conta-se que em 1926, von Neumann redigiu para o velho Hilbert – que não havia compreendido claramente a situação da mecânica quântica – uma nota explicativa, que era ao mesmo tempo uma completa reformulação matemática daquela teoria. Suas contribuições à economia tiveram a mesma natureza fulgurante. Em 1928 von Neumann publicou "Zur Theorie der Gesellschaftsspiele" (Sobre a teoria dos jogos) (*op. cit.*, p. 295-320), em que se acha demonstrado o teorema fundamental do equilíbrio no *duelo*, isto é, nas situações em que os interesses dos dois agentes são estritamente opostas. Em 1928, quando ainda não tinha 25 anos, von Neumann pediu a Nicholas Kaldor, futuro prêmio Nobel de economia, que lhe indicasse um manual de economia matemática. Em poucos dias assimilou tudo, memorizou, criticou e lançou as bases de um estudo de nove páginas, considerado um dos grandes textos da literatura econômica do século XX (esse texto existe em três versões: em 1932 von Neumann fez uma comunicação a um seminário de matemática em Princeton, "On certain equations of economics and a generalization of Brouwer's fixed-point theorem"; em 1936 repetiu sua conferência em um colóquio de matemáticos realizado em Viena por iniciativa de Karl Menger. O texto em alemão foi publicado nas Atas

desse colóquio em 1937; em 1945 Nicholas Kaldor traduziu-o para o inglês, publicando-o na Grã-Bretanha, com um comentário na *Review of economic statistics*, sob o título "A model of general economic equilibrium". Esse texto é mais conhecido como "Expanding economic model" (ou EEM). Sobre esse assunto, ler a biografia de J. von Neumann por Norman Macrae, *John von Neumann* (Pantheon Books [Nova York], 1992). Durante a Segunda Guerra Mundial Von Neumann participou da fabricação da arma atômica e da concepção dos primeiros computadores. Apaixonado pela cultura clássica, encontrou na *História da Guerra do Peloponeso* – em que Tucídides descreve o duelo entre Atenas e seus aliados e Esparta e seus aliados – fontes sempre atuais de reflexão sobre as relações internacionais. Quanto as armas nucleares, ele achava – principalmente no caso de seu lançamento por meio de mísseis guiados – que elas modificam radicalmente o caráter da *surpresa*. Nas guerras clássicas, quando um dos beligerantes descobria uma nova arma, o adversário dispunha de algumas semanas ou meses para encontrar a réplica, sem que nesse meio tempo sofresse danos irremediáveis. Tudo muda com a arma atômica: "Não bastará saber que o inimigo dispõe de cinqüenta engenhosos meios de ataque e que para cada um deles você tem um meio de paralisá-lo. É necessário que você invente um sistema que o capacite a responder às inovações do inimigo praticamente no instante em que ele os constrói" (J. von Neumann, *Defense in atomic war*, 1955, cit. por William Poundstone, *Prisoner's dilemma*, Oxford University Press, 1993, p. 142). Ele pensava que a modelização matemática das situações de permuta e de conflito exigiriam descobertas matemáticas comparáveis em importância à do cálculo infinitesimal nos inícios da mecânica clássica. Seus argumentos sobre o duelo alimentariam mais tarde a teoria da dissuasão, que, sem impedir os confrontos e os sofrimentos, pouparia a Europa da guerra. Esse homem, que por suas funções fora levado a refletir sobre a guerra, teve de sustentar, em 1957, na dor e na aflição, seu próprio duelo com o câncer e a morte.

58 J. von Neumann e O. Morgenstern, *Theory of games and economic behavior* (1944), Princeton University Press e John Wiley and Sons, 1964, 2.2.3, p. 10-11.

59 *Ibid.*, 1.2.5, p. 6.

60 *Ibid.*, p. 7, nota.

61 *Ibid.*, p. 7.

62 *Ibid.*, 1.2.4, p. 4.

63 Paul Valadier, *Éloge de la conscience*, Éd. Du Seuil, 1994.

64 Alan Gibbard ("Manipulation of voting schemes: a general result", *Econometrica*, 41, 1973, p. 587-602) estabelece que se um procedimento de voto satisfaz às duas mais simples condições propostas por Arrow (que todas as opções concebíveis sejam admissíveis, isto é, que o domínio do voto não seja "restrito"; e que, se os eleitores forem unânimes na preferência por uma opção, que ela seja considerada como a escolha da coletividade, ou "regra da unanimidade"),

um ou vários votantes podem ter um interesse pessoal em não votar sinceramente. Isso significa que a "falsidade", da qual Kant dizia ser era um defeito profundamente arraigado no coração do homem, é uma tentação motivada pelo divórcio entre o interesse pessoal e o interesse coletivo, tal como Gibbar o revela. É interessante notar que a matemática social contribui assim para clarificar a reflexão sobre a moral. (Agradeço a Emmanuel Picavet por me haver explicado o teorema, importante do ponto de vista especulativo.)

65 O comando exercido pelo general Eisenhower, durante a Segunda Guerra Mundial, a partir de 1943, foi análogo ao de Foch.

66 S. Weil, *L'Enracinement*, *op. cit.*, p. 273.

67 Platão, *Timeu*, 50d-51b.

68 *Ibid.*, 51a.

69 Aristóteles, *Física*, II, 8, 199b 26-33.

Capítulo IX

A razão no final do século XX

1 Auguste Comte acrescentou: "Devido a um contraste que, nos nossos dias, parece de imediato inexplicável, mas que no fundo está em plena harmonia com a verdadeira situação inicial de nossa inteligência, numa época em que o espírito humano ainda se encontra atrasado em relação aos mais simples problemas científicos, ele procura avidamente, e de modo quase exclusivo, a origem de todas as coisas, as causas essenciais, sejam primeiras ou últimas, dos diversos fenômenos que lhe dizem respeito, e seu modo fundamental de produção, em uma palavra, os conhecimentos absolutos" (*Cours de philosophie positiv* [1844], t. 2, *op. cit.*, p. 4-5).

2 Husserl, *La crise des sciences européennes e la phénoménologie transcendentale*, parág. 9, *op. cit.*, p. 60.

3 *Topiques*, I, 9, 103 b 22-23.

4 *Catégories*, 4, 1 b 25-27.

5 *Ibid.*, 4, 1 b 27-2 a 4.

6 Kant também achava que Aristóteles enunciara desordenadamente as categorias. Como me foi lembrado por Pierre Trotignon, a grande diferença entre a concepção de categorias em Aristóteles e Kant é que para o primeiro, à exceção da categoria de substância, a lista das outras é aberta, enquanto para o segundo é fechada. O século XX, como já vimos, deu razão a Aristóteles.

7 Jean Hyppolite, *Logique et existence*, PUF, 1961, p. 200.

8 Hegel, *Phénoménologie de l'Esprit*, I, p. 200, cit. por J. Hyppolite em *Logique et existence*, *op. cit.*, p. 172.

9 *Métaphysique*, A, 7, 1017 a 22-30.

10 *De l'âme*, III, 5, 430 a 10-15.

11 *Ibid.*, 430 a 14-15.

12 *Ibid.*, 430 a 16.

13 *Ibid.*, 430 a 18.

14 *Ibid.*, 430 a 20-25.

15 *Ibid.*, 430 a 28-30.

16 *Ibid.*, 431 b 2.

17 *Ibid.*, 431 b 20-25.

18 *Ibid.*, 431 b 29.

19 *Ibid.*, 432 a 1-5.

20 *Ibid.*, 432 a 4-8.

21 S. Weil, *Sur la science*, Gallimard, 1966, p. 238.

22 Aristóteles, *De l'âme*, *op. cit.*, 431 b 6.

23 *Ibid.*, 432 a 45.

24 *Ibid.*, 432 a 6-10.

25 *Ibid.*, 434 a 10.

26 "Assim, quando vemos a raposa de que se valem os habitantes da Trácia necessitados de atravessar um rio congelado, e que vai adiante deles com essa finalidade, chegar à margem e aproximar a orelha do gelo para sentir se o ruído da corrente embaixo dele parece próximo ou distante, e se, em conformidade com a espessura da camada de gelo eles devem desistir ou ir em frente, não temos motivo para achar que passe pela cabeça dela o mesmo discurso que passaria pela nossa, um raciocínio tirado do sentido natural" (Montaigne, *Essais*, II, XII, *op. cit.*, p. 507).

27 Aristóteles, *De l'âme*, *op. cit.*, 434 b 1.

28 Jürgen Habermas, *Morale et Communication. Conscience morale et activité communicationelle*, Cerf, 1986.

29 "Pois a diferença entre o cronista e o poeta não vem do fato de um se exprimir em verso e o outro em prosa [...]; a diferença está no fato de que um diz o que aconteceu, e o outro aquilo que poderia ter acontecido; por essa razão, a poesia é mais filosófica e mais nobre do que a crônica" (Aristóteles, *La Poétique*, cap. IX, 51 b 5).

30 Heráclito, fragmento 6.

31 Aristóteles, *La Poétique*, cap. V, 49 b 9.

32 "Nossa tese é a de que a tragédia consiste na representação de uma ação levada a termo, que forma um todo e tem uma certa extensão; pois uma coisa pode bem formar um todo e não ter nenhuma extensão" (*Ibid.*, cap. VII, 50 b 21).

33 Aristóteles, *La Poétique*, *op. cit.*, cap. VI, 50 a 38.

34 "Eis em resumo como procedo para saber o valor de uma das partes, quando, por exemplo, dois jogadores jogam três partidas e cada um apostou 32 *pistolas*: digamos que o primeiro ganhou duas e o outro uma; *eles têm agora de jogar uma partida...*" (Pascal, carta a Fermat, 29 jul. 1654, em *Oeuvres complètes*, *op. cit.*, p. 77). Sublinho para indicar o método que consiste em imaginar que a partida prossegue, e calcular aquilo em que resultará. Resumindo, é mediante a virada em uma experiência *imaginária* que as conseqüências da interrupção *real* da partida serão avaliadas e medidas.

35 *Raymond Aron 1905-1983. Histoire et politique, textes et témoignages*, "L'avenir des religions séculières" Julliard, 1985, p. 370.

36 S. Weil, *Oppression et liberté*, *op. cit.*, p. 66.

37 *Ibid.*, p. 229.

38 *Ibid.*, p. 227-228.

39 S. Weil, *Écrits de Londres et Derrières lettres*, Gallimard, 1957, p. 36.

40 Roger Penrose, *The Emperor's new mind concerning computer, minds and the laws of physics*, Oxford University Press, 1989, trad. fr. Françoise Balibar e Claudine Tiercelin, *L'Esprit, l'ordinateur et les lois de la physique*, InterÉditions, 1992.

41 D. Hilbert, *Sur les problèmes futurs des mathématiques. Les 23 problèmes*, reimp. da conferência de David Hilbert, publicada em "Compte rendu de Deuxième Congrès International des Mathématiques, tenu à Paris du 6 a 12 août 1900", editado por Gauthier-Villar em 1902. Reed. por Jacques Gabay, 1990, p. 1.

42 *Ibid.*, p.12.

43 Kant, *Critique de la raison pure*, prefácio da 2. ed., *op. cit.*, p. 735.

44 Husserl, *La crise des sciences européennes et la phénoménologie transcendentale*, *op. cit.*, parág. 24, p. 103.

45 Jean Largeault, *Intuition et intuitionnisme*, Vrin, 1993, e, do mesmo autor, *L'Intuitionnisme*, PUF, col. "Que sais-je?", 1993.

46 J. Largeault, *Intuition et intuitionnisme*, *op. cit.*, p. 167.

47 *Ibid.*, p. 225.

48 R. Penrose, *op. cit.*, p. 163.

49 Abdus Salam, *La Grande unification. Vers une théorie des forces fondamentales?* com duas conferências de W. Heisenberg e de P.A.M. Dirac, Éd. du Seuil, 1991.

50 S. Weinberg, *Dreams of a final theory. The search for the fundamental laws of nature*, *op. cit.*

51 Pierre Duhem, em *La Théorie physique*, irritava-se. Havia percebido a novidade da teoria de Maxwell (*op.cit.*, p. 113-114), e reprovava a modelização concreta, pela qual responsabilizava o próprio Maxwell (*ibid.*, p. 115).

52 S. Weinberg, *op. cit.*, p. 118.

53 *Ibid.*

54 *Ibid.*

55 No momento em que escrevemos, bastam 12 partículas (seis quarks, três eletrons, três neutrinos) e suas antipartículas – e três forças (e portanto três "mediadores", foton, gluon e Z^o) para descrever o universo visível.

56 Steven Weinberg escreveu: "Na sua tese de 1894, o matemático francês Élie Cartan fez a listagem de todos os grupos de Lie 'simples', a partir dos quais todos os outros podem ser construídos, mediante a combinação de suas transformações. Em 1960, Gell-Mann e o físico israelense Yuval Ne'eman descobriram, trabalhando independentemente, que um desses grupos de Lie simples – conhecido pelo nome de SU(3) – servia exatamente para impor uma estrutura familiar a um conjunto de partículas elementares, estrutura semelhante àquela que fora encontrada experimentalmente" (*ibid.*, p. 124).

57 Platão, *Timeu*, 55 d.

58 *Ibid.*, 53 e.

59 *Ibid.*, 28 a.

60 *Ibid.*, 69 a.

61 *Ibid.*, 48 a.

62 *Ibid.*, 53 b.

63 S. Weinberg, *op. cit.*, p. 130.

64 *Ibid.*, p. 130-131.

65 Em seu "Adresse à l'Academie Parisienne, datado de 1654, Pascal escrevia: "Sic matheseos demonstrationes cum aleae incertitudine jungendo, et quae contraria videntur conciliando, ab utraque nominationem suam accipiens, stupendum hunc titulum jure sibi arrogat: *aleae Geometria*" (Pascal, *Oeuvres complètes*, *op. cit.*, p. 74).

66 Conforme disse Cournot.

67 Os estudos sobre a percolação, as técnicas da "vida artificial" e, antes de tudo, o caos determinista.

68 Segundo uma formulação de Michel Serres.

69 Heráclito, fragmento 67 a. Trad. fr. Jean-Pierre Bernard, em *L'Univers d'Héraclite – neuf chaque jour*, a ser publicado.

70 Claude Lévi-Strauss, *Regarder Écouter Lire*, Plon, 1993, p. 176.

71 G. Canguilhem, *Connaissance de la vie*, Vrin, 1975, 2. ed., p. 169.

Este livro foi composto por
RIOTEXTO TECNOLOGIA E PROCESSAMENTO LTDA.
Rua Almirante Tamandaré, 66/Grupo 429 – Rio de Janeiro, RJ
e impresso nas oficinas da
EDITORA PARMA LTDA.
Av. Antonio Bardella, 280 – São Paulo, SP
para a
LIVRARIA JOSÉ OLYMPIO EDITORA S.A.
em setembro de 1998

*

66º aniversário desta Casa de livros, fundada em 29.11.1931
